古典文獻研究輯刊

三八編

潘美月・杜潔祥 主編

第 41 冊

太玄集義（第五冊）

劉韶軍 整理

國家圖書館出版品預行編目資料

太玄集義（第五冊）／劉韶軍　整理 -- 初版 -- 新北市：花木
蘭文化事業有限公司，2024〔民 113〕
目 4+184 面；19×26 公分
（古典文獻研究輯刊 三八編；第 41 冊）
ISBN 978-626-344-744-8（精裝）
1.CST：（漢）楊雄 2.CST：太玄 3.CST：注釋
011.08　　　　　　　　　　　　　　　　　112022605

ISBN-978-626-344-744-8

9 786263 447448

古典文獻研究輯刊
三八編　第四一冊　　　　　ISBN：978-626-344-744-8

太玄集義（第五冊）

作　　者　劉韶軍（整理）
主　　編　潘美月、杜潔祥
總 編 輯　杜潔祥
副總編輯　楊嘉樂
編輯主任　許郁翎
編　　輯　潘玟靜、蔡正宣　美術編輯　陳逸婷
出　　版　花木蘭文化事業有限公司
發 行 人　高小娟
聯絡地址　235 新北市中和區中安街七二號十三樓
　　　　　電話：02-2923-1455／傳真：02-2923-1452
網　　址　http://www.huamulan.tw 信箱 service@huamulans.com
印　　刷　普羅文化出版廣告事業
初　　版　2024 年 3 月
定　　價　三八編 60 冊（精裝）新台幣 156,000 元　　版權所有・請勿翻印

太玄集義（第五冊）

劉韶軍 整理

目

次

太玄集義卷四

玄首序

范望曰：並首一卷，本經之上，散測一卷，注文之中，訓理其義，以測為據，合為十卷。

章詧曰〔註1〕：此經五十六字，子雲作經之時，首贊與測各為之篇，此訓本以冠經首，范望散測之後，以文置之上也。

許良肱曰〔註2〕：臣稽古本《太玄》并《前漢·志》，參次撰成首測一卷，布於八十一首辭之末。愚謂〔註3〕此注則首測本自成卷，在八十一首末，今注本後人分散於逐首之下，正如《易》經之紊亂也。

胡一桂曰：宋政和間許良肱進表云（政和七年撫州草澤臣許良肱〔註4〕）：「謹錄《太玄》經解十卷（八十一首分為七卷，《衝》、《錯》、《攡》、《瑩》為第八卷，《數》第九卷，《棿》、《圖》、《告》為第十卷），并序一首（不見有《太玄序》，恐即中首內首序贊序是也），兼撰到首測一卷，猶《易·大象》，載諸八十一首辭之末，隨表上進。」觀此則《太玄》首序、贊序，本只自為一序，許氏首、測，亦只自為一卷。今皆附入首辭之下。又《玄棿》下有曰：《玄》之贊辭云云，又曰：故首者天之性也，衝對其正也，錯，緋也，測所以知其情

〔註1〕章詧注，據《永樂大典》胡次和集注所引者錄，見中華書局影印本，第八冊至第九冊，卷四九二四至卷四九三四。

〔註2〕許氏此言據胡一桂周易啟蒙翼傳所錄，稱政和七年許氏上表獻太玄一書。

〔註3〕愚謂，即胡一桂的按語。

〔註4〕此胡一桂所加注語。

也，攤張之，瑩明之，數為品式，文為藻飾，棿，擬也，圖，象也，告其所由往也。所謂文非中首內玄文乎？所謂測非贊下之測乎？測與文，本只列於《衝》《錯》之下，今皆附入於首贊之下矣。此後人欲便觀覽，隨類分附，非復許氏表進之舊明矣。嗚呼，鄭玄、王弼亂《易》經於前，茲非其所謂尤而效之者乎？可為之三歎。

葉子奇曰：《玄》經二序，始言《玄》之作取法于天，終言天之運復合于《玄》也。

高亨（董治安）〔註5〕曰：《玄》首小序。《太玄》有一篇名《首》，是模仿《周易》的《彖傳》（不是模仿《周易》的卦辭），釋《太玄》八十一卦的卦名。揚雄把一年三百六十五日分為八十一個氣節，每個氣節占四日半，用八十一卦來代表它們。《首》篇文字共八十二條，第一條是小序，說明用八十一卦代表八十一個氣節的意義。以下八十一條，分別說明八十一個氣節陰陽二氣消長的情況，並以此解釋各卦卦名。所以《首》篇相當於全年的氣候書。

劉按：首辭、測辭原未繫於八十一首及七百二十九贊之辭，范注時始將二者繫於首前贊下，已非楊雄初定《太玄》原貌。惟此種系聯有助於理解各首諸贊文義，故仍予保持，不必再將它們分開。

馴乎玄，渾行無窮正象天。

范望曰：馴，順也。玄，天也。渾，渾天之儀，渾淪而行也。無窮，謂晝夜不休無窮已也。《玄》正取象於渾天，故言正象天也。

鄭氏曰〔註6〕：渾，胡袞切。渾音訓有二，訓濁音魂，訓雜則音混。淪，盧昆切。渾淪者，所以為渾也。渾者，所以為圓也。

司馬光曰：宋曰：馴，順也。陸曰：渾然象天周運。光謂：揚子〔註7〕嘆玄道之順，渾淪而行，終則復始，如天之運動無窮也。（所引司馬光《集注》文，據本人點校司馬光《太玄集注》中華書局《新編諸子集成》本，其中關于原文訛誤的校定，見該書校勘記，此處不一一說明。）

〔註5〕 高亨在20世紀60年代，曾計劃作《太玄經新注》，但未完成，留下十餘條札記及一萬多字的注釋樣稿，交付其弟子董治安。1989年董氏將玄首序、玄測序及中首的注釋發表在山東大學學報（同年第4期），題為「《太玄經》釋義」，其中屬於高亨的校釋則標以「高師說」，餘則董氏說。此處將二人合為一家注說標出。

〔註6〕 鄭氏注，《大典》胡次和《集注》引，列於司馬光注之前。

〔註7〕 《大典》胡次和《集注》所錄司馬光《集注》中「揚子」皆作「楊子」。

胡次和曰〔註8〕:《釋文》云:渾,戶昆切,渾淪天也。

葉子奇曰:馴,順也。《玄》,《太玄》之經也。渾渾然運行無窮,正法于天也。此一節言《玄》與天道準。

陳本禮曰:不言天而言玄者,取天玄之義也。馴,純也。馴乎玄,言玄之理既天之理也,故曰渾行無窮正象天也。

孫澍〔註9〕曰:玄,天也,都覆方州部家。

高亨、董治安曰:《太玄經集注》(以下簡稱《集注》)引宋曰:「馴,順也。」按馴借為順。「玄」即《太玄》,下文說:「正象天。」是說《太玄》一書正象天道,可證。(宋衷說:「玄,天也。」誤。)朱駿聲說:「渾,借為運。」(《說文通訓定聲・屯部》)《周髀算經》:「日月運行四極之道」,注:「運,周也。」《淮南子・天文》篇:「運之以斗」,高誘注:「運,旋也。」「渾行」即運行,即周行、旋行、迴圈進行。「窮」,休止。三句是說:順於《太玄》八十一卦的次序,由始至終,一卦接一卦,一周復一周,迴圈進行,沒有休止,正象天道運行一年一迴圈地沒有休止。

文字校正:《玄首・序》:「馴乎玄」,范注:「玄,天也。」《玄首》序云:「馴乎玄,渾行無窮正象天。」若依范注訓玄為天,則謂天正象天也,不辭。玄雖可訓天,見《廣雅・釋言》,然此「玄」字不當訓天。《太玄》之「玄」,乃楊雄自創之最高哲學範疇,包括天、地、人及一切物質之存在(《玄圖》:「夫玄也者,天道也,地道也,人道也,兼三道而天名之」,可證),已非自然之天,已非具體之物,無具體之名。然不可無名,以物無大於天者,故聊取天之名而名之為玄。此僅取天之名,以命名其最高哲學範疇,已非天名之原義,故不可復訓為天。

陰陽批參:《玄首・序》:「陰陽批參」,批,《太玄經釋文》(萬玉堂本附,作者不詳,或以為宋林瑀作,下簡稱「釋文」):「陸(績)曰:『當作枇,字之誤。』」盧文弨《楊雄太玄經校勘記》(《群書拾補補遺三》,下簡稱「盧校」):「何(焯)云:『批,即陛字之省。』」此二說非是。枇,《說文》:「枇杷木也,陛,升高階也。」皆與《玄》意無涉。批,當即「坒」字之異體,《正字通》

〔註8〕胡次和《集注》,據《大典》錄。見中華書局影印本,第八至第九冊,卷四九二四至四九三四。

〔註9〕孫澍《增補太玄集注》,自序云:「即今所得前明唐子畏影宋抄本,增補溫公《集注》脫誤二百五十餘條,以明訓詁」。他據司馬光《集注》本,增補自己的看法,有道光辛卯孫氏刊本。

所謂「批同坒」是也。坒字，金文皆為左右結構，然則當以作「批」為正體。《說文》收「坒」不收「批」，是許慎以「坒」為正，後世皆沿之，而作「批」者反而罕見。楊雄通曉文字之學，喜用古字，此其一例也。《說文》土部：「坒，地相次比也」，《廣雅·釋詁》三：「坒，次也。」范望《太玄解贊（以下簡稱范注）：「批，比也，以陰陽相次」，正用比次之義為解，得《太玄》之意。他如宋衷訓二，王涯訓配合，司馬光謂配而三之，何作配合而升，皆未得《玄》意，不如范注為善。盧文弨言范氏注本之《說文》，「不必借『陛』字為說」，又曰：「配合而升，亦可備一說也」，此兩可態度，亦不足取。

一陽乘一統：《玄首》總序：「一陽乘一統，萬物資形。」司馬光《集注》（下簡稱集注）：「一陽謂冬至也」，又曰：「凡千五百三十九歲為一統，三統為一元，一統朔分盡，一元六甲盡」。此乃漢《太初曆》章、會、統、元之統。一統一千五百三十九歲，如此漫長歲月，與萬物資形何涉？集注非是。范注：「陰陽批參以為三方，一陽即一方，一統則天統也。舉一方一統，則二方二統可知也，三統相承，以生（訛為主字，據《闡秘》本改）萬物，故萬物取形於是也。」范以《太玄》八十一首分為三方三統之說釋之，有理，然猶有未盡。《太玄》八十一首分為天玄地玄人玄三方，亦即三統，以配一年之數。陰陽運行，萬物生長盛衰，亦以一年為週期。陰陽以陽為主，言陽則兼陰，萬物取形於陰陽之運動，隨陽氣而生而盛而衰。八十一首，三方、三統之安排，陰陽、萬物之運動，皆以一年之數為週期，周而復始，年年如此。《太玄》即據此而建立其體系。其關係如下表：

11月	12月	1月	2月	3月	4月	5月	6月	7月	8月	9月	10月
子	丑	寅	卯	辰	巳	午	未	申	酉	戌	亥
陽生於子						陽盛於午					陽盡於亥
萬物隨陽而生				萬物隨陽而盛				萬物隨陽而衰			
陰由盛而衰				陰盡於巳 陰生於午陰由衰而生，				陰由生而盛			
天玄（一方一統）				地玄（二方二統）				人玄（三方三統）			
中首至事首（27首）				更首至昆首（27首）				減首至養首（27首）			

此即以一年為軸，統系陰陽萬物及《太玄》三方八十一首，而建立《太玄》體系者也。《玄首》總序曰：「一陽乘一統，萬物資形」，意謂《太玄》體系之

形成。此亦與上文「陰陽批參」句相承應，言陰陽二氣之運動，故萬物得以取形於其中矣。

三位疏成：《玄首》序：「方州部家，三位疏成。」范注本（據《四部叢刊》影印明萬玉堂本）「疏」作「踈」，《道藏》本作「疏」，王涯及宋惟幹（下稱小宋）本作「統」，司馬光從宋衷、陸績本作「疏」。踈、疏乃「疏」之異體，宋代刻書「疏」多寫作「疏」，王及小宋本作「統」，無理。疏，布也，《集注》：「以一、二、三錯布于方、州、部、家而八十一首成矣」，可證。范訓踈為大，釋為三統之位大成之意，非是。典籍無訓疏為大者，范注無據。「方、州、部、家，三位疏成」者，謂《太玄》在方、州、部、家為四重體系，每重皆以一、二、三之位分佈之，而成一玄三方九州二十七部八十一家（首）之體系。疏布之語正與三位之語相應，言《太玄》四重體系之形成。若依范注大成之說，則四重體系如何形成便不明了，可知范注非。

方州部家：《玄首·序》：「方州部家」，嘉慶五柳居本（以下簡稱嘉本）《集注》云：「一玄都覆三方，方同九州，枝載庶部，分正群家。」《道藏》本「邦」作「部」，「群」作「郡」。按，當以部、群為是。嘉本、《道藏》本各訛一字。《集注》此句乃引《玄圖》之語，查《玄圖》原文，正作部、群，可證。

贊上群綱，乃綜乎名：《玄首·序》：「贊上群綱，乃綜乎名」，范本「贊」皆作「賛」，《說文》：「賛，見也，從貝從兟」。然則賛為正體，贊為訛體，下放此。《集注》又曰：「故曰贊上群綱，乃總乎名也。首者，凡贊之端首也。」《道藏》本「總」作「綜」，是。此引正文，可證。「凡」當作「九」，形近而誤。《道藏》本作「九」，是。「首者」以下八字，當為下文「八十一首，歲事咸貞」句之注。「贊上」句無「首」字，此八字即為「八十一首」之「首」字而發。《太玄》每首各為九贊，故曰九贊之端首也。九贊合為一首，若云凡贊之端首，則謂每贊之端首矣。

丙明離章：《玄測·序》「丙明離章」，范注本作「丙」，《集注》本作「炳」。按，當作「丙」。漢代通以丙言炳，如《說文》：「丙，位南方，萬物咸炳然」。《釋名·釋天》：「丙，炳也。物生炳然皆著見也。」《白虎通·五行》：「丙者，其物炳明。」《禮記·月令》：「其日丙丁」鄭注：「丙之言炳也」。《集注》本作「炳」者，乃後人所改，嘉慶本此句注末有「舊本炳作丙」五字，《道藏》本無此五字。按，《集注》於諸本異同，皆記於注語之前，言某本某作某，今作某，是其通例，絕無記於注語之末而概言舊本者，以此知非《集注》原文，必

為後人所補。然則《集注》本此處原無校語也，可知《集注》本與范注本原皆作「丙」，故《集注》不言異同。且嘉慶本時尚謂舊本作「丙」，亦可證《集注》本原當作「丙」。淺人不知丙、炳古通，而臆改作「炳」也。離，范注：「散也」，《集注》：「文也」。按：當訓文，文謂章，此句丙明皆言光明，離章則皆言文章，謂彩色斑爛也。下句「五色淳光」，五色即與文章相應，淳光則與丙明相應。二句文章相貫，句例相同。若作離散，則與「章」字不合，亦與「五色」無涉，且與句例不符，游離於文章之外，由此可知當以訓文為善。

夜則測陰，晝則測陽：《玄測·序》：「夜則測陰，晝則測陽」，此句下嘉本注語僅有「一日兩贊，前贊為晝，後贊為夜」十二字，《道藏》本又有「凡日法八十一分，晝贊直前半日，夜贊直後半日」十九字。按，《道藏》本是，嘉本誤脫。然嘉本中首初一注末忽有「凡日法」以下十九字（其中「日」訛為「曰」，今據《道藏》本改正），《道藏》本則無，知「夜則」句注十九字錯簡於中之初一注末。「凡日法」以下十九字，意與「夜則」句相合，而與中之初一「昆侖旁薄幽」之意不符，知《道藏》本是，嘉本誤。當據《道藏》本改正。然《四部備要》校刊《太玄集注》時，校之不精，仍沿而不改，知是其未悟也。讀者亦可由此而知《四部備要》本印製雖精，卻不甚可靠。然《道藏》本亦非善本，其錯簡者不讓嘉本。如礥首本當在周首之下，而《道藏》本誤將礥首初一注語「陽氣未見，猶在地之中也」以下至次五注「王曰：或山或淵，道之險者，五為一首之方」，共二百六十二字之文插在周首次六及次七之間，致使礥首初一之注有首無尾，之後又一躍而至次五注中，無首有尾，中間次二、次三、次四則為一片空白，而周首文中卻突兀插入礥首之文，使讀者茫然不知所云，亦錯簡之尤甚者矣。

升降相關，大貞乃通：《玄測·序》：「升降相關，大貞乃通」，嘉本集注曰：「升降相關，然後三儀大正之道乃通，明二者不可偏廢，偏廢則正道否塞而不行也。」「否塞」，《道藏》本作「不塞」，誤，當依嘉本作「否塞」。否，閉也，塞也，隔也，不通也，不交也。否塞，謂閉塞阻隔而不通也。升降相交相通，偏廢則不相交，而閉塞不通也。否塞正與上文之「交通」相承應。若作「不」，則交亦通，偏廢不交亦通，此自相矛盾，不成文意，又下言「不行」，閉塞故不行，若作「不塞」，豈亦不行乎？知必不可作「不」也。否、不形聲皆近，易訛誤也。否，亦可訓不，以聲近故可通也。《周易》象上傳：「大人否亨」，虞注：「否，不也。」《尚書·堯典》：「否德忝帝位」，《釋文》：「否，不也」，

皆其例也。然二字詞性不一，不可混用，當視具體句意而定。如此例，便不可訓為「不」。

百穀時雍：《玄測・序》：「百穀時雍」，范注：「時，調也，雍，和也。」言「百穀調和也」。《集注》：「宋衷曰：雍，和也。事不失時而百穀和熟。」二家於「雍」訓和，是，而於「時」字則有異義，范以為調和，光以為不失時，皆未得其意。時雍，乃古之常語，時當訓是。《尚書・堯典》：「黎民於變時雍」，孔穎達《正義》：「時，是也」。《漢書・王莽傳上》：「黎民時雍」，皆其用例。《太玄》「百穀時雍」，即脫胎於此，可知「時」當訓為是。

陰陽玭參，以一陽乘一統，萬物資形。

范望曰：參，三也。玭，比也。以陰陽相次 [註10] 而三三相乘，轉為九矣。資者，取也。陰陽相參以為三方，一陽即一方也，一統則天統也。舉一方一統，則二方二統可知也。三統相承以主萬物，故萬物取形於是也。

鄭氏曰：《集韻》：玭，毗至切，配合也。按：注云：玭，比也，《說文》有坒字，亦音鼻，玭相次也，意與注合。

司馬光曰：玭，毗至切。宋曰：玭，二也。王曰：玭，配合也。光謂：一生二，二生三，配而三之，以成萬象。一陽謂冬至也。太初上元十一月甲子朔旦冬至無餘分，後千五百三十九歲，甲辰朔旦冬至無餘分，又千五百三十九歲，甲申朔旦冬至無餘分，又千五百三十九歲，還甲子朔旦冬至無餘分。凡千五百三十九歲為一統，三統為一元。一統朔分盡，一元六甲盡。

葉子奇曰：玭，比利切。玭，比也。《玄》雖以陰陽相參而為之，然卻以陽統陰，以氣資形也。

陳本禮曰：玭，比也，參，三也。太極生陰陽，陽中有陰，陰中有陽，比而參之，故成三也。三三相乘為九，乃能盡乎玄之理，而天下萬事萬物之情見矣。

高亨、董治安曰：玭音比。范望《太玄經注》（以下簡稱范注）：玭，比也。《集注》引王曰：玭，配合也。高師說：玭，借為比。比，配合也。參，交錯也。一陽乘一統：乘，駕也。一統，陰陽消長的進程在全年中形成的一個系統。由於一年的氣候是以太陽的運行為轉移，所以揚雄認為陰陽消長以陽為主動，

〔註10〕《大典》陳仁子輯注所錄范注相次作相比次。以下凡遇此類皆簡稱「陳錄范本」。

陽長則陰消，陽消則陰長，故云以一陽駕馭一統。萬物資形：資，猶賴也。《周易・乾卦・彖傳》：大哉乾元，萬物資始。《坤卦・彖傳》：至哉坤元，萬物資生。資字義同。形為動詞，生長成形體也。萬物資形是說萬物賴以生長成形體。以上三句是講天道。

方州部家，三位踈成。

范望曰：踈，大也。言陰陽乘三統為方州部家，大數則三統之位乃大成也〔註11〕。

鄭氏曰：踈與疏同，《集韻》：疏或作踈、疎。

司馬光曰：范本疏作踈，王小宋本作統，今從宋陸本。宋曰：疏，布也。光謂：揚子名首之四重以方、州、部、家者，取天下之象言之，故一玄都覆三方，方同九州，枝載庶部，分正群家。玄者天子之象也，方者方伯之象也，州者州牧之象也，部者一國之象也，家者一家之象也。上以統下，寡以制眾，而綱紀定矣。三位，一、二、三也。以一、二、三錯布於方州部家而八十一首成矣。

陳本禮曰：疏，大也。

孫澍曰：三位，《玄》以數言之，一、二、三，以義言之，天、地、人也。參其數而畫成，精其義而《玄》備。

高亨、董治安曰：《太玄》每卦四爻，四個爻位，自上而下，第一爻位名方，第二爻位名州，第三爻位名部，第四爻位為家。《太玄》爻有三種形態，即一畫（—）、二畫（--）、三畫（┅）。此處所謂三位，是指三種爻畫。《集注》引宋曰：疏，布也。兩句是說，方、州、部、家是由三種爻畫分佈而成。

曰陳其九九，以為數生。

范望曰：言三方一位，乃運為八十一首，陳列乎其中，故言九九以數生也。

章詧曰〔註12〕：（胡次和《集注》曰：章本作曰陳其九九以數生）。曰者行而不息之義，始自三方，因而漸至八十一首、二百四十三表、七百二十九贊，皆不出乎三三之數而相生也。

〔註11〕陳錄范本作陰陽乘一統為方州部家之數，則三統之位乃大成也。
〔註12〕章詧，《宋史・隱逸傳》內有傳，稱熙寧元年卒，年七十六，則司馬光晚於章氏，故章注排在司馬氏注前。

司馬光曰：陸曰：《玄》數起於三，為方、州、部、家，轉而相乘，以成八十一首、七百二十九贊之數也。

葉子奇曰：疎，大也。《玄》以天玄一方三州二十七部、地玄二方三州二十七部、人玄三方三州二十七部，總成八十一家，以三位大成之，故曰九九，各以數生也。

高亨、董治安曰：曰，發語詞。陳，列也。《太玄》每卦四爻，爻畫有三種，即一、--、⋯，部、家兩爻，用三種爻畫配合，其數是三乘三，得九，即即成九種形態〔註13〕。方、州兩爻用三種爻畫配合，也配成同樣九種形態。其次，方、州和部、家配合，其數是以九乘九，得八十一，即配成八十一種形態，這就是《太玄》的八十一卦。要之，部、家兩爻配成九種形態，方、州兩爻也配成九種形態，然後方、州和部、家配成八十一種形態而成八十一卦。八十一卦的數是兩個九相乘而出生的，所以說陳其九九，以為數生。

贊上群綱，乃綜乎名。

范望曰：贊，九贊之辭也。群綱，諸陽也〔註14〕。陽動則陰從，言諸綱動於上，乃綜理眾首之名姓，故言乃綜乎名也。

司馬光曰：二宋陸王本綱作剛，今從范本。上，時掌切，舉也。揚子作《玄》，以七百二十九贊為漫漶難知，故以八十一首舉上其名，區別其誼，使炳然散殊，若網在綱，有條而不紊，故曰贊上群綱，乃綜乎名也。

陳本禮曰：贊，九贊也。群綱，諸首之名也。

高亨、董治安曰：《太玄》八十一卦，每卦寫上九條文辭，名曰贊，共七百二十九條。《史記·平津侯主父傳》：上篤厚。《索隱》：上，猶尚也。貴也。按上為訓為尚，《廣雅·釋詁三》：尚，主也。群綱指八十一卦的綱領。綜，總合。名，指八十一卦的卦名。卦名是表明綱領的意義。兩句是說，各卦的贊辭，以各卦的綱領為主，以各卦的綱領為宗，贊辭是總合於卦名。意思說贊辭的意義離不開卦名的意義。

八十一首，歲事咸貞。

范望曰：貞，正也。八十一首周流一歲之事，候司八節，各得其正，故言咸貞也。

〔註13〕此處九種形態無法打出。
〔註14〕陳錄范本諸陽作諸物。

章詧曰：八十一首自冬至訖於大雪，以周一歲之氣，而玄道明，陰陽消長，俾萬物各正性命而不失其所者，悉玄之道也。故以訓而明之冠於經首也。

司馬光曰：首者，九贊之端首也。

胡一桂曰〔註15〕：方、州、部、家之畫，與三才之位，離而疏成焉，豈無自而然耶？自其合而言之，曰批參。自其離而言之，曰疏成。自天元甲子朔旦冬至，推一畫一夜，每二贊一日，而周乎三百六十五日，節候日星無不備，此歲事所以咸正也。

葉子奇曰：贊，九贊也。群綱，諸首之名也。八十一家統七百二十九贊，二贊當一日，凡三百六十四日半，備一歲之日數，故曰歲事皆得其正也。此一節言作《玄》之法以見圖意。

劉按：首，篇名。萬玉堂本范望《解贊》注中有宋人校語云：「此《玄首》都序也。楊氏本連首辭自為一卷，范望《解贊》時升此序於經之首，將首辭散在八十一首方、州、部、家注之下。」按：《大典》引陳仁子輯注中已有此段。則明萬玉堂本當自宋本來。

孫澍曰：八十一相重，陰陽相參，晝夜相推，寒暑相續，而歲成焉。貞，正也。成也物之終也。

高亨、董治安曰：在《太玄》中，歲與年的意義稍有不同。由正月始到十二月終為一年，由本年冬至日始到次年冬至前一日終則為一歲。咸，皆也。貞，正也。兩句是說，用八十一首說明一歲八十一個氣節的陰陽消長，就都能得其正也。以上八句，是講《太玄》代表天道。

玄測序

章詧曰：范望未散測前，此經七十九字，本冠測篇，望既散測之後，遂以繼乎首訓。

鄭氏曰〔註16〕：此《玄測》都序者，亦許昂標籤之言也。范望《解贊》雖以測為據，而不列測辭，故云散測一卷注文之中。其並玄測列之者，乃王涯也。林瑀用王涯本，故云外測之辭散於贊末。昂言范望《解贊》時將測辭散於逐贊之末者，蓋其考之疏也。

〔註15〕 胡一桂《周易啟蒙翼傳》外篇中有《太玄精語》，對《太玄》若干內容有注。據其序知抄自查顏叔本，其注中以「愚謂」標明者屬胡氏自注，餘者當皆查本所注，然注者何人，今已不詳。今統一以「胡一桂曰」名義列出。
〔註16〕 《大典》胡次和《集注》引鄭氏，此處稱鄭氏《音訓》。

　　高亨、董治安曰：《玄測》小序。《太玄》有一篇名《測》，是模仿《周易》的《象傳》，釋八十一卦的贊辭。《說文》：測，深所至也，從水則聲。度量水的深淺為測。《太玄·測》篇文字，是推斷贊辭的吉凶，故名。《太玄》贊辭每卦九條，共七百二十九條，《測》篇文字共七百三十條。第一條是小序，以下七百二十九條（每卦九條），都是說明贊辭的意義。

盛哉日乎，丙〔註17〕明離章，五色淳光。

　　范望曰：盛哉者，歎美之言也。丙，炳也。離，散也。五色，五行之方色也。言日炳然明朗，光耀離散於天下，各隨其物色，光采淳明也。

　　鄭氏曰：離，散也。師說：丙，南方之干也，離，南方之卦也，日至南方乃為正中，則其照臨明且彰矣。故丙明離章。

　　司馬光曰：陸曰：所以於測篇首而述日者，謂行於七百二十九贊之中，為晝夜休咎之徵也。日含五行之精以為光明，故稱淳光。光謂：晝夜循環，寒暑運行，以生萬物〔註18〕，成立歲功，皆日之所為也。故揚子嘆以為敘測之端。炳亦明也。離，文也。淳，粹也。物之五色，非日不彰。

　　葉子奇曰：盛哉，歎美之辭。丙明，日光貌。離章，日色貌。日為陽之宗，《玄》以陽為統，故歸美于日也。

　　陳本禮曰：丙，明，離，文，淳，粹也。

　　高亨、董治安曰：《太玄》以八十一卦代表八十一個氣節，每卦占四日半，九條贊辭各占半日，或者為晝，或者為夜。所以《測》文小序先講日的光明。范注：丙，炳也。《集注》本丙作炳，引宋曰：炳亦明也。按丙借為炳。離借為麗，美也。章，文章也。淳，借為焞，《說文》：焞，明也。

夜則測陰，晝則測陽，晝夜之測，或否或臧。

　　范望曰：臧，善也。測，知也。言日晝則知陽，夜則知陰，一陰一陽，故或善或否矣〔註19〕。

　　鄭氏曰：否，悲己切。《易·鼎》：顛趾利出否，注云：否謂不善之物也。義與此同。

　　章詧曰：謂非止昏曉晝夜也。蓋前所謂陽家奇贊為晝，偶贊為夜，陰家偶

〔註17〕范本作丙，司馬光本作炳。
〔註18〕《大典》胡次和《集注》錄司馬光注以生萬物作以生殺萬物。
〔註19〕《大典》陳錄范本此句作故或否或臧。

贊為晝，奇贊為夜，一日行二贊，晝辭多休，夜辭多咎，晝夜測辭或善或不善也。

司馬光曰：一日兩贊，前贊為昼，後贊為夜。凡日法八十一分，昼贊直前半日，夜贊值後半日。否音鄙。宋曰：否，不善也。范曰：臧，善也。

葉子奇曰：九贊之位，于陽家一、三、五、七、九為晝，二、四、六、八為夜，陰家一、三、五、七、九為夜，二、四、六、八為晝，且占遇陽家得晝則吉，遇陰家得夜則凶，故晝夜之測有臧否也。

高亨、董治安曰：《太玄》八十一卦，其序數是奇數的（如第一卦中、第三卦礥、第五卦少等等），是陽卦；其序數是偶數的（如第二卦周、第四卦閑、第六卦戾等等），是陰卦。每卦九贊，即初一、次二、次三、次四、次五、次六、次七、次八、上九，是模仿《周易》的六爻。陽卦九贊，其序數是奇數的（初一、次三、次五、次七、上九），為晝；其序數是偶數的（次二、次四、次六、次八），為夜。陰卦九贊，其序數是奇數的，為夜；其序數是偶數的，為晝。夜為陰，晝為陽。《測》文於夜贊，則從陰性上推論；於晝贊，則從陽性上推論。晝夜之測，或否或臧：《集注》引宋曰：否，不善也。范注：臧，善也。按否臧猶凶吉。晝贊夜贊的測文是指出此贊的或凶或吉。大體說來，晝贊多吉，夜贊多凶。

陽推五福以類升，陰幽六極以類降。

范望曰：五福，壽、富、康寧、好德、終命，陽為吉，故與五福升也。降，下也。六極，凶短折、疾、憂、貧、惡、弱。陰為凶，故與六極退下也。

司馬光曰：陽為出，陰為入，陽為顯，陰為隱，陽為善，陰為惡，陽為福，陰為禍，故曰陽推五福以類升，陰幽六極以類降，皆謂贊之陰陽也。晝為陽，夜為陰。

葉子奇曰：臧而得陽，故福以類升。否而得陰，故極以類降。

陳本禮曰：《洪範》：五福：壽、富、康寧、攸好德、考終命，《書》曰：惠迪吉，從逆凶，故以類升也。《洪範》：六極：凶短折、疾、憂、貧、惡、弱。溫公曰：晝為陽，夜為陰，陽為出，陰為入，陽為顯，陰為隱，陽為善，陰為惡，陽為福，陰為禍，故各以類應也。

高亨、董治安曰：《書·洪範》：五福：一曰壽，二曰富，三曰康寧，四曰攸好德，五曰考終命。（攸，猶有也。古語稱人的體貌為德。《莊子·盜跖》：生而長大美好無雙，少長貴賤見而皆說之，此上德也。即所謂攸好德。考，成

也。考終命即善始善終。）晝贊為陽，陽代表善，也代表福。福有五等。善與福同類。善推來五福，善增則福增，善上升則福上升，所以說陰推五福以類升。（福之上升為人之所願。）陰幽六極以類降：高師說：幽讀為拗（幽、拗通用例證見《古字通假會典》）。《說文·手部》（新附）：拗，手拉也。拉猶引。《說文》：搚，引也。搐，蹴引也。揄，引也。幽與搚、搐、揄均為一聲的轉變。《書·洪範》：六極：一曰凶短折，二曰疾，三曰憂，四曰貧，五曰惡，六曰弱。（極，困也。惡，貌醜也。弱，體弱也。）夜贊為陰，陰代表惡，也代表極。極有六等。惡與極同類。惡引來六極，惡減則極減，惡下降則極下降。所以說陰幽六極以類降。（極之下降為人之所願。）

劉按：此兩句以類升以類降，互文，即以類升降也。陽與陰不是只推之上升或只幽之下降的，而是都有升降，則福禍各有升降。此楊雄把陰陽與人之禍福相關連起來了。據自然來判斷人事的吉凶禍福。此兩句的幽和推也是互文，即幽推之義。不可分解，只宜合看。因此幽仍是暗中之義，不必讀為借字。《太玄》中多不必如此讀作借字，只作本字解即可矣。

升降相關，大貞乃通。

范望曰：貞，正也。關，交也。陰陽升降，更相交錯，天道大正，氣節通也。

司馬光曰：關，交也。升降相交，然後三儀大正之道乃通，明二者不可偏廢，偏廢則正道否塞而不行也。

葉子奇曰：升中有降，降中有升，二者相關，大正之道乃通也。此一節言九贊所值吉凶之理。

陳本禮曰：葉曰：九贊之位在陽家以一、三、五、七、九為晝，二、四、六、八為夜，陰家以一、三、五、七、九為夜，二、四、六、八為晝。且占遇陽家得晝則吉，遇陰家得夜則凶，故晝夜之測有臧否也。臧得陽故福以類升，否得陰故極以類降。升中有降，降中有升，二者相關，大正之道乃通也。

高亨、董治安曰：關，聯也。范注：貞，正也。福之上升，極之下降，是相關聯的。福可轉化為極，極可轉化為福，轉化的樞紐在於行事的正邪（正為善，邪為惡）。人行事大正，則所往都通。

劉按：升降指禍福，相關指與此二事相關者，即正邪，正則福升禍降，邪則福降禍升。可知不是福之上升與極之下降相關聯，而是福禍的升降與貞正與否相關。

經則有南有北，緯則有西有東。

范望曰：東西為緯，南北為經，經緯相錯，以成天文也。

葉子奇曰：在天南北為經，東西為緯。《玄》經則以一、三、五、六、七為經，且筮用焉，二、四、八、九為緯，夕筮用焉，日中夜中，雜用二經一緯，二、六、九也。假如旦筮用經，當九贊之一、五、七也。遇陽家則一、五、七並為畫，是謂一從二從三從，始中終皆吉。遇陰家則一、五、七並為夜，是謂一違二違三違，始中終皆凶。夕筮用緯，當九贊之三、四、八也。遇陽家始休中終否，遇陰家反是。日中夜中，雜用二經一緯，當九贊之二、六、九也。遇陰家始中休終咎，遇陽家反是。此一節言筮之經緯。

高亨、董治安曰：范注：東西為緯，南北為經。日的運行總是在一定的經度和緯度上。

巡乘六甲，與斗相逢。

范望曰：巡，行也。六甲，日之幹也。言日行乘六甲，周而復始，以成歲事，日右斗左，故相逢也。

章詧曰：巡，歷也。謂日行以乘六甲也。六甲者，謂子寅辰午申戌，冠之以甲以為六也。甲一周六十日而右行其星度，故冬至之日，日在牛一度，六周六甲之數則三百六旬有六日，復盡斗二十六度則還牛一度也，一歲之功畢矣。斗隨天輪左行，至冬至之日昏，斗指子而日行於牛，俱在北方，故曰相逢。注謂甲為日幹者，蓋凡十日必以甲為首，故曰幹。幹，本也。

司馬光曰：宋曰：日右行而斗左回，故相逢也。光謂：巡，行也。十日行乘十二子而為六甲。逢，迎也。

葉子奇曰：巡，行也。承上文言日之行，乘六甲而與斗相逢而成歲事也。蓋日右行而左還，斗左行而右旋，各一周天。

高亨、董治安曰：范注：巡，行也。乘，駕也。斗，北斗星也。古代記日的方法，用甲、乙、丙、丁、戊、己、庚、辛、壬、癸十個字（古稱十天干）和子、丑、卯、辰、巳、午、未、申、酉、戌、亥十二個字（古稱十二地支）相配，而成甲子日、乙丑日……壬戌日、癸亥日等等。六十日一迴圈，一個迴圈裏有六個甲日，因稱為六甲。依此記日方法，日的運行是在六甲的迴圈中前進，周而復始，所以說巡乘六甲。《集注》引宋曰：日右行而斗左回，故相逢也。日向西行，斗柄向東轉，所以說與斗相逢。

歷以記歲，而百穀時雍。

范望曰：時，調也。雍，和也。歷者，羲和氏所謂歷象日月者也。期三百有六旬有六日，以閏月定四時是也。四方之事得，故百穀調和也。

司馬光曰：范本紀作記，今從二宋、陸、王本〔註20〕。宋曰：雍，和也。光謂：日運行於上，而有寒暑四時，聖人治曆，所以紀一歲之氣節，然後事不失時，而百穀和熟，人得以自養也。

葉子奇曰：日在牽牛初度，斗建子位，是相逢而成歲，所以百穀是和也。此一節言日行斗建，造化與《玄》相合。

陳本禮曰：葉曰：日在牽牛初度，斗建子位，是相逢而成一歲之事，故百穀告成而時和年豐也。

高亨、董治安曰：記，《集注》從二宋、陸、王本作紀。按記與紀古通用。《集注》引宋曰：雍，和也。兩句是說，日運行以成歲，人用曆書以記一歲的氣節，而後百穀春生、夏長、秋熟，與時和雍。

劉按：測，篇名。萬玉堂本范望《解贊》注中有宋人校語云：此《玄測》都序也。測準夫子贊《易》諸爻之下象辭也，十一篇自為一卷，至范望《解贊》時，升此序於經首，將測辭散於逐贊之末。

玄衝

章詧曰：衝，對也。楊子以八十一首圓而圖之，一以衝四十一，偶而序之，有類序卦，蓋以其陰陽進退、禍福倚伏、人事否泰、物彙聚散，各有其時，故衝而言之也。

林希逸曰：衝，序也。準《易·序卦》。

陳仁子曰：衝者對衝之義，以《玄圖》相對待而言，觀此則知陰陽消息之理矣。

胡一桂曰：《玄》始於中，至第四十一首而為應，中則陽始，應則陰生，中與應對，周與迎對，八十一首皆然，對則相衝，故《玄衝》之文，專以兩兩相衝之首論之。

葉子奇曰：衝，對衝也。取八十一首兩兩對舉而釋之，猶《易》對待交易之義。此篇以準《易》之《序卦》也。

<hr>

〔註20〕司馬光《太玄集注》所言「二宋、陸、王本」，指東漢宋衷、北宋宋惟幹、三國吳陸績、唐王涯各家的注本。

陳本禮曰：衝，對衝也。

孫澍曰：《易》圓而《玄》方，故《易・序卦》以六十四卦次第相承為義，《玄衝》以八十一首陰陽相對為義。

中則陽始，應則陰生。周復乎德，迎逆乎刑。

范望曰：中則陽始，始於子也。應則陰生，生於午也。周復乎德，在陽方也。迎逆乎刑，居殺鄉也。

許翰曰：陽為德，陰為刑。德先艱而後易，刑先利而後蹇。

葉子奇曰：陽始於子中。陰始於午中。德屬陽。刑屬陰。

礥大戚，遇小願。閑孤而竈鄰。

范望曰：礥大戚，難致憂也。遇小願，得所求也。閑孤，道閉塞也。竈鄰，養致福也。

許翰曰：大戚而孤，正未勝也。小願而鄰，利方生也。

少微也，大肥也。戾內反，廓外違也。

范望曰：少微也，得寒氣也。大肥也，陽日逝也。戾內反，二氣乖也。廓外違，陰陽離也。

許翰曰：內戚外孤而不能微之則傷，微之乃能反觸天之道也。遇竈而肥，張而益虛，則獨正弗勝而多故生之。諸家無也字，唯宋本有。

上觸素，文多故。干狂也，禮方也。狩則來，而逃則亡也。

范望曰：上觸素，物初生也。文多故，須飾成也。干狂也，道不順也。禮方也，事之常也。狩則來，陽氣章也。逃則亡，物退藏也。

許翰曰：多故必飾而曲成之，是以文。至於繫素而直之者，質勝也。干而不讓，進取之狂，非禮方也。而君子有時而干，則以救世而已。孟子所謂說大人則藐之，為狂者言也。來尚徐，亡欲速。上干生狂，狩羨生曲。《記》曰：禮以地制。自應至禮，盡於王制矣。而有弗勝則逃，嘉遯是也。禮文生於外，違則強世焉。諸家無也字，宋有。

羨私曲，唐公而無欲。差過也，而常穀。童寡有，而度無乏。

范望曰：羨私曲，行不廣也。唐公而無欲，大蕩蕩也。差過也，不齊整也。常穀，善之常也。童寡有，物蒙蒙寡有識也。度無乏，施不窮也。

許翰曰：由羨私曲，動差而過。由唐公而無欲，守常而穀。是以養心者戒焉。唐，大心也。常則萬世君臣之道。魯僖君臣有道之頌曰：「自今以始，歲其有。君子有穀，詒孫子。」言常穀之應，物以類格，而歲有秋也。禮退己而公天下，至於逃唐之運已往，而君臣之方不變，而後見禮強世之功。是謂以退為進，以無私成其私。寡有，顓也。無乏，節也。度善持穀。

林希逸曰：穀，善也。差，過也。人能知過，則常歸於善矣。

增始昌，而永極長。銳執一，而昆大同。達日益其類，減日損其彙。交相從也，唫不通也。奘有畏，守不可攻也。

范望曰：增始昌，萬物息也。永極長，文武德也。銳執一，生不二也。昆大同，眾所庇也。達日益其類，陽氣暖也。減日損其彙，與達反也。交相從也，二氣交泰也。唫不通也，陰不化，陽不施，故不通也。奘有畏，見難縮也。守不可攻，門戶密也。

傒也出，翕也入。從散也，而聚集也。進多謀，積多財。

范望曰：傒也出，待時動也。翕也入，退不往也。從散也，取其中也。聚集也，物用崇也。進多謀，計所從也。積多財，物歸載也。

許翰曰：狂簡扶狩，羨爽差忒，反乎其真，童之吉也。童以寡有，顓而鮮矣。自童而增，純德方昌。執一而達之，以與類交，則至動起焉。故必有畏而出羨差，戒夫失而奘傒保其德。《傳》以為有而為之則易之者，皜天不宜，取諸此也。後厥民析物亦如之，發慮憲散道德者象焉。進而多謀，然無敢設於一之間也。推之以格，其至而已矣。大學之治，所以至天下平，而樂作者，此其物也。失方而逃，忘憂而唐，然而常度未替，禮之功也。度以持穀，至於極長。大同乃變，而減與物各唫，反己自守。守又弗固，則入而蓄積，庶民事也。衰周之《詩》所謂「如賈三倍，君子是識」者，與時化也。貪利既勝，德義既衰，則世所藉以行者，唯飾而已。非底至齊信之所以昭明天下者也。是以虛偽疑民，是非相亂，使外眩於雕離，而中失其靖止，天下傾矣。此君子沈藏之世也。天下之生，一治一亂，其道蓋如此。

釋推也，飾衰也。格好也是，而疑惡也非。夷平，而視傾。

范望曰：釋推也，物始變也。飾衰也，不進退也。格好也是，拒群陰也。疑惡也非，陰克陽，故惡而非之也。

許翰曰：物將去累，推之使釋，質衰而致飾焉。推自中發，飾自外設，人

之真積力久,則懸解暉發,時至而不自知矣。格是已定,疑非而或之,好惡著焉,所謂格物取此。夷平,物易直也。視聽,陰氣息也。

林希逸曰:格去羣陰,則所好者是也。疑而未定,則所好惡或非也。夷則各得其平,而自如視相傾也。《春秋傳》曰:猶有觀焉。持平而慎傾,可以修德,可以養生。

樂上揚(原作楊),沈(原作沉)下藏。爭士齊也,內女懷也。

范望曰:樂上揚,陽出中也。沈下藏,萬物喜樂,陽氣上而清明,群類湮沈,陽氣藏而肅殺,志玄宮也。爭士齊,各自矜也。內女懷,人之情也。

許翰曰:物止其平,乃樂其發而爭其守。士齊,公之至也。女懷,私之至也。公勝則萬物皆相見也,私勝則萬物各相去也。

務則喜(原作憙),而去則悲。事尚作,晦尚休。更變而共笑,曾久而益憂。斷多事,窮無喜。

范望曰:務則喜,自勉強,憙,為也。去則悲,失故鄉也。事尚作,萬物各致其力也。晦尚休,冬物靜也。更變而共笑,彼自改,故喜而笑也。曾久而益憂,闇致咎也。斷多事,平是非也。窮無喜,多所悲也。

許翰曰:務則喜,諸家作喜,許、黃作憙。因有樂有爭,以有務有事。變而通之為天下正,唯平格之。大人為能任此,我斷則眾聽焉。而事萃之和豫通物而不可窮者,喜也。喜必有務,務必有辜,事必有更。更時行而斷正勝也。

毅敢而割憖。裝徙鄉,止不行。眾溫柔,堅寒剛。密不可間,成不可更。

范望曰:毅敢,果不疑也。割憖,困於時也。裝徙鄉,陰欲去也。止不行,二氣往(《大典》生)也。眾溫柔,立夏節也。堅寒剛,亦立冬也。密不可間,陽親天也。成不可更,物形堅也。

許翰曰:毅大用事,裝而欲去。若周營洛邑是已,四方民大和會者,溫柔之象也。盛衰相極,必至之幾。是以上毅敢行,下眾豫附之時也,而裝在其中。治當成王之隆極,而圖及平王之衰世,裝以候時。此周公之所以獨見於眇綿者也。憖止不行,堅而持之,則以定傾焉。敢以毅行,則裝而溫柔,相得於密,以類升也。憖受割極,則止而寒剛,反保其成以考降也。密不可間,情也。成不可更,性也。情,天性也。性,天命也。情則毅而不害,善親親也。性則割而不絕,能生生也。

鄭氏曰:密不可間,言不可離間也。

親親乎善，闐闐乎恩。斂也得，失亡福。彊善不倦，劇惡不息。晊君道
也，馴臣保也。盛壯，而將老也。

章詧闐闐乎恩，恩作惡。

范望曰：親親乎善，陽氣仁愛也。闐闐乎恩，萬物察（《大典》作密）也。
斂也得，物所聚也。失亡福，惡之府也。彊善不倦，乾行健也。劇惡不息，陰
凌陽也。晊君道也，陽氣純也。馴臣保也，奉其君也。盛壯，陽氣充也。將老
也，陽之窮也。

許翰曰：親而後可斂也，斂而後能強也，則君道正，居有盛時，為法天下。
闐既受成，失劇而反，馴保其得，則陰以老變，陽以兆來。為艱為勤，微之艱
也。諸而作也，宋作而字。

居得乎位，難遇乎詘。法易與天下同也，勤苦而無功也。

范望曰：居得乎位，物有因也。難遇乎詘，陽溺淵也。法易與天下同，天
下之事，同法式也。勤苦而無功，負舟上山，徒費力也。

許翰曰：得位則莫之難也而信，詘道致信者也。難則竢時而已。自中至夷，
大人之正也。自樂至法，聖人之治也。法唯與天下同，故易。且非易也，則天
下孰能同之。勤如天道，勞功無苦也。道非其時，苦而無功，則就養而已矣。

養受羣餘，君子養吉，小人養凶也。

范望曰：玄終於養，故曰羣餘也。陽以為吉，陰以為凶，君子小人，較（《大
典》有然字）可知也。

許翰曰：八十一首七百二十九贊，事類之委，有慶有殃，此群餘也，而養
受之以為種，吉凶蕃焉。

葉子奇曰：養無對界，於陰極陽生之中，以為動靜之機，故曰受羣餘，而
君子小人莫不於此焉判也，故周子曰幾善惡。

玄錯

范望曰：錯，雜也。雜而說之也。

章詧曰：錯者雜也，此《玄錯》，楊子初以《玄衝》相對而序八十一首，
今乃重明首義，故雜而言之，有類《易·雜卦》。後雖不序首，必自中而起，
若《易》之為辭，悉以乾坤為首。

林希逸曰：錯，雜也。準《易·雜卦》。

陳仁子曰：錯者參錯之義，以玄道相參錯而言，觀此則知陰陽包羅之理矣。

　　胡一桂曰：愚案：錯，雜也。雜八十一首論之，不以其序也。注：《衝》則一往一來以序其體，《錯》則一吉一凶以明其用，縱橫交雜，與八卦相雜同。經曰：錯，絣也。

　　葉子奇曰：錯，雜也。取八十一首更雜明之，此準《易》之《雜卦》也。此篇多取對待相反以為義。

　　陳本禮曰：錯，雜也。一陰一陽，對待成文，錯綜而言，故曰錯。

中始周旋，羨曲毅端，睟文之道，或淳或班。

　　范望曰：玄始於中首，至周首，而旋復也。羨曲，行不正，故曲也。毅端，毅信其志，直為端也。淳睟其道，班有文也。

　　許翰曰：中始周旋，道德也。羨曲毅端，時物也。中始而道生之，周旋而德反焉。羨曲者，迷乎周旋之運。毅端者，守乎中始之則也。端生睟，曲生文。

彊也健，傆也弱。積也多，而少也約。視也見，而晦也瞀。童無知，而盛有餘。去離故，而將來初。

　　范望曰：彊也健，不休息也。傆也弱，如有須也。積也多，積畜盛多也。少也約，謙不盈也。視也見，物所形也。晦也瞀，世不明也。童無知，幼未小也（《大典》小也作聰之）。盛有餘，氣壯彊也。去離故，他所從也。將來初，陰氣窮也。

　　許翰曰：童之無知，如見有瞀，雖或晦之，見在其中。欲昭明者，發之而已。盛而餘，反寡有矣。弱而傆強，約而無積，此寡有之蒙，未離於一者也。去離故，而將來初，學所輔也。

　　鄭氏曰：瞀，亡遇切，目不明也。

大也外，而翕也內。狩也進，奐也退。樂佚逿，勤蹶蹶。達思通，窮思索。干在朝，而內在夕。

　　范望曰：大也外，陰在中也。翕也內，物退降也。狩也進，陽氣進也。奐也退，見難而縮也。樂佚逿，物以長也。勤蹶蹶，勞無常也。達思通，道相致也。窮思索，萬物遽也。干在朝，物始出也。內在夕，陽藏鬱也。

　　許翰曰：逿，古蕩字。宋本作達思也通窮而思也索。樂佚逿者，無為之適。勤蹶蹶者，有為之艱。《詩》所謂蹶蹶生者，文王之勤止也。武王之《詩》所謂王在在鎬，豈樂飲酒，此佚逿之時也。思利變通，思索而未如之何，則有窮而已。朝氣銳尚干，夕氣歸好內。諸家作席，林作夕。

鄭氏曰:《方言》:佚惕,佚音跌,惕音唐,緩也。《漢書》:佚蕩,佚音鐵,蕩音譡,亦緩也。樂象豫卦,《易》曰:豫,怠也,乃緩之義也,則樂佚逿與《方言》佚惕、《漢書》佚蕩,其實一也。《方言》楊子作,字音皆當從之。注云:物以長也,義與《方言》合也。蹶,居衛切,行急邊貌。

差自憎,飾自好。格不容,而昆寬裕。增日益,而減日損。馴奉令,而戾相反。釋也柔,而堅也剛(鞝)。

范望曰:差自憎,過為惡也。飾自好,人所擇也。馴奉令,臣所制也。戾相反,乖於事也。釋也柔,物脫枯也。堅也剛(鞝),下剛以革姦(《大典》作蕪)也。

許翰曰:差內訟惡,飾外見美。堅如履革,失柔和矣。鞝,音昂,革履屬。黃作剒。

鄭氏曰:鞝,舊音昂,按《集韻》:鞝,角鞮屬。《龍龕手鏡》:鞝,履頭也。又五更切,與鞭同。蓋角鞮者以革為履頭角昂舉則必堅鞝,故有鞭義。注云:剛折姦也,折伏姦慝,在堅剛也。其音昂者,取叶韻也。

孫澍曰:鞝,音印,《說文》:鞝,角鞮屬,《方言》:東北胡鮮洌水之間謂之鞝角。

文字校正:范本《玄錯》:「飾自好」,下有:「格不容而昆寬裕,增日益而減日損」十四字(許本同),然於「養自茲」下復有「格也乖而昆也同,增有益而減有損,成者功就不可易也」二十二字(許翰本此則僅有「成者功就不可易也」八字),許注云:「范望《玄錯》末有有(下「有」字衍)『格也乖而昆也同,增有益而減有損,成者功就不可易也』,云:宋衷補此,而或謂陸績自有成首,今以秘館所藏陸本考之,無有。近世宋惟幹別得古本,亦缺此五首,而今本又有『格不容而昆寬裕,增日益而減日損』,莫知何從得之,故獨刪宋衷所補四首,餘皆疑弗敢去,以俟討論者考焉」。而范本於「養自茲」下注云:「除有格、昆、增、減、成五首不在《錯》中,《目錄》曰:『八十一首錯相成也』,如此明當有之。今而不見,愚意以為《玄》更二漢宋、陸二家,以今處(之),當亦幾於漏脫也」。又於「格也乖」至「成者功就不可易也」句下注云:「宋仲子云:『雄本不書此五首,自格至成,宋仲子添之』。陸云:『格、昆、增、減脫誤,審也(疑當作『之』),陸釋自有成首,云:『成者功就不可體也』」,此一段注語與前一段注意不合,前一段引《目錄》,同《玄圖》題下注引《目錄》,知為范氏原注。是范氏以為格等五首不在《玄錯》文中,乃經宋、陸而

幾於漏脫也，知范氏所見宋、陸二家皆無格至成五首，而此段注語言宋仲子添補格至成五首，陸續自有成首，是其矛盾之處。參以許注陸本並無格等五首云云，與此陸本自有成首之說，亦牴牾不合。按：「飾自好」句下，「格不容」等十四字，非《玄錯》原文。《玄錯》每句一注，獨此二句十四字無一字之注語，且范注亦云：「除有格、昆、增、減、成五首不在《錯》中」，是范氏所見亦無此十四字也，此十四字當為范氏以後之人所臆添者。然依例《玄錯》當有格、昆、增、減、成五首，據以上三段注語，知於宋、陸時已脫去矣。范氏作注之時，已覺察五首之脫，遂自擬《玄錯》之文而補之，然不敢自信以承補《玄》之名，故詐曰「自格至成，宋仲子添之」，而將添補之名推與宋衷，不知已與前段注文發生矛盾。至許翰作注時，見「飾自好」下有格、昆、增、減四首，「養自茲」下又有格、昆、增、減、成五首，惑於范注，以為「養自茲」下二十二字為宋衷所添，然疑而未決，不知去從，乃刪「格也乖而昆也同，增有益而減自損」十四字，而存「飾自好」下十四字及「成者功就不可易也」八字。至今看來，既然格、昆、增、減、成五首脫文甚早，而范望距之最近，其所擬補者當較後人添補者為優，故當存范氏之補而刪後人所添，許氏刪存者有所不當。

夷平易，而難頡頑（當作頑）。斷多決，而疑猶與。逃有避，爭有趣。進欲行（迂），止欲鷙。

范望曰：夷平易，氣所傷也。難頡頑，非其常也。斷多決，重以方也。疑猶與，當節量也。逃有避，陰（原作陽，《大典》作陰）害陽也。爭有趣，物相貪也。進欲行（迂），萬物褒也。止欲鷙，上下違也。

許翰曰：諸本作進欲行，蓋當作迂。進非迂則傷，止非鷙則達。是以君子其進也安道悠遠也，其止也屬德正勝也。

鄭氏曰：飛而上曰頡，飛而下曰頑，難而不已，是故如此。猶與，與讀作豫，疑辭也。褒，博毛切，昇進之義也。鷙，脂利切，《說文》：擊殺鳥也。上下相違，則必止矣。恨其如此，而欲搏擊，故曰止欲鷙也。

廓無方，務無二。應也今，而度也古。迎知前，永見後。從也牽，守也固。礦拔難，劇無赦。

范望曰：廓無方，不限疆域也。務無二，心專一也。應也今，權時宜也。度也古，權不達也。迎知前，氣相承也。永見後，事長久也。從也牽，物趨陽也。守也固，不可攻也。礦拔難，宜大人也。劇無赦，臣困君也。

許翰曰：應與時行，唯今之宜。度由數起，因古而已矣。微陽方動，則雖在盛陰，能拔於能。獨陰絕陽，則其窮無赦矣。

鄭氏曰：拔難，如字，言拯救艱難也。或去聲讀，言濟拔險難也。注云：宜大人也，謂拔車山淵，為拔難也。

唐蕩蕩，而閑瘞（原作瘞）塞。更造新，常因故。失大亡，斂小得。竈好利，法惡刻。禮也都，而居也室。

范望曰：唐蕩蕩，公無私也。閑瘞（原作瘞）塞，陰陽離也。更造新，變刑勢也。常因故，不改計也。失大亡，物淪退也。斂小得，陰聚內也。竈好利，養無窮也。法惡刻，正不中也。禮也都，動合儀也。居也室，人所歸也。

許翰曰：都非鄙之野，室無都之容。

鄭氏曰：瘞，舊音翳，埋藏也。或作瘞者，俗書訛繆也。

葉子奇曰：瘞音翳。

聚事虛，眾事實。闔也皆合二，而密也成用一。上志高，沉（當作沈）志下。交多友，唫少與。銳鋤鋤，蕢劀（劗）跙。

范望曰：聚事虛，地上將虛，陰所收物也。眾事實，物充多也。闔也皆合二，陰陽雜也。密也成用一，二氣和也。上志高，陽登起也。沉（當作沈）志下，相思待也。交多友，人所敬也。唫少與，儉且吝也。銳鋤鋤，進無二也。蕢劀（劗）跙，行不進也。

許翰曰：聚以陰收，故其事虛。眾以陽宜，故其事實，虛則易消，實則難免也。武王之《頌》曰：實維爾公允師，此實眾也。受有牧野之旅，鹿臺之財，巨橋之粟，此虛聚也。二，人屬也。一則天精天粹。萬物作類，其密無間，咸見已焉。鋤，宋音讒。劀，徂感切。《釋文》：劀，割剪出也。一作劗。宋作劗，音鑯。跙，才與切。先儒以為劀跙，行不進也。以蕢無見，故其行如此。

鄭氏曰：鋤，疾染切，銳進貌。劀，《集韻》在感切，引《太玄》蕢劀跙，云：縮朒貌。作劀者，轉寫誤也。跙，才與切。

葉子奇曰：鋤音尖。劀跙，上租感切，下才與切。

俞樾曰：樾謹按：成乃咸字之誤，咸用一與皆合二相對為文，范注曰：二氣協和而成一，是其所據本已誤矣。

文字校正：《玄錯》：「蕢劀跙」（范本），許翰本（《集注》本後四卷乃許翰《玄解》四卷，在司馬光《集注》之後，故稱之許翰本以別之。此四卷中又有

宋人校語若干，集十數家版本之異同，以下簡稱「集校」）作「劖趄」，范本《釋文》：「劘，俎感切，割剪也，一作『劖』，一作『劙』」。《集校》：「劙，徂感切」。又，范本《釋文》：「劙，割剪出也，一作『劖』，一作『劙』」。盧校：「『劙』訛『劘』，字書所無，段玉裁云：當是『劖』字」。按：段說是。《釋文》所出當為「劖」字。《玉篇》：「劖，徂感切，剗也，刺也」。《廣韻》：「劖，徂感切，剗也，劖，又割羸出也」。《集韻》：「劙（當作「劖」，形訛），徂感切，刺也」。可證。「劙」字之音非徂感切，《玉篇》：「劙，子踐、子九二切，鬎髮也，減也，切也」。《廣韻》：「劙，在丸切，剃髮也。又子欑切，又借官切」。《集韻》：「劙，剃髮，子淺切，又徂丸切，又祖官切，吳人謂髠髮為劙」，可證《釋文》所出非「劙」字也，范本《釋文》之作甚早，《釋文》「第一」題下注云：「此本自侯芭、虞翻、宋衷、陸績，互相增損傳行於世，非後人之所作也」。雖未必如此（《釋文》出有反切可證），然此注當為宋人所題，是宋時已有《釋文》，知此《釋文》之作必經多人遞相增補至遲不晚於北宋，可無疑也（《釋文》附范注本後，范本北宋曾有監本，明萬玉堂本據南宋浙東茶鹽司本翻刻，茶鹽司本又據北宋本翻刻，其書多避北宋諱可證。足證《釋文》至遲不晚於北宋）。然則北宋時字尚作「劖」，許翰本作「劙」，乃「劖」之訛，二字形近易訛，如《集韻》「劖」訛作「劙」，「劙」訛作「劖」之類是也。范本作「劘」者，亦「劖」訛「劙」，「劙」復訛「劘」，如此不斷訛誤，多有異文，而其本字當是「劖趄」，為雙聲連綿詞，其義當從范注：「行不進也」。

親附疏，割犯血。遇逢難，裝候時。事自竭，養自茲（《大典》作滋）。

　　范望曰：親附疏，重宗緭（《大典》作姻）也。割犯血，不隱親也。遇逢難，陰害陽也。裝候時，徙故鄉也。事自竭，致其力也。養自茲，禪無極也。

　　許翰曰：親至於附疏，割至於犯血，此仁不仁之反也，治亂之極也。遇逢難，務早辨也。裝候時，謹先幾也。事自竭者，施諸外也。養自茲者，蕃諸中也。

　　鄭氏曰：滋，《說文》：益也，以能自益，故禪無極也。一作茲，草木多益也，亦通。或作訓此之茲，是失其義也。

　　俞樾曰：樾謹按：血與疏對文，則血是親近之意，猶言骨肉也。

格也乖，而昆也同。增有益，而減有損，成者功就不可易也。

　　范望曰：除（《大典》作餘）有格、昆、增、減、成五首，不在《錯》中（劉按：前面馴奉令前有「格不容，而昆寬裕。增日益，而減日損」，此言格、

昆、增、減、成五首不在《錯》中，當是范本所見與後來者不同，故前面范氏對此無注。而此處對格、昆、增、減的解釋也不同于前。）《目錄》曰：八十一首錯相成也。如此明當有之，今而不見，愚意以為《玄》更二漢宋、陸二家，以今處當，亦幾於漏脫也。宋仲子云：雄本不書此五首，自格至成，宋仲子添之。陸云：格、昆、增、減，脫誤審也。陸釋自有成首，云成者功就不可體也。

　　章詧曰：范注謂格、昆、增、減四首脫漏，今川本自有，但無范注而已。

　　宋人校記（劉按：此指明萬玉堂本所載宋人校記，據筆者考釋當為宋人，文發於《古籍整理與研究》第七期）曰：范望《玄錯》末有「格也乖，而昆也同。增有益，而減有損，成者功就不可易也」，云宋補此。而或謂陸績自有成首，今以祕館所藏陸本考之，無有。近世宋惟幹別得古本，亦缺此五首。而今本又有「格不容，而昆寬裕。增曰益，而減曰損」，莫知何從得之。故獨刪宋衷所補四首，餘皆疑弗敢去，以俟討論者考焉。

　　陳本禮曰：祕閣、陸績本及宋惟幹得古本，皆無末五句。

　　孫瀳曰：易雜卦首乾終夬，蓋夬以五陽決一陰，決盡則為純乾，故曰君子道長。《玄錯》首中終成，蓋成準既濟，為中之極功，故曰功就不可易。

玄攡

　　范望曰：攡，張也，言張舒其大目也。

　　許翰曰：音攡，張也。

　　章詧曰：玄之道也純粹，其體也散駁，故八十一首七百二十九贊沕測之辭，互明三才萬彙情狀，復以《衝》而偶乎陰陽進退，人事之廢興，禍福之倚伏，授受之無已，又以《錯》而通言雜述，俾其觀首之名，究首之來，則其義顯矣。尚惜來者之未盡厥旨，乃述《玄攡》以舒張之。攡者舒張之謂也矣。

　　林希逸曰：音離，張也。《攡》、《瑩》、《掜》、《圖》，準《繫辭》。

　　陳仁子曰：攡者舒散之義，以《玄》用之開張而言，觀此則知造化發施之功。

　　鄭氏曰：《玄攡》音攡，張也，又作攡，音螭，舒也。范云：言舒其大體也。

　　胡一桂曰：攡音离，分也，張也。極論《玄》之為義，陰陽之運，日星之行度。

　　葉子奇曰：攡，音離。此準《易》之《繫辭》以為八十一首之通例。

玄者幽攦萬類而不見形者也。資陶虛無而生乎規，攦神明而定摹，通同古今以開類，攦措陰陽而發氣。

范望曰：幽，深也。攦，張也。萬類，萬物之類也。言玄幽冥深遠，故張舒萬物之類，然而不見其形者也。資，取也。陶，養也。虛，空也。無，無形也。規，圓也。玄取象天地空虛無形之氣，推積為一，以九數得萬物數，以為玄形，故曰生規。天規圓也。攦，關也，若手相關付，故字有手也。摹，數也。玄乃關天地神明之事以定於一，運九數，其道分明，若手相關付，故曰而定數也。古謂庖犧，今即隨世也。玄乃縣絡於天地，通古今之器，開陰陽之氣，同萬物之類也。措猶設也，謂張設陰陽之道，以發休咎之氣也。

章詧曰：玄道乃微妙而不可狀者也，幽者則暗冥而不可窺者也，而玄能於幽冥之中生萬物於未生，舒群類於未形，其功莫測，故其形不可得而見也。而復能資養萬物之形氣，合空虛未有之光而生乎法也，規法非謂天也，蓋玄以少治眾，以無治有也。故一以為法而生三者也，是以下文謂攦神明而定摹，摹有數也。數自無而迨有，以微而至著，故攦通神明也。一玄而極于萬物之數，亦非止一運九數也。復能通乎天地之已分之後，隨世無窮之際，以開發萬有，使各得其類，遂其生育，故復明陰陽，攦措交錯，以發萬物盛衰死生之氣，悉由玄道而可知也。攦，舒也，措，致也，謂陽舒則陰措，陰措則陽舒，萬物負陽而抱陰，各得始終之氣也。非止休咎之氣也。

葉子奇曰：攦音關。《玄》即《易》之太極，指道也。幽，深密也。攦，分張也。資，生，陶，養也。攦，交通也。措，置立也。虛無言天，不言地言天，則地在其中矣。凡此五句，始一句統而言之，道之深密而張萬類，包括兼該，無所不體，而不見其形也。下四句分而言之，道之生天地，貫神明，通古今，立陰陽，所以生規定摹，開類發氣也。統言明其大德之敦化，所以為萬殊之本，分言明其小德之川流，所以為全體之分也。曰資陶，曰攦，曰通同，曰攦措，此玄之所以為造化之功。曰生，曰定，曰開，曰發，此玄之所以為造化之效。曰虛無神明古今陰陽，此其在物之實體，曰規摹類氣，此其在物之實用也。其玄之所至者歟。此一節言實理之根柢，楊子取之為玄者也。

陳本禮曰：資，取也。陶，甄也。虛無，太極也。規，象天圓。太極從無始來，至天而始有象。神明者，玄之樞機也。古今者，過化之跡也。陰陽者，玄之關鍵也。生、定、開、發者，玄之作用也。人必先明乎此，然後知子雲所以取玄之義以為法也。

孫澍曰：攔者以手相關付也。關天地神明之事，以定於一運也。九數其道分明，若手相關付也。

馮契曰：幽，幽冥，幽暗。攡，舒張，展開。資陶句，資，取。陶，陶冶。規，天道。《玄圖》：「天道成規，地道成矩，規動周營，矩靜安物。」整句意謂資取陶冶於虛無而產生出天道。關神明句，關，關連。神明，指運動的神秘莫測。定摹，規定度數。此句意謂貫聯神秘莫測的變化而確定萬物的度數。開類，區別萬物的各類。攡措陰陽句，措，錯綜。意謂張設和錯綜陰陽而發出氣。

一判一合，天地備矣。天日迴行，剛柔接矣。還復其所，終始定矣。一生一死，性命瑩矣。

范望曰：判謂純陰純陽也，合謂陰陽交錯。開陰陽交錯，以生萬物，備滿於天地之間也。合，俗云夫婦判合，此之謂也。迴猶運也，天運如西，日運如東，天日運行，陰陽相交，以成晝夜之道也。還復其所，謂天晝夜運行，周而復始，故言還復其所也。行無遲疾，度不參差，故終始定也。瑩，明也。上句說天及日，此句言生死，正謂月之晦明。生死之道，晦明得度，天之性命可謂明也。

許翰曰：天分剛上，則日月五星麗之者，皆其柔也。

章詧曰：前言玄之自微而不見，能生萬物於未形，復資陶於虛無而生法，又能定數開類以明陰陽，攡錯以發萬物始終之氣，既有形氣，乃述天地一判一合之道。判謂陰陽二氣未交之時，合謂二氣已交之際，因之判合，遂生四時晝夜萬物，故曰天地備矣。天左旋曰迴，日右運曰行，謂日順行天度也。陽剛陰柔也，由乎天日之運行無窮，所以有四時，分晝夜，陰陽之氣以相承接而不絕也。玄之法度復以冬至之氣，日居北方牽牛之一度，斗指乎子，以為之常，故經曰還復其所，謂北也。故玄生萬物於一，歸萬物亦於冥，皆自北也，故終始定矣。萬物假天日運行之道，終始之氣乃得生死之分，知性命之理明矣。注謂生死為月魄之說，誤矣。蓋此文始言玄本虛無，乃生三才以至萬物，各盡始終生死性命之理也。此玄道之廣大，豈止月哉？又經云：不以月為法，《玄告》曰：玄日書斗書而月不書也，則知死生非謂月也。

葉子奇曰：迴，交互也。瑩，明也。形雖判而氣則合，此天地之道所以備。天左旋而日右行，此剛柔之變所以接。天日分行，至復會于元分之所，而一歲之始終之所以定。原始反終，故生而必有死之期，此萬物性命之所以明。此一節言氣運之流行，《玄圖》擬之為象者也。

陳本禮曰：此發明玄之實理也。判，分也。瑩，明也。案：范曰：判謂純陰純陽，合謂陰陽交錯。廻行，運行也。天左旋如西，日右行如東，周而復始，故云還復。其所行無遲疾，度不參差，故云終始定也。死生者，謂月之晦明也。知月之有晦明，則天人性命之理可得而明矣。

孫澍曰：薛德溫曰，此言氣運之流行，《玄圖》擬之為象。（天日回行至性命瑩矣）回，交互也。瑩，明也。形雖判而氣則合，此天地之道所以備，天左旋而日右行，此剛柔之度，所以接天日分行，至復會於元分之所，而一歲之始終之所以定，原始反終，故生而必有死之期，此萬物性命之所以明。

馮契曰：判，剖判，分開。天日回行二句，接，交替，相繼。意謂天體和太陽的回環運動，造成了陽剛陰柔的交替。還復其所，謂天體和太陽的運動回復到其出發點。終始定矣，一年的終始就可以確定了。性命，指人性天命之道理。瑩，明白。

仰以觀乎象，俯以視乎情。察性知命，原始見終。三儀同科，厚薄相劘。圓則杌棿，方則嗇吝。噓則流體，唫則凝形。是故闔天謂之宇，闢宇謂之宙。

范望曰：仰觀俯視，天之形象、地之情性，皆可知也。當詳察《太玄》性命天、地、人之道，終始可見也。三儀謂天、地、人也。科，法也。厚薄謂陰陽也。陰濁故厚，陽清故薄。陰陽相劘，以生萬物，天人同法而養制也。圓謂天也，天動故杌棿。方謂地也，《易》曰：坤為嗇吝，主收藏，此之謂也。噓謂呼也，唫猶噏也，呼謂之陽，唫謂之陰，春陽之氣，流潤萬物之形體，冬陰則凝滯而成形也。闔天地晝夜之稱謂之為宇，如屋宇之所覆也。闢謂開天地晝夜之稱爾，宙猶暢也，宇之開闢，明暢於天下也。

章詧曰：前文言天地判合，天日迴行，以定終始死生之道，可通而為法也。是以仰觀上象，俯視萬物之情，乃窮幽洞微，無所不至，故曰可以察性知命者也。夫人之性也，始乎生而靜將乎動也，外則七竅之所嗜，內則六情之所動，動日甚而靜日消，情以熾而性以忘，是以聖人窮夫物理，則能盡其天性，性復盡則我命在我，原始見終，乃察性命之本也。既仰觀俯視，察性知命，則見天地之心矣。故人以五常之道通乎天地之情，則知三儀同法也，非為眾人也。復以天地而言之，謂陰陽之氣各有厚薄消長以相劘，以人事而言，亦有盛衰禍福以相劘也。仰觀乎天，則圓動而杌棿，俯視乎地，則方靜而嗇吝。天陽也，故常動以生，地陰也，故常靜以藏，陽動而施，故杌棿，陰靜而止，故嗇吝。噓

則則流體，亦謂陽也，嘘吐其氣，以流動萬物之氣，唫則凝形，謂陰也，唫吸其氣以凝萬物之形。聖人既見天地圜方之道，陰陽嘘唫之理，可以取法，參之人事，以濟群生。闔者戶扇也，天之闔也，若以扇闔戶也，故曰闔闢。開者若開扇子，宇四明暢也，故曰闢宇謂之宙也。蓋宇者天地未判之稱也，宙乃已分之謂也。斯乃言聖人俯仰於分判之後，能盡天地之道以為法也。注以晝夜為言，則未盡其義。

鄭氏曰：劘與摩同。唫，魚音切，《說文》：口急也，噏狀如此，噏與吸同。

葉子奇曰：三儀，天、地、人也。科，等也。言其道一也。揚子言其仰觀俯視，見天地陰陽之氣，或厚或薄，互相劘盪以為萬變之分，圜則杌棿而動搖，方則嗇吝而靜固，嘘則闢而生，所以流體，唫則翕而成，所以凝形，以定二端之體，正張子所謂游氣紛擾，生人物之萬殊，陰陽兩端，立天地之大義。語尤約而義該也。

陳本禮曰：以下言玄取法乎天地，以立人之極也。性者，人所稟之於天命者，天所賦之於人，察其性之所始，則知命之所終。三儀者，日月星也。日月之行有遲速，陰陽之分有厚薄，得天之氣厚者為人，得天之氣薄者為物。劘者切磨也。人與物切磨而為萬化之機。圜方不同體，嘘則流形，唫則凝滯，造化之鼓盪，各有不相因襲而自成形體者。

孫澍曰：劘，眉波、忙皮二切，音磨，靡義同，削也，分也，又剴切之也。

許翰曰：闔天，宇也。闢宇，宙也。一陽一陰，乾坤之變也。

馮契曰：三儀，天、地、人。一說指日、月、星。科，法則。厚薄，陰濁為厚，陽清為薄。劘，磨擦。指相互作用。圜，指天。杌棿，轉動不定。方，指地。吝即吝，嗇吝，指收斂。嘘則二句，嘘，呼出，引伸為發散。唫，吸收，引申為收斂。二句意謂發散就形成流動的氣體，收斂就凝結成固定的形狀。闔，合閉。闢，開闢。揚雄把天閉合未開的整體稱作宇，其開闢而有古今之分，便稱作宙。

日月往來，一寒一暑。律則成物，曆則編時。律曆交道，聖人以謀。

范望曰：日月往來於天，以寒暑成歲也。律謂六律也，陽為律，陰為呂，物以陽成，故曰成物也。曆謂治曆明時，編次歲事也。道謂天地陰陽之道也。律以候氣，曆以編時，敬授民事，則聖人之所諮謀也。聖人謂若堯命羲和之類也。

章詧曰：冬至之日自牽牛一度而往，日行一度，三百有六旬有六日，行一

天終也。月二十日行一天，終一歲十二度來與日合，乃為之朔，則謂之日往月來也。乃歲之終，日往月來，寒暑之氣各一更變也。律，法也。謂六律六呂之管，以知候氣，以明生成萬物之道，故曰律則成物。歷者，歷也，以明日月五星巡歷四方之宿，以分氣候而編諸時，故為歷則編時也。律則理也，以司氣，歷則運算，以法天。天之時，地之氣，上下相顧而不差，故曰律歷交道以授人時，萬彙順養，而群生以濟，斯皆聖人陳其謀，畫以為法也。

葉子奇曰：宇闔宙闢，故日月行，所以成寒暑，此天之化于人也。律歷成而氣朔分，此人之驗于天也。律陽歷陰，二者交道，故揚子作《玄》以應律候，以協曆紀，以擬天之動也。

陳本禮曰：闔闢者，即晝夜之謂也。寒暑者，即陰陽之謂也。律為陽，呂為陰，聖人定律授時，所以前民用而為開物成務之基也。《玄》之作也，以星紀應律候，以歲時協曆紀，亦如大撓之作《甲子》，容成之作《蓋天》，故曰聖人以謀。

馮契曰：歷則編時，歷，曆法。謂制定曆法來排定農時。律歷交道，音律和曆法結合運用。

晝以好之，夜以醜之。一晝一夜，陰陽分索。夜道極陰，晝道極陽。牝牡羣貞，以攤吉凶。則君臣父子夫婦之道辯矣。

范望曰：好事在晝，醜事在夜，醜好遘雜，萬物化生也。陰則為夜，陽則為晝。索，數也。夜分為（《大典》晝）別，以分四時也。夜極為晝，晝極為夜，晝夜之極，以見陰陽。貞，正也。陰為牝，陽為牡，陰陽牝牡，萬物化生，各得其正，故曰羣貞，以張吉凶之事也。辯，別也。如此則人道之綱紀炳然有別也。

章詧曰：晝夜謂四時相殊之晝夜也。蓋各隨陰陽升降，地形上下，日之出入，或長或短，悉以陰陽而推之，晝為陽為德，故贊以位君子，故曰好之。夜為陰為刑，故贊以位小人，故曰醜之。是以一晝一夜假乎陰陽而知之分數也。夜為陰道，極則生陽，晝為陽道，極則生陰，故陰陽相反，晝夜相承，無有已也。牝牡群正者，陰陽各得其正，則尊卑位，故曰君臣父子夫婦之道辨矣。

葉子奇曰：晝好夜醜，以分陰陽，牝牡間配，以分吉凶，書陽則為君為父為夫，夜陰則為臣為子為婦，而天人之道一也。此言觀察天地之陰陽，以定《太玄》之吉凶。

馮契曰：晝以好之二句，晝明為好，夜暗為醜。分索，分界。牝牡群貞，牝為陽，牡為陰，意謂陰陽牝牡的適當配合，使萬物化生得其正。

是故日動而東，天動而西，天日錯行，陰陽更巡。死生相摎，萬物乃纏。

范望曰：巡，行也。日天錯行，陰陽更用事也。摎謂相擾也，纏謂纏綿也。上句言天日之宜，此言死生，知說月也。月明生而魄死，魄生而明死，死生之相摎擾，故萬物亦纏綿而成就也。

章詧曰：日之動也順行二十八宿，本自於東也。日一日夜惟行一度，而天輪動，其天輪一晝夜運行三百六十五度，而日復隨天輪西沒也。故曰日動而東，天動而西。天西日東，故曰天日錯行。一歲之中，天日巡行，陰陽之道，故曰陰陽更巡。下文謂日一南而萬物死，一北而萬物生也，萬物相摎以死生，復以死生相摎而無窮已，故曰死生相摎。萬物乃纏也，謂纏續而不絕。注謂月，非也。

鄭氏曰：摎，注云擾也，故巧切，又力交切，物相交也。舊音交，訓束，不可用。

葉子奇曰：摎，相繞纏也。天每日繞地一周而過一度，日亦每日繞地一周而不及天一度，是以天漸差而西，日漸差而東，積三百六十五日四分日之一，而天日復會于元分之所而成歲，所謂天周歲終是也。天日陰陽更錯巡行，此天道之所以終始也。萬物死生轇擾相纏，此人物之所以死生也。人物之死生，即天道之終始，由其不齊，所以無窮已也。

孫澍曰：摎，相纏繞也。天每日繞地一周而過一度，日亦每日繞地一周而不及天一度，是以天漸差而西，日漸差而東，積三百六十五日四分日之一，而天日復合於元分之所而成歲，所謂天周歲終是也。天日陰陽更錯巡行，此人道之所以終始也。萬物死生摎憂相纏，此人物之所以死生也。人物之死生，即天道之始終，由其不齊所以無窮已也。

馮契曰：摎，糾纏。纏，聯結。

文字校正：《玄攡》：「是故日動而東，天動而西，天日錯行，陰陽更巡，死生相摎，萬物乃纏，故玄聘取天下之合而連之者也」（許翰本），范本「摎」作「摎」，章詧本、林瑀本「連」作「運」（章、林二本乃《集校》所引者）。按：當作「摎」、「運」。《說文》：「下勾曰摎」，與此文義不合。《文選·江賦》注引《太玄》宋衷注：「摎猶糾也」，即此「死生相摎」句宋氏逸注，可證當作「摎」也（《太玄》「摎」字僅此一見，知《文選》所引即此句之注）。「摎」「糾」與下文「纏」字互文見義，亦可證。「連」、「運」者形近而訛者也。范注：「求取天下之合」，謂五位相合於五方，而運之以成經文，知范本原文作「運」。或

曰：上言「合」、此言「連」，下文又言「綴之以其類」，合、連、綴義近，故當作「連」。此說非是。合者謂上文天與日、陰與陽、死與生等萬物之類也，天日、陰陽、死生皆相對之物，故曰合也。運則謂玄運動此類相合者而使之行也，與上文動、行、巡、摎、纏諸字相應。玄於萬物合而運之，合之使為對，如天日、陰陽、死生之類，運之使周行，如動而東、動而西、錯行、更巡、相摎、相纏之類。合、運各有其義，並非一事，故不可據「合」而作「連」。下文「綴之以其類」，與「占之以其瓠」為另一句，其意蓋謂係綴物類而占卜也，與此言玄之對於天日、陰陽、死生以至萬物之作用者，實非一事，故亦不可據「綴」而作「連」也。

故玄聘取天下之合而連之者也。綴之以其類，占之以其瓠。曉天下之瞆瞆，瑩天下之晦晦者，其唯玄乎。夫玄晦其位而冥其畛，深其阜而眇其根，樸其功而幽其所以然者也。故玄卓然示人遠矣，曠然廓人大矣，淵然引人深矣，渺然絕人眇矣。默（原作嘿）而該之者玄也，撢而散之者人也，稽其門，闢其戶，叩其鍵，其後乃應。況其否者乎。人之所好而不足者，善也。人之所醜而有餘者，惡也。君子日彊其所不足，而拂其所有餘，則玄道之幾矣。

范望曰：聘，求也。求取天下之合，謂五位相合於五方，而運之以成經文。瓠，法也。綴繫之以其類，謂五行相生萬物之類也。占之以法，謂經緯之休咎也。畛，界也。大陸曰：阜，眇微也。幽，冥也。言玄道微妙，闇其經界，深其根本，不語其功，幽冥其所以然事者，以見其弘遠也。卓然曠然淵然渺然等句，皆歎美之言也。該，兼也。兼明天地之道也。撢而散之者人也，言玄兼天地陰陽之道，後世之人必有散而用之也。稽猶叩也。闢，開也。鍵，閉也。開門叩牡，乃知玄道，如人號呼之相應也。否，不也。至門叩鍵，然後玄應之，況於不為玄者乎？幾，近也。拂，除也。除惡從善，近於玄道。

許翰曰：連，章、林作運。晦字，《釋文》作膴，音武。一作晦。云當作膴膴，微視也。今唯丁別本作膴膴，諸家作晦晦。渺，宋作佻，黃作渺。夫為玄者，外稽其門，弗應。內闢其戶，弗應。密叩其鍵，然後乃應，而況不為者乎？入之深深，索之益薄，於是玄感應焉。非玄應之也，至精之通也。日強其善而拂其惡，以成德器而已。若玄則竣嘿契焉。善幾於道，不足者充而發祥，有餘者去而弗翳，是以入于玄之平也。

章詧曰：此一節雄勉人力行其道，而切於改過者也。

林希逸曰：陰陽善惡是非，類皆合也。阜，高也。根，深也。言玄之理隱奧也。日彊其所不足，而拂其所有餘，此二句有味，誰不知好善，而得善常少，誰不知惡醜，而有之者常多。

鄭氏曰：注云：觚，法也，與大首自制以觚義同。聝，牛怪切，曉天下之聝聝，謂曉其聰者也。瑩天下之晦晦，謂瑩其不明者也。攘，卻也，攘其功謂卻而不受也。《封禪書》進攘之道，顏師古說攘古讓字。嘿，通作默。稽猶叩也，讀如稽首之稽。鍵，籥牝也。彊，勉也。

葉子奇曰：天人異用，萬物散殊，道則兼貫而無不在也。此邵子所謂萬物。按道沕穆無間，出于自然，今體統一，太極者是也。《玄》曰聘、曰合、曰連，似若牽強而同之，立文頗似未穩。觚，法也。分首係贊，莫不因其類，且經夕緯，莫不著其法，所以定嫌疑，決猶豫也。此一節言作玄之法與用玄之道。晦位言其無方所也，冥畛言其無畔岸也，深阜言其至博厚也，眇根言其至微妙也。雖成其功而密然，莫知其所以然者也，此一節皆形容玄之妙也。理備於書，業生由人，求則應，未有不求而應者也。拂，除也。苟能從善除惡，則無待于占筮而知吉凶矣。

焦袁熹曰：拂其所有餘，拂者矯而去之，從惡如崩，不矯拂何能除去？

陳本禮曰：聘，取也。合者謂天與日、斗與極、呂與律、歲與曆、天元甲子萬有不齊之數，無不使之連貫而相合，其所以連之者，則玄之力也。晦位言其無方所，冥畛言其無畔岸，深阜言其至博厚，眇根言其至微妙，攘其功者，謂聘天下之合而連之，及曉天下之聝聝，瑩天下之晦晦也。幽其所以然者，謂泯其造化之跡，不示人以機緘，而自有其所以然者也。此非贊《玄》，乃深惡當時賊莽橫行，上敢弒君，下敢賊民，而群奸附和，莫有知其非者。凌遲至於三綱絕，五常滅，此子雲所以目擊深痛而不敢言者，故寓意於《玄》，令其明白而曉暢也。撢，發揮其辭，散，布散其義理備於玄，稽也、闢也、叩也，求之則應，未有不求而應者也。此申言上文之辭，欲人之求之也。日強其所不足，即指上求之之人，苟能從善除惡，則無待於占筮而知吉凶矣。

馮契曰：故玄聘取句，合，指前面所說的天日、陰陽、生死等的對立面配合和聯繫。玄意謂利用天下事物與其對立面的普遍聯繫而把萬物連貫起來的東西。綴，聯繫。占，預卜。觚，酒器，引申為法式。聝，耳聾。指曚昧，模糊。晦其位句，畛，界限，範圍。意謂不顯露其位置，去除其範圍。深其阜句，阜，山，喻指玄之體。眇通妙，幽妙難知。意謂深藏它的博大之體，隱蔽它的

本原。櫋，即攓，推卻。曠，空闊。廓，開闊廣大。淵然引人渺然絕人二句，玄深遠引人深入，渺茫使人看不見其微妙。嘿，緘默。該，概括，總括。撢即揮。稽，至，到。叩。叩其鍵，掌握其關鍵。好，愛好。不足，不滿足。醜，把厭棄。有餘，指有殘餘。拂，排除。

仰而視之在乎上，俯而窺之在乎下，企而望之在乎前，棄而忘之在乎後。欲違則不能，默（原作嘿）則得其所者，玄也。故玄者用之至也：見而知之者智也，視而愛之者仁也，斷而決之者勇也，兼制而博用者公也，能以偶物者通也，無所繫輆者聖也，時與不時者命也，虛形萬物所道之謂道也，因循無革天下之理得之謂德也，理生昆羣兼愛之謂仁也，列敵度宜之謂義也，秉道德仁義而施之之謂業也。

范望曰：人能弘道，非道弘人也。違猶去也，人之近玄，玄亦近之，欲去則不能也。不言而信，默而得其所者，莫過於玄。玄為天下之至用，見物而知其休咎，玄之智也。視而愛之，是玄之仁也。言玄而斷決天下之疑，而玄之勇也。博，大也。兼制天下之萬物，大為百姓之用者，公無所私也。偶，配也。以二萬六千二百四十四策以配萬物牝牡之數，所以通天下之事也。平易於世，以成聖人之名。聖人無所繫輆於天下，而不遇其時，亦天命也。革，更也。因緣天地自然之性，無所改更而得其理者，故謂之德。德者得人及物之謂也。昆，同也。同愛天下之物，無有偏私，故謂之仁。仁者仁愛之及物也。敵，匹也。列，序也。序其彙匹，度時之宜而處者，故謂之義。義者宜人及物也。秉，執也。執此四者而施行之於世，人道之大業也。

章詧曰：一節玄道幽妙，應變如神，無所不至者也。虛，空也。空無形象，而萬物由之而出，故謂之道。道可道，法之而用也。

許翰曰：虛形，章、丁作虛無形，宋、林、許、黃作虛無形。所道，宋作通。之謂道也，宋、許、黃本至陰陽皆有也字，章、丁無有。

鄭氏曰：輆，舊口亥切，按：硋閡皆音礙，止也，觸石而止者硋也，阻門而止者閡也，車行如事，可不止乎，輆亦音礙，訓止可也。夫聖者無所不通之謂也，有所繫則滯而不通矣，有所輆則塞而不通矣，故曰無所繫輆者聖也。不必拘泥舊音也。

葉子奇曰：此贊美玄道之妙，恍惚前後，無方無體，不可捉摸，然其為物之體，物不能違也。知之者知玄之道也，故謂之智。愛之者愛玄之道也，故謂之仁。以下十者，隨其造詣而為之名也。

陳本禮曰：人能誠心求玄，玄固不違，日在於人之上下前後，一叩而即應，又何用稽門闖戶耶？此勉日彊其所不足者，欲其勿畏難而苟安也。以下言人之用玄。至者，謂其理至精至密。見物即知休咎，是其智也。視其辭之吉凶，令人愛而從善，是其仁也。以義斷心，不憚於改過，是其勇也。不偏於一，是用其中而無私，是其公也。能以陰陽五行配合萬物，是其通也。不為物所宥，不為事所域，流行而無所窒礙者，謂之聖也。時與不時，有遇有不遇，孔子曰：道之將行也與，命也，道之將廢也與，命也。此所謂命也。虛，空也。空無形象而萬物由之而出，故謂之道。革，更也。因天地自然之性，無所更改，而得其理者，謂之德。昆，同也。同愛萬物無有偏私曰仁。列，序，敵，匹也。序其彙，匹度其時宜而處之之謂義。秉，執也。執此四者施於世用，為進修之大業。已上十二條目，皆明人之用玄，其造詣之功效，有如此也。

孫澍曰：楊升庵曰：智仁勇公數者，總是玄之一字，特隨其造詣而名之。

馮契曰：企，踮起腳後跟。故玄者用之至也，玄的功用是至大至極的。兼制而博用句，兼顧萬物而又用處廣博就是公。偶物，與物相配合。無所繫較謂無所拘滯。較音該，指道路不平有所阻礙。虛形萬物句，空虛無形而為萬物所必由的叫做道。因循無革二句，革，更改。意謂因循而無所更改，天下得到治理的叫做德。理生，治理養育。昆群，眾類。列敵，排列不同的對象。

瑩天功明萬物之謂陽也，幽無形深不測之謂陰也。陽知陽而不知陰。陰知陰而不知陽。知陰知陽。知止知行。知晦知明者。其唯玄乎。

范望曰：瑩，明也。而明天之功，使萬物光明者，太陽之氣也。陰者配於陽也。陽起於子，陰起於午，二氣迭興，故不相知也。玄以陰陽為本，非玄其孰能兼知也？

章詧曰：此一節明陰陽之氣假玄之用，以萬物之功也。

許翰曰：自幽攦萬類至於曉、瑩天下者，玄之術也。自晦、冥、深、眇至於知陰知陽者，玄之道也。其於玄也，見而知之，視而愛之，斷而決之，兼制而博用，能以偶物，無所繫較，則當時命而行乎天下。能秉道德仁義而施之，業格于皇天矣。

葉子奇曰：陽主息，變物而有形，陰主消，化物而無跡，然陰陽氣也，故局于一偏而不通。玄者理也，故通于兩端而兼體，周子曰：物則不通神妙萬物，正謂此也。

陳本禮曰：陰陽為太極根本，故末以陰陽二端結出本旨，倒煞出玄字，以

盡一篇大義。以下至末，則推廣《玄》文，泛論各條，以補前所未備。讀者須細尋其結構脈絡，辯其微文隱喻，然後知其反復波瀾變化不測也。

縣之者權也，平之者衡也。濁者使清，險者使平。離乎情者必著乎偽，離乎偽者必著乎情。情偽相盪，而君子小人之道較然見矣。

范望曰：玄之稱物平施，如權衡也。而使萬物清平者，其唯玄乎也。情實偽虛也。離，著也。著，附也。盪謂盪濯，君子小人，較然自見者也。

章詧曰：此一節將時玄道均施於物，俾無差忒，故指權衡以申明之。

鄭氏曰：離，附也。較，謂其著見如車較也。

葉子奇曰：縣，去聲，言玄之稱物平施，可易亂以治，反危為安也。離，去也。著，歸。情偽不可以兩立，去情必歸于偽，去偽必歸于情，情偽，君子小人之所以分也。

陳本禮曰：此泛言權衡之用，以起下文。離，去也。著，歸也。情偽不可以兩立，去情必歸於偽，去偽必歸於情，此君子小人之所以分也。

馮契曰：縣之者二句，權，秤錘，衡，秤桿，意謂懸著的是秤錘，平直的是秤桿。情，實情。

玄者以衡量者也。高者下之，卑者舉之，饒者取之，罄者與之，明者定之，疑者提之，規之者思也，立之者事也，說之者辯也，成之者信也。

范望曰：平量天下之事者，其唯玄乎！高者下之，謂中首之上九顛靈氣形反之辭也。卑者舉之，謂周首之初一還于天心之辭也。饒者取之，謂中首之次六月闕其搏（原作博）之辭也。罄者與之，謂少首之次七貧自究利用見富之辭也。明者定之，謂中首之次五日正于天之辭也。疑者提之，提猶正也，謂達首之次五大小無迷之辭也。規之者思也，謂上首之次三思其珍穀之辭。立之者事也，謂事首之次五事其事王假之食之辭也。無事則不食其祿，故立之宜有事也。說之者辯也，辯，別也。九贊之辭，是以辯其休咎也。成之者信也，不信不立，故以成信也。

章詧曰：此一節明玄之道齊均於物，如衡之無私，能以褒多益寡稱物平施者也。范注引九贊之辭為義，抑亦困矣。

許翰曰：言玄之正勝人事如此。

葉子奇曰：言玄之為用，如衡之于輕重量之于多少也。高卑言衡之用也，饒罄言量之用也，明疑言玄之用也，其高下與奪，莫不因其理之自然也。規之者規玄也，立之者立玄也，下倣此，此言用玄之道，所以開物成務也。

陳本禮曰：言玄之為用如衡之於輕重，量之於多少也。高卑言衡之用也，饒罄言量之用也。明疑言玄之用也。其高下與奪，莫不因其理之自然也。規之者，法制也。立之者，建樹也。說謂發其蘊，成則要其終也。四者言玄之所以開物而成務也。

孫澍曰：王槐野曰：此借權衡以明玄之為用。玄之為用，如衡之於輕重，量之于多少。高卑者言衡之用，饒罄者言量之用，明疑言玄之用也。其高下予奪，莫不因其理之自然。

俞樾曰：樾謹按：范注曰：提猶正也，然提無正義，且於文亦未合，提當為題，《說文》見部：題，顯也，從見是聲，疑者題之謂使之明顯也。提亦從是聲，故得通用耳。

馮契曰：罄，指貧窮，一無所有。明者定之，明瞭的事就肯定它。規，規劃謀慮。

夫天宙然示人神矣，夫地他然示人明也。天地奠位，神明通氣。有一有二有三，位各殊輩，回行九區，終始連屬，上下無隅。

范望曰：闢宇謂之宙，天之開闢，以昭萬物，故為神。他猶泰也，泰然示人之明也。奠，定也。二位定，故神通也。一、二、三，天、地、人之位也。殊，異也。輩，類也。區，虛也。隅，廉也。從一至九各自異位，故曰九區。九區猶《易》六虛也。周而復始，故曰無隅。如圖（《大典》作圓）之象，不見其廉角也。

林希逸曰：佗，負荷也，湯何切。殊輩，異類也。回行，運行也。

鄭氏曰：他，注云：他猶泰也，讀如委委他他之他，《詩傳》云：他他，德平易也，徒何切，一作坦。聞之師曰：《玄瑩》言宇宙拓坦者，拓，廣，坦，明，天地之德，作坦者是也。按：坦與他義既相通，聲亦相近，然作坦為優也。

葉子奇曰：他，去聲。宙，開闢貌。他，隆厚貌。妙而不測為神，顯而可見為明，天地之位定而神明之氣通也。《玄》分天、地、人之位三，《易》之觀物以兩，《玄》之觀物以三，大抵《玄》本于《老子》一生二、二生三、三生萬物之說而推之。方州部家之位雖不同，而但回行于九區之中。中始養終之首雖不斷，初無隅角於圓混之象。此言位則列而圖則圓也。此一節言《玄圖》之象。

陳本禮曰：闢宇謂之宙，天之開朗也。他者，妥然而安泰也。神明者，天地之作用也。氣謂陰陽二氣相通者，二氣通則生人生物，變化無窮矣。數寓理

中，由一而推至十，而復歸於一，循環相推，則轉運亦無窮矣。方州部家，位雖不同，而回行九區之中，中始養終之首雖不斷，而混元於一氣之內，初固無廉角之可指也。

馮契曰：夫天宙然二句，宙然，廣大而無所不包容，他然，安穩。謂天的廣大，向人們顯示它的作用神妙，地的安穩，向人們顯示它的作用顯明。有一有二有三，一指天，二指地，三指人。殊輩，異類。九區，亦稱九度，揚雄認為天體和太陽的循環運行，在一年中可分為九段，即九區。隅，角。

察龍虎之文，觀鳥龜之理。運諸柰政，繫之泰始，極焉以通琁璣之統，正玉衡之平。圓方之相研，剛柔之相干。盛則人（當作入）衰，窮則更生。有實有虛，流止無常。

范望曰：龍虎為東西，鳥龜為南北。南北為經，東西為緯，觀察四方，以理為色象也。柰政，日月五星也。泰始謂玄中首初一也。極，中也。日月五星繫之於天中也。琁璣，斗魁也。玉衡，其杓也。第一星為樞，二為琁，三為璣，四為權，五為衡，六為開陽，七為搖光，通其統以達於養，皆不失其中，如所指之辰也。圓，天也。方，地也。天地相研，以成歲事，非一朝也，故以研言之。剛柔，晝夜也。《易》曰：剛柔者，晝夜之象，晝夜相干，以成萬物也。物盛則衰，玄窮則變。天地虛贏，或流或止，故無其常也。

許翰曰：言玄之齊七政以象天地如此。

章詧曰：此一節明天之高明，地之深厚，人處其中以交通天地之道，則日月星辰之正也。故曰天宙然示人神矣，地他然示人明矣。宙者天開判而明暢，示人以健行不息，生育無窮，地泰然而安靜，示人以深厚博載，人莫能測，皆為神明之道也。天地合定其位，二氣交通，化生萬有，故曰神明。聖人遂生天地之間，仰觀俯察，以盡天地之理，以濟群生，則三儀可以同法。故有一、有二、有三而天、地、人各殊其類，玄能以九贊之道，配乎九天、九地、九人、五行、陰陽、晝夜，終始相承，上下無有隅際。是以由乎《玄》則知經緯四方之理，東之七宿為青龍之象，西之七宿為金虎之象，南之七宿為朱鳥之象，北之七宿為元龜之象，故曰察龍虎之文，觀鳥獸之理也。又可以觀日月五星之運行，而復謂泰始極焉者，蓋日月五星在歷各有起元之始，或歷歲紀，各歸其無，乃謂之一終。極，終也。故曰繫之泰始極也。注謂中首初一為泰始，極為中極，蓋非也。是以上通之於天度，下正於璇璣玉衡。玉衡謂璣，衡居右者，皆美玉而為之，各長八寸，孔徑一寸，以候星度，其法先以斗之衡星，因定其

望，准之既定，乃刻記之，明夜因舊處更準，則星向移復不見，乃更移就星望之，又刻記之為一度，以是而知周天一歲之度也。故以通璿璣之統，以正玉衡之平也。此蓋謂以人而通天地者也。

鄭氏曰：琁璣，注云：斗魁，玉衡，斗柄。按：此說出《天官書》，云：北斗七星，所謂璇璣玉衡，以齊七政者也。然孔氏《尚書傳》謂璇璣玉衡者，正天文之器，蓋璣為轉樞，以象天運，衡為橫管，以窺天度，而日月五星皆以此齊之，王者不可不察也。故曰在璇璣玉衡，以齊七政。此云通璇璣之統者，謂天運也。又云正玉衡之平者，謂天度也。與孔氏《傳》合矣。注云以北斗七星為說，則失《玄》旨也。

葉子奇曰：東方蒼龍，西方白虎，南方朱雀，北方玄龜，此二十八宿定經天之象也。黍（即七）政，日月五星也。泰始謂北極，天之樞也。璇璣玉衡，觀天之器，今之渾天儀也。列宿所以定經天之象，七政所以錯緯天之度，莫不繫之于極焉。此觀天之術所由施也。此言《玄》之取法象于天以為書。天圓地方之相摩，陽剛陰柔之相犯，錯綜紛擾以成造化之功，故盛衰窮通之迭運，虛實流止之無常也。

陳本禮曰：龍虎為東西，鳥龜為南北，黍政，日、月、五星也。泰始，謂北極天之樞也。列宿，所以定經天之象，七政，所以錯緯天之度。極焉者，謂造其極莫能越乎。璇璣之儀而正玉衡之平，則觀天之術盡矣。天圓地方，以成歲功，陽剛陰柔，以成晝夜。物盛則衰，數窮則變。天地虛贏，或流或止，無定體也。

孫澍曰：東方蒼龍，西方白虎，南方朱鳥，北方玄龜，此二十八宿定經天之象。黍政，日、月、五星也。泰始謂北極天之樞也，璿璣，玉衡觀天之器，今之渾天儀也。列宿所以定經天之象，七政所以錯緯天之度，莫不系之於極焉，此觀天之術所由施也，天圓地方之相摩，陽剛陰柔之相犯，故盛衰窮通之迭運，虛實流止之無常也。

馮契曰：察龍虎之文二句，龍，虎，鳥，龜，四方星宿之名。東方青龍，西方白虎，南方朱鳥，北方玄龜。兩句謂觀察天象。黍政，即七政，指日、月和五行星。一說指北斗七星。泰始，指北極星。琁璣，即璇璣，古代一種觀測天象的儀器。玉衡，古代一種觀測天象的儀器。相研，相磨。相干，相交。流止無常，或流動或停止，不是永恆不變。

夫天地設故貴賤序，四時行故父子繼，律曆陳故君臣理，常變錯故百事扸，質文形故有無明，吉凶見故善否著，虛實盪故萬物纏。

范望曰：天地設，貴賤序，《易》所謂天尊地卑貴賤位者也。四時行，父子繼，五行相生，父子相繼之道。律和氣於上，曆正時於下，律曆見，故君臣之事理也。錯，雜也。常謂天地日月星辰也，變謂四時變改也。常變而不變，四時雜亂，故曰百事分扸。質文見，故有無可明知也。吉見晝，凶見夜，則善不善顯著矣。陰為虛，陽為實，盪，動也。陰陽相動，故萬物纏縣而生。

葉子奇曰：凡七句，上半句言天地之實體，下半句言《玄》取之以為用，即《易》天尊地卑乾坤定矣之意。

陳本禮曰：天尊地卑，貴賤位也。五行相生，則父子繼代。律和聲，曆紀時，上下相生，寒暑遞禪，見君臣之誼也。扸同析。常變者，謂事有經權常變，不要執一，若泥於常而不知變，則天地皆為呆物，故必欲錯之，則四時不忒，而天地常新矣。有質方能顯文，有文方能見質，質文不形，則有無何以明其真偽耶。吉凶者，因人之善惡而著也。陰虛陽實，盪，動也。陰陽動盪，故萬物纏綿，生生不窮。

馮契曰：常變錯，謂事有常有變，相交錯。扸，分明。虛實盪句，虛，陰虛，實，陽實。盪，推盪。纏，纏綿不絕。意謂天道虛實相互作用，萬物死生相繼，纏綿不絕。

文字校正：《玄攡》：「常變錯故百事扸」（范本），許翰本此字作「析」，盧校：「扸，從手訛，『枂』為『析』之別」，其說是。《左》僖二十五年傳：「秦人過析」，《釋文》：「析，本作『枂』」，《張遷碑》：「陽氣厥枂」，《魯峻碑》：「枂薪弗何」，「析」皆作「枂」，可證。又，范注：「故曰百事分枂，枂，分也，故曰分析」。作「扸」則非其義，是范本原文作「枂」之證也。

陽不極則陰不萌，陰不極則陽不牙，極寒生熱，極熱生寒，信道致詘，詘道致信。其動也日造其所無而好其所新，其靜也日減其所有而損其所成。故推之以刻，參之以晷，反覆其序，軫轉其道也。以見不見之形，抽不抽之緒，與萬類相連也。

范望曰：陰萌於五月，陽牙於十一月。屈以求伸，盛極則衰也。日知其所無，無忘其所能，天地人之事也。靜謂怠也。倦怠如成其事者，天、地、人之所不能也。刻，漏刻也。以漏刻分日之晝夜。晷景度，如二至之數，反覆次序，展轉運邁，以成歲也。抽，出也。緒，業也。言天地陰陽不可得形

而數，故推之漏刻，度之晷景，以見其形，以出其業，萬物之類至於死生更相連襲也。

章詧曰：上文蓋本天地而序尊卑，正父子，明有無，著吉凶，此一節復明物極必變，禍福相倚，悉天之道也。上文既明天地陰陽，反覆其道，此一節乃明陰陽升降，晝夜長知，無形可見，無緒可抽，蓋唯人反覆思慮，展轉立法而得之，故為漏水以定其刻，因刻以取時。又立晷儀以測冬至夏至，晷影長短以定晝夜也。古者以八尺表置於日中，冬至之日，晷影長丈有三尺一寸四分，夏至之日，長尺有八寸五分以下，以尺寸測日之南北，冬夏相去里數，則晝夜之分，可得而見也。《周官》掌土圭之法，悉其義也。故曰以見不見之形，抽不抽之緒，既見乎無形，抽於無緒，則洞知萬物始終相連而不絕之道也。

鄭氏曰：信讀作伸，見信乃可伸，有信乃能伸，故信與伸通。軫，動也。轉，運也。動而運，為天之道也。王涯說軫轉為無窮，天道因如此也。

葉子奇曰：信，平聲。大凡物窮則變，盛極則衰也。天道且然，況於人乎？陽之生也，物自無而趨有，陰之消也，物自有而趨無，此說蓋得易分變化二字之旨。推刻以漏，叅晷以表，因往知來，以古驗今，知其循環有常，是謂反覆其序軫轉其道者也。此說驗天之行不一而足，皆自微而至著也。可見可抽者，象與事也。不見不抽者，理也。理無形，因象事而後著者也。萬類莫不本於是焉。

陳本禮曰：物窮則變，盛極則衰，天道且然，況於人乎？陽之生也，物自無而趨有，陰之消也，物自有而趨無。推刻以漏，參晷以表，皆自微而至著，因往知來，以占驗今，知其循環有常，是謂反覆其序，軫轉其道也。可見可抽者，象也。不見不抽者，理也。理無形，因象而著，則理者乃萬類之本也。

孫瀜曰：陽之生也，物自無而趨有，陰之消也，物自有而趨無，推刻以漏，參晷以表，因往知來，以古勝今，知其循環有常，是謂反覆其序，軫轉其道者也。

馮契曰：牙同芽，萌發。信通伸。詘，通屈。其動也日造句，它的運動每天創造原來沒有的事物，扶持新創造的事物。推，推度。刻，刻漏，古代用刻漏來推算時間。晷，音 GUI，日晷，古代測日影以定時刻的儀器。軫轉，轉動。軫音診，ZHEN。抽，分析。緒，端緒。

其上也縣天,下也淪淵,纖也入薉,廣也包畛。其道游冥而挹盈,存存而亡亡,微微而章章,始始而終終。

范望曰:皆大美玄之辭。其道游冥而挹盈,言玄游幽冥之中,損抑盈施,以謙自約也。存亡微章始終,各隨其事。

章詧曰:上文既明無形可見之事,悉以法而見之,此一節復明玄道至大,可窺測而無所不至也。云其上也縣天者,言非天也,言其高在天也。下也淪淵者,言非地也,淪,沒也,淵,深也,謂其下則淪於不測之深也。纖也入薉者,纖,微也,薉謂無淪也。謂至細不可視之也。廣也包畛者,謂其廣大無有邊徽而反包其畛界也。其上下纖廣之狀,莫測而測之者,蓋玄之道嘗游乎冥晦而自抑損其盈滿者也。雖游乎冥,其道能存亡微章,終始萬物,而無倦怠。辭皆重之者,謂在有則有,在無則無,在微益微而莫測,在章益章而不窮,蓋萬世無已也。

鄭氏曰:薉,於廢切,荒蕪之薉,為物之微也。挹,於入切,損抑也。

葉子奇曰:此極言玄之道,上下大小無不包括,其大無外,其小無內也。游冥,守其靜也。挹盈,損其盛也。存存因其當存而存之,亡亡以其當亡而亡之,下倣此。此言玄以謙靜為道,其用莫不因其自然而利導之。

陳本禮曰:此申明上文萬類相連之理,其大無外,其小無內,皆包括於其中也。冥,幽也。游冥者,謂常處於幽,不欲自滿。虛以接物,所以能存存而亡亡,微微而章章,始始而終終,各隨其事而應之者也。

俞樾曰:纖也入薉,樾謹按:薉字無義,當讀為薈,《說文》大部:薈,空大也,《玉篇》大部:薈,空也,空與孔同,謂其纖細者可入乎孔穴之中也。

孫澍曰:游冥守其靜也,挹盈損其盛也,此言玄以謙靜為道,其用莫不因其自然而利導之。

馮契曰:纖,細小。薉,音會,HUI,雜草。包畛,包括一切範圍。畛,界限,範圍。挹,通抑,損,抑制。

近玄者玄亦近之,遠玄者玄亦遠之。譬若天,蒼蒼然在於東面南面西面北面,仰而無不在焉,及其俛則不見也。天豈去人哉,人自去也。

范望曰:蒼蒼者,春天之色也。不稱四時,以春為大也。言天仰則見之,俛則不見,亦猶近玄,玄亦近之也。亦謂遠玄,玄亦遠之也。

章詧曰:此一節明玄道無私,於物不言而信,惟人能弘之,故近之者玄道益近,遠之者玄道益遠。若人之處天地四方之內,未常仰觀,曷得見天,

或隨之處，仰天無不在也，其俛則不能見也，玄亦然也。人之生世未嘗不由玄道而至于終，而終不能得知其道而豈去於人乎？故曰天豈去人哉，人自去也。

葉子奇曰：近遠皆去聲，此言道體之存否，在乎人心之從違。

陳本禮曰：此特為不信玄者作，指點語也。玄之理即天之理，天之蒼蒼在於東南西北面者，無日不鑒臨下土，人可不畏玄，寧不畏天乎？故獨提出天字以見玄之不可遠也。

孫澍曰：康對山曰：是道不遠人、人自遠道之旨。此言道體之存否，在乎人心之從違。

馮契曰：俛，同俯。

冬至及夜半以後者，近玄之象也，進而未極，往而未至，虛而未滿，故謂之近玄。夏至及日中以後者，遠玄之象也。進極而退，往窮而還，已滿而損，故謂之遠玄。

范望曰：玄道好謙，常自重虛，故以未極未至未滿為近玄。玄亦始於子，冬至斗指子，夜半時加子。玄道惡盈，故以已極已滿為遠玄。玄亦始於午，夏至斗指於午，日中時加午。

章詧曰：玄通兼乎天地鬼神之道，故虧盈而益謙，《經》曰：將來者進，成功者退，故冬至及夜半之後，謂陽始生于子也，故進而未成其功，往而未至其所，虛而未滿其象，故曰可益也，乃曰近玄之象也。夏至日中之後，陰生於午也，陰氣近而已極，往而已窮，物志已滿，固可損之，乃曰遠玄之象也。蓋玄惡盛滿而好損謙也。

葉子奇曰：冬至子之半，一陽始生，自此積之，萬物寖盛而寖昌。玄以陽為主，故曰近夏。至午之半，一陰始萌，自此積之，萬物寖微而寖滅。玄以陰為外，故曰遠。此一歲盈虛之運也，一日亦然。夏至日極北而漸轉南行，為萬物衰之始，冬至日極南而漸轉北行，為萬物生之端。夏至斗指午，漸轉西而北行，冬至斗指子，漸轉東而南行，斗與日背行迭運，消息盈虛，共成歲功也。

陳本禮曰：玄道好謙，常自重虛，故以未極未至未滿為近玄，亦始於子，冬至斗指子，夜半時亦子。玄道惡盈，故以已極已滿為遠玄，亦始於午，夏至斗指午，日中時如午。

日一南而萬物死，日一北而萬物生。斗一北而萬物虛，斗一南而萬物盈。日之南也，右行而左還，斗之南也，左行而右還。或左或右，或死或生，神靈合謀，天地乃并，天神而地靈。

范望曰：夏至日南在東井，萬物向死也。冬至日北在牽牛，萬物向生也。斗指亥子，寒氣殺物，常焚宿菜，故言虛也。斗行巳午，溫氣長物，敷枝布葉，故盈也。日之至南，行由西方，故言右，還從東方，故言左旋也。斗之至南，行由東方，故言左，還從西方，故言右旋也。天地合會而相并謀，謂十一月冬至時也。陰陽相薄於黃泉之中，故曰合謀也。

章詧曰：日一南者，謂夏至之日在東井也。井為南方之宿，故曰在南方。夏至陰氣始生，陰為肅殺，故萬物已入乎死者也。日北者，冬至之日，在牽牛，牽牛北方方宿，故曰在北也。冬至陽氣始生，陽為生育，故萬物已向乎生者也。故日一南而萬物死，日一北而萬物生也。斗之指北，謂冬也。萬物潛伏於內。斗之指南，謂夏也。萬物敷滿于外，故曰斗一北而萬物虛，一南而萬物盈也。日之在天，隨轉而西沒，故曰右行也。及至于北，復出于東，故曰左還也。斗之在北也，隨天運而東指，故曰左行。及乎指南也，隨天運而西，故曰右還也。且日斗之運，或左或右，而萬物之反覆，或死或生，此乃陰陽不測之際如神靈合其謀畫也。或兼天之神明，地之靈應而成其用也，言神言應，悉不可窺測者，玄之道也。

許翰曰：玄術如此。是以人倫物化，參諸天地，和同無間，而玄為之宗。夏至致日，南在東井。冬至致日，北在牽牛。而斗正四時，各建其方。日曆西陸而東，斗軋東陸而西。萬物繫焉，盈則兆死，虛則更生。夫玄散為一陰一陽，維其運也。左右相逢，如此故能神靈合並，而反渾乎玄。曰天神而地靈，言合並而不相亂也。

葉子奇曰：星家以天之東為左，西為右，北為左，南為右。夏至日在東井，始行由西方，故言右行。冬至日在牽牛，始還從東方，故言左旋。冬至斗在地下，始行由東方，故言左行。夏至斗當嵩高，始還從西方，故言右旋。蓋斗與日常互行也。日斗分左右之行，萬物有死生之變，此天地神靈所以同運成造化之功也。此言日斗為天之紀綱，而斡旋造化莫不由之也。玄亦附之入圖，以見其運。

陳本禮曰：夏至日南，在東井，冬至日北，在牽牛。斗指亥子，寒氣殺物，斗指巳午，薰風阜物，故有盈虛。日之南行由西方，故言右，還從東方，故言

左。斗之南行由東方，故言左，還從西方，故言右也。末以日星之行度定萬物之死生，雖自古大聖大賢，莫能逃乎其數。彼逆天悖理者，欲以巧詐奪造化，其如神靈合謀何。文凡一千一百五十餘言，洋洋灑灑，罄所欲言，末只一句，結出《太玄》諷刺本旨，何等筆力。

孫澍曰：冬至子之半，一陽始生，自此積之，萬物寢盛而寢昌。玄以陽為主，故曰近。夏至午之半，一陰始萌，自此積之，萬物寢微而寢滅，玄以陰為外，故曰遠。此一歲盈虛之運也，一日亦然。夏至日極北而漸轉南行，為萬物衰之始。冬至日極南，而漸北行，為萬物生之端。夏至斗指午，漸轉西而北行，冬至斗指子，漸轉東而南行。斗與日背行迭渾，消息盈虛，共成歲功也。星家以天之東為左，西為右，北為左，南為右，夏至日在東井，始行由西方，故言右行。冬至日在牽牛，始還從東方，故言左旋。冬至斗在地下，始行由東方，故言左行。夏至斗當嵩嵩，始還從西方，故言右旋。蓋斗與日分左右之行，萬物有死生之變，此天地神靈所以同運成造化之功也。此言日斗為天之紀綱，而幹旋造化莫不由之也。

馮契曰：日一南，太陽向南運行。右行而左還，從右向左運行。

玄瑩

范望曰：瑩者明也，所以明玄之大體也。亦象《易》之上《繫詞》也。（劉按：玄可以揭明各種事物之根本道理，人事中各種事物都可用玄術明之，所以本篇羅列各種事物而言玄術明之。）

章詧曰：瑩者明也，前篇攤張其義，俾之玄之道統天地、陰陽、日、斗、律曆以成其用，此言玄之道也包含萬有，抽緒群倫，至如神靈幽默，啟化萬殊，悉由玄術而明之也。

林希逸曰：明徹也。

陳仁子曰：瑩者光瑩之義，以玄之體該貫而言，觀玄則知造化關涉之本。

鄭氏曰：象《易》之上《繫》也。按：此言亦則前有說矣。今無者，脫漏也。後唯《玄圖》云：象下《繫辭》，余皆不言，太疏略也。《玄傳》十一篇，《首》準《易》之《傳》，《測》準《易》之《象》，《文》準《易》之《文言》，《衝》準《易》之《序卦》，《錯》準《易》之《雜卦》，《數》、《圖》皆準《易》之《說卦》，《攤》、《瑩》、《捈》、《告》，皆準《易》之《繫辭》，不必復分上下也。

胡一桂曰：《經》云：瑩，明也。泛論《玄》義以明之也。

葉子奇曰：瑩，明也。此篇以準《易》之下《繫》。

天地開闢，宇宙祐坦。天元眤步，日月紀數。周渾曆紀，羣倫品庶。或合或離，或嬴或跂。故曰假哉天地，唅函啟化，罔裕於玄。終始幽明，表贊神靈。太陽乘陰，萬物該兼。周流九虛，而禍福絓羅。

范望曰：闢天謂之宇，闢宇謂之宙，言天地開闢已來，晝夜相推，如屋宇之普覆，宙暢於天內，祐（《大典》作拓）廣而坦明者也。八寸為眤，六尺為步。《玄》起於天元甲子朔旦，冬至始於牽牛之初，自眤及步，運行不息，周天三百六十五度四分度之一，三十日為月，十二月為歲，故加閏以定四時，故日月紀數也。渾，運也。周運律曆，應三統之數，品物庶類，羣黨眾盛也。跂，不足也。嬴，有餘也。日月之行有離合，陰陽之數有嬴虛，天道自然，不可為典要也。假，大也。唅，含也。函，容也。大哉天地，包容萬物，開化成務，自然有裕於玄道也。幽謂陰也，明謂陽也，言《玄》終始於陰陽之事，以表贊於天地也，天神而地靈也。太陽乘陰，謂夏四月也。謂陽乘諸陰，故萬物族類該盡而兼生也。九虛，九贊之位也。列貴賤者，存乎位也。九贊成位，而禍福見也。絓羅猶流離也。

章詧曰：此一節子雲明始剖判已來萬物皆有其數也。天玄即《太初曆》甲子月朔，冬至為曆之始也。眤言寸，步言尺，謂是時日月合朔於牽牛之初，而尺寸之數，躔度之數，自此起也。紀歲者，日月之行，一歲十二會，今天元甲子歲，建子之月，冬至之朔，辰在星紀，日月之會為起天之初，則曆之三元六紀之數皆得而明，故曰天玄眤步，日月紀數也。以下又嘆美天地之道，能包容開化，其於萬類，由玄道之博愛也。罔，章本內。

許翰曰：拓，本多作祐，章、林、黃作拓。章及丁別本罔作內。

林希逸曰：開，拓；坦，夷。天元眤步，有躔度也。紀數，有曆紀數度也。唅，徒濫切。唅函即含容之意。絓羅，隨所遇也。

鄭氏曰：渾，訓為運，言如運天之運也。跂，注云：不足也，按：跂自養首言之，則晝夜之道足矣，自天度言之，則斗分之數未足也。跂之不足，嬴之有餘，皆主斗分以為言。假，善假於物乃能為大，故假訓大也。唅，舊徒敢、徒濫二切。唅函猶含容也。啟化，闢上九陰陽啟化，與此義同，亦宜從口。表贊謂三表九贊，所以表顯贊助天神地靈也。絓羅，注云流離也，蓋流行離散者，或冒絓而遭羅也。師說以為絓懸羅列也。

葉子奇曰：拓，開，坦，廣也。咫，八寸也。步，六尺也。上古以甲子歲十一月甲子朔夜半冬至為天元，日一年有南北之行，月一月有朔望之異，積三十日為一月，積十二月為一歲之數也。周渾言其周運也。贏，有餘也。踦，不足也。此言上天下地之氣闢，而宇宙之位分，天元推步之法陳，而日月之數定，周運而為曆紀之無盡，參錯而有羣品之不同，故或合而為晦，或離而為望，或贏而為氣盈，或踦而為朔虛也。此一節言天道曆數之大槩也。假，大也。啗，吞也。函，包也。啟，開也。罔，無也。裕，大也。九虛，九贊之位也。結羅，掛綴于網羅，言由其所遇也。言大哉天地，能包含而開化者，莫大于玄也。始終于陰幽陽明之道，表贊于天神地靈之理，以太陽為之統而乘陰，則事有所主，而萬物可以該兼，以一氣而周流于九虛，則物無所遺，而禍福可以包羅也。此一節言玄體天道之大槩也。

陳本禮曰：拓，開，坦，廣也。咫，八寸也。步，六尺也。上古以甲子歲十一月甲子朔夜半冬至為天元日，一年有南北之行月，一月有朔望之羿，積三十日為一月，積十二月為一歲之數也。周渾，言其周運也。贏，有餘也。踦，不足也。此言上天下地之氣闢，而宇宙之位分，天元推步之法陳，而日月之數定，周運而為曆紀之無盡，參錯而有群品之不同，故或合而為晦，或離而為望，或贏而為氣盈，或踦而為朔虛，此言天道曆數之大概也。神靈者，陰上《玄攡》天神而地靈來。表贊者闡發其理也。太陽，日君也。天地啟化，以太陽為主，乘群陰而周流九虛，寓禍福於九九八十一首之中，如天網恢恢，疏而不漏。此正見玄之為用與天同體，故曰大哉天地，啗函啟化，罔裕於玄。

文字校正：《玄瑩》：「假哉天地，陷函啟化，罔袞於玄」（許翰本），范注本「陷」作「啗」，「袞」作「裕」。此處當作「啗」、「袞」。許本「陷」下注音：「徒濫切」，范本《釋文》出「啗」字，曰：「徒濫、徒敢二切」。范注：「啗，含也」。據此音義，知字當作「啗」。《說文》：「啗」，大徐音徒濫切，「陷」，大徐音戶猲切，《玉篇》：「啗，達濫切，陷，戶監切」，《廣韻》：「啗，徒敢切，陷，戶䜴切」，《集韻》：「啗，徒濫切，陷，乎䜴切」，《說文》：「啗，食也，從口，臽聲，讀與含同」。可知啗謂食物含於口中，引申有含義，故范注曰：「啗，含也」。啗、函義通，故范注云：「函，容也」。含、容義近，函亦可訓含，是啗、函義通之證，故《太玄》以啗函連文。《說文》：「陷，高下也」，段玉裁注：「故自高入於下亦曰陷」，義之引申也。凡深沒其中曰陷。可知陷之義為陷沒，與「函」不類，知不當作「陷」。作「袞」者，《一切經音義》：「『裕』，古文作

『裒』」，許本作「衰」者，乃「裒」之形訛。楊雄喜用古字，是《太玄》當作「裒」也。范注本作「裕」者，乃後之抄者所改，非《太玄》原文。而「裒」（裕）「衰」音義遠，不可假借，則作「衰」者誤。

凡十有二始，羣倫抽緒。故有一二三，以絓以羅，玄術瑩之。

范望曰：始，朔也。一歲十二月，故十二始。抽猶收也，言陰陽迭興於十二月朔之中，羣倫各收其業，以成歲事也。一天，二地，三人也。兼三才而玄名之，以離於九贊之位，玄術之所瑩明也。

章詧曰：此一節言三才兼通一歲之事。

葉子奇曰：凡一年有四時，時有三月，故凡十有二月，為朔之始，而昏明晝夜氣候分至之羣倫，莫不由是而出。故《玄》有天一、地二、人三，又錯綜以成方、州、部、家之位，以絓以羅而連綴之。此一節言《玄》之明乎歲法也。以下凡十三節，汎言律曆五行人事，以推廣《玄》之說也。

陳本禮曰：始，朔也。一歲十有二月，皆以朔始，而昏明晝夜，莫不由此抽緒而出。一、二、三者，思、禍、福也。錯綜於九贊之中，以絓以羅，而連綴之，所以明吉凶也。以下凡十三條，皆泛言律曆五行人事以推廣，著《玄》之術而明其理也。

鴻本五行，九位施重，上下相因，醜在其中，玄術瑩之。

范望曰：鴻，大也。言《玄》大本起於五行，以施九重之位，上下相因，品物醜類，皆在其中，《太玄》之術皆明之也。

章詧曰：鴻本五行者，謂《玄》包天地陰陽五行之道也。今施九贊之位而重之，使上下相因而萬類由其中也。可以五行而知大本也。上下相因者，若九地、九人、九屬之類，皆上下之相因也。故以《玄》術而明之也。注謂立本起於五行者，非也。蓋在九贊，即本五行以明人事，非因五行而起玄也。

許翰曰：諸本作施重，宋作重施。

鄭氏曰：施重，言五行之施設重疊而成九位也。

葉子奇曰：鴻，大也。醜，配也。《玄》九贊之位以一、六為水，二、七為火，三、八為木，四、九為金，中五為土，九者以中為主，莫不配在其間也。

陳本禮曰：鴻，大也。鴻本者，首辭也。重施者，贊辭也。各以五行分次序。上下相因者，謂贊辭有上因下，下因上，各因類而立義。醜，類也。如一、六為水，二、七為火，三、八為木，四、九為金，五、五為土也。

天圜地方，極值中央，動以曆靜，時乘十二，以建七政，玄術瑩之。

范望曰：極，北極也。處天下之中，眾星所繫，天之變動，以曆安之。七政，日月五星也。運周於天，加十二辰，七政乃建，舒疾得度，《玄》術所明也。

章詧曰：天圜而剛，故行健不息，地方而柔，故載物無方。北辰處天之中極，故曰極植中央。日月、五星、十二辰，各隨斗極所建，行有常度，晝夜隨極，動無有止息，不用曆以推之，則不知其動靜而所乘之辰也。十二者，十二之辰也。悉由《玄》道明之。

葉子奇曰：天以動為運，曆以靜為驗，以四時而乘十二辰，以建日月五星之運也。《玄》以玄為極，陽為天，陰為地，陽則動，陰則靜，所以分配四時而合七政也。

陳本禮曰：極，北極天之樞也。天之運轉，以極為中，七政之所繫，十二辰之所建，寒暑晝夜之變遷，惟曆能測之，所以四時分而七政平也。

斗振天而進，日違天而退，或振或違，以立五紀，玄術瑩之。

范望曰：振，動也。斗之衡，隨天動，左回，故言進也。日之行右回，故言退也。進動相錯違，五紀以立，亦《太玄》之所明也。

章詧曰：斗本不行，因天之動則附天之運，蓋北方斗為天之杠軸，故曰振也。振猶運動也。斗之運天，猶杠軸之運車，故曰斗振天之進。天象西運，二十八宿東行，與天相戾，故曰違天而退，日斗進退，或振或違，以立五星之綱紀，悉由《玄》術明之。

鄭氏曰：振，注云：振，動也，聞之師曰：振猶順也，順斯振之，違斯抑之，《玄》相備也。五紀，《洪範》：協用五紀，一曰歲，二曰月，三曰日，四曰星辰，五曰曆數。

葉子奇曰：《玄》推中首之氣，日在牽牛，斗指子，八十一首莫不推按而備言之，此五紀之所以與天合也。

陳本禮曰：振，動也。斗衡隨天左回，故言進，日行右回，故言退。進退相錯，五紀以立，五紀者，《洪範》：一曰歲，二曰月，三曰日，四曰星辰，五曰曆數。五者天之經紀也。

植表施景，揄漏率刻，昏明考中，作者以戒，玄術瑩之。

范望曰：植，立也。立八尺之表，表立則景施，故言景施。以土圭度之，以定二至。冬至之景，丈有二尺，夏至之景，尺有五寸，二至得矣。揄猶寫也。

寫水下漏，審刻知時，考知昏明，以正中星，候司四時，動作戒慎，以奉（《大典》有天）時，《玄》所明也。

章詧曰：此一節以立刻定昏曉之中星以為法也。云植表施景者，以冬至之日，日在牽牛，去極遠，乃於日中時立表八尺，施景丈三尺一寸四分，夏至之日，日在東井，去極近，日中立表八尺，施景一尺五寸八分，二至之景差弍以定豐凶，凡丈尺與寸者，以一寸為千里，則知二至之日日行天上相去十一萬五千里也。春秋分日至婁角，去極中，日中立八尺表，則景施七尺三寸，以計二至之景，故知晝夜長短，互有其極矣。故曰植表施景也。揄漏率刻者，揄者引也，漏者以壺成水，滴漏於下氣之中也。刻者刻其分寸於箭上，以漏水浮箭，以率其刻數，則得時也。一時八刻二十八，一刻六十分，故十二時總百刻，故曰揄漏率刻也。昏明考中者，謂正南之方也。日之昏曉，悉以中星為月之節氣也。謂若立春日在危十六度，昏畢十度中，中星去日八十九度也。月之中氣，雨水日在室十四度，昏井二度中，中星去日九十三度也。以是知日長短，蓋由其暑景刻漏考正中星以序四時，用成農事，故曰昏明考中。作者以戒，悉由《玄》術而明也。

鄭氏曰：表立則景施，蓋以土圭度之為施也。讀如施設之施。一說古移字，皆作施，言表景轉施也。揄猶寫也，與揄同，式朱切。本從車，今從木者，猶輯與楫也。舊音投，又徒厚切，誤作揄也。

葉子奇曰：揄，音輸，瀉也。立表所以驗二至之景，瀉漏所以考昏明之刻，在《玄》則有中應陰陽之分，占筮旦夕之辨，而作者所以戒也。

陳本禮曰：揄，傾瀉也。率，審也。植表驗景，以分二至，瀉水審刻，以定晨昏。中，中星，考中者，謂如《月令》：孟春參昏中，尾旦中之類。作以戒者，謂教戒農事，而禁伐木，毋覆巢，毋殺胎，天之事也。

俞樾曰：揄漏率刻，樾謹按：范注曰：揄猶寫也，則揄當讀為揄，《說文》手部：揄，引也，揄訓引，故得訓為寫，作揄者，假字或字之譌也。

文字校正：《玄瑩》：「植表施景，揄漏率刻，昏明考中」。范本、許本皆作「揄」，而范本《釋文》出「揄」字，《說文》：「揄，白粉，揄，引也」。揄為木名，與此文意不合，知不當作「揄」。植、施、率、揄，皆為動詞，文例一律，是當作「揄」也。范本《釋文》出「揄」字，是范本原文作「揄」之證。今本《太玄》從手之字，多有訛為從木者，如《玄衝》：「樂上揚」，訛為「楊」，《玄攤》：「死生相摎」，訛為「摎」，「攘其功」，訛為「攘」，「百事枒」，訛為

「扡」,《玄瑩》:「箭知休咎」,訛為「箭」,《玄數》:「參珍睟精以捸數」,訛為「梭」,《玄捴》,訛為「梘」,《玄圖》:「雷推欨寶」,訛為「椎」,「拔根於元」,訛為「桹」,「地扡其緒」,訛為「杝」之類皆是,以從手從木形近故也。范注:「俞猶寫也」,此「俞」亦屬「揄」之壞字,范注訓寫,蓋讀作「輸」。《廣雅·釋言》:「輸,寫也」,《書·呂刑》:「輸而孚」,疏:「輸,寫也」,是其證。寫,後世俗或作「瀉」,《周禮·稻人》:「以澮寫水」,《敦阮碑》:「承寫其流」,《禮記·曲禮》:「器之溉者不寫」,《詩·泉水》:「以寫我憂」,皆謂瀉也。「寫」又通「泄」,寫、泄皆心母字,一聲之轉,故可通。洩、漏義通,《左》襄二十二年傳:「泄命重刑」,《釋文》:「泄,漏也」,《左》昭二十五年傳:「言若泄,臣不獲死」,《釋文》:「泄,漏泄也」。《廣雅·釋言》:「泄,漏也」,《廣雅·釋詁》二:「漏,泄也」,是輸、寫、泄、漏諸字義皆可通。漏又為古代計時之器,《說文》:「漏,以銅受水,刻節晝夜百刻,以漏為名」,蓋亦取其洩漏之義。此「揄漏」之「漏」即此計時之器,「率刻」之「率」,謂計也,《漢書·外戚傳》下《集注》:「率猶計也」,《高帝紀》下《集注》:「率,計也」,然則「揄漏率刻」蓋謂銅漏之水瀉漏而出以計時也,即范注所謂「水瀉漏而出以計時也」,又曰:「寫水下漏,審時知刻」是也。

泠竹為管,室灰為候,以揆百度,百度既設,濟民不誤,玄術瑩之。

范望曰:泠,黃帝時伶倫,到大夏西取竹,斷以為十二管,吹而聽之,各有寸數,聲有大小,以應月氣。又置於深室,實以葭灰,縠蒙其口,以候十二月氣,氣至者則灰飛也。月氣效則百事序,以濟於民,無失誤也。

章詧曰:上文以明暑景為月候,此復明十二月以管飛灰應候也。凡灰飛之法,以小動為氣和,大動為臣強、為君嚴猛也。

鄭氏曰:葭灰,《後漢·志》云:河內葭莩灰也。

葉子奇曰:泠,伶倫,黃帝時樂官,到大夏西取竹,斷以為十二律管,以齊五音之上下。室,緹室也。置十二管,實以葭灰,以候節氣之至,以揆度百事,而濟民不誤,《玄》則以中首應黃鍾之氣,應首應蕤賓之氣,餘以類推。

陳本禮曰:泠,伶倫也。黃帝樂官,製十二管以定律。室,緹室,以葭灰置密室中,候十二月之氣以明時。《玄》以中首定黃鍾之氣,以應首定蕤賓之氣,律定則百度正,百度正故民事無忒。

東西為緯，南北為經，經緯交錯，邪正以分，吉凶以形，玄術瑩之。

范望曰：天長南北而短東西，故長為經，短為緯也。交錯以成文章，文章成故邪正分、吉凶見也。

章詧曰：《玄》以五行之數為經緯也，東西則金木之數也，南北則水火土之數也。土居中宮，寄理丙丁，故係南方之數也。一、六、二、七、五、五，水、火、土之數也，居南北，故曰南北為經。三、八、四、九，金、木之數也，故曰東西為緯。經為陽，緯為陰，《玄》之占法，晝則用經，夜則用緯，日中夜中，經緯雜而用之。陽為君子，陰為小人，君子正而吉，小人邪而凶，故曰邪正以分吉凶以形，悉由《玄》以明之。

葉子奇曰：天以東西為緯，南北為經，《玄》以一、二、五、六、七為經，三、四、八、九為緯，餘見占法。

陳本禮曰：天以東西為緯，南北為經，《玄》以一、二、五、六、七為經，三、四、八、九為緯，經緯交錯，則物之邪正以分，事之吉凶以見矣。

鑿井澹水，鑽火爇木，流金陶土，以和五美，五美之資，以資百體，玄術瑩之。

范望曰：五美，五行之美也。水火既有，折（《大典》作析）木陶土，鑠金流範，資成百體也。百體既成，民並用之，玄所明也。

鄭氏曰：澹，讀作贍，《漢書》：澹足萬物，顏師古說澹古贍字。爇，古然字，燒也。

葉子奇曰：爇，古然字。《玄》具五行之用。

陳本禮曰：美，好也。五行相生則美，相克則惡。鑿井取水，必濟以火，鑽木取火，木反被克，然範金陶土，非火不能，欲其適民用而資民生也。莫若以和，和者調劑之也。使其不相克而反相生，以之造器則成物，以之養人，則百體以資矣。

奇以數陽，偶以數陰，奇偶推演，以計天下，玄術瑩之。

范望曰：奇以數陽，一、三、五、七、九，偶以數陰，二、四、六、八、十也。推此而演之，天下之計，可知者也。

葉子奇曰：陽之象圓，圓者徑一而圍三，故陽數奇。陰之象方，方者徑一而圍四，故陰數偶。陽數一、三、五、七、九皆奇，陰數二、四、六、八、十皆偶。

陳本禮曰：計，會計也。陽之數圓，徑一圍三，故奇。陰之象方，徑一圍四，故偶。陽數一、三、五、七、九，陰數二、四、六、八、十，以此推演天下方圓之數，其奇偶可知矣。

六始為律，六間為呂，律呂既協，十二以調，日辰以數，玄術瑩之。

范望曰：陽為始，陰為間，於子為律，於丑為呂，故言六始六間也。協，和也。陰陽既和，律呂以調，日月辰極，不失數度，亦《玄》所明也。

葉子奇曰：間，配也。陽為始，陰為配，律為陽，呂為陰。

陳本禮曰：陽為始，陰為間，律為陽，呂為陰，故云六始六間也。陰陽既和，則律呂以調，律呂既協，則日星躔度，莫不順適而周布矣。

方州部家，八十一所，畫下中上，以表四海，玄術瑩之。

范望曰：謂玄有八十一家，九贊之位，三分為下、中、上，位有貴賤，以表明四海之事也。

章詧曰：方，三方也。州，九州也。部，二十七部。家，八十一家也。分而為天、地、人，經曰天有始、中、終，地有下、中、上，人有思、福、禍，此下、中、上即地也。蓋天下四方九州，庶部群家，皆以表而表率之，故曰以表四海也。悉由《玄》術瑩之。

葉子奇曰：表，明也。

陳本禮曰：《玄》列方州部家者，蓋以表四海之大，人物貴賤之殊，貞咎之別，莫不盡於此四畫之內，由此推之，則各方各州各部各家，可以舉一隅而三隅反也。

一辟、三公、九卿、二十七大夫、八十一元士，少則制眾，無則治有，玄術瑩之。

范望曰：辟，君也，以象一。《玄》有三方、九州、二十七部、八十一家也。

章詧曰：《玄》以一玄以象君位也，三方象三公，九州象九卿，二十七部象大夫，八十一家象元士。《玄》居一為無，乃以一君制天下之象，以不可睹之妙，而治有形器之萬物，故曰少則制眾，無則治有也。

葉子奇曰：辟，君也。以人事明之。

陳本禮曰：辟，君也。此方言大小相制，有無相生，非《玄》不明。

古者不遷不虞，蕩（慢）其思慮，匪筮匪卜，吉凶交瀆，於是聖人乃作
蓍龜，鑽精倚神，箝知休咎，玄術瑩之。

范望曰：遷，恕也。虞，憂也。言上古無所喜怒，無所憂念，故蕩然漫
（慢）易，無所思慮。瀆，泄也。無卜筮之事，故言吉凶交相泄也。聖人謂
庖犧也，箝，求也。作蓍龜卜筮，鑽精達微，依倚神靈，神而為辭，以別吉
凶之事也。

許翰曰：霆，許、宋作遷，諸家作霆。

林希逸曰：鑽，求也。求其精。倚其神，言蓍龜也。箝知推索而知之也。

鄭氏曰：遷，俗書霆字，從雨從廷。《龍龕手鏡》云：霆與遷同。注訓為
怒，蓋本作霆，舊音釋以其易知也，然今從雨從辿，則異矣。聞之師曰：古辿
字也。辿，避也。雨亦人所避者也。古者不遷不虞，謂古之人直情而行，其出
也不知有所回避，其處不知有所備豫，是以蕩然慢其思慮。霆蓋遷之誤也，讀
為風霆之霆，訓為震怒之怒，失之遠矣。此說有理，故附著之以廣異聞也。

葉子奇曰：遷音于，遷，戒也。虞，度也。蓍所以筮，龜所以卜。鑽精言
卜，倚神言筮。箝，總括其要也。按《玄瑩》十三節，揚子以準《易》十三卦
之取象者與。

陳本禮曰：遷，疑也。虞，憂也。鴻荒之世，人皆任天而動，無憂疑之事，
故慢其思慮。設遇有憂疑而卜，筮不以蓍，占不以龜，吉凶交瀆。自羲皇氏出，
畫卦以前民用，而後世始得憑筮龜以決休咎耳。鑽精言卜，倚神言筮。箝者總
括其要，神而明之也。

文字校正：《玄瑩》：「古者不遷不虞，慢其思慮」（范本），許（翰）本作
「不霆不虞」，《集校》：「許（昂）、宋（衷）作『雩』，諸家作『遷』」。按：當
作「霆」，范注：「遷，恕也，虞，憂也」。又曰：「言上古無所喜怒無憂念，故
蕩然慢易無所思慮」，然則「恕」乃「怒」之形訛可知，既訓怒，是字當作「霆」
也。《管子·七臣七主》：「地冬霆」，注：「霆，震」，《左》昭四年傳：「雷出不
震」，注：「震，霆也」，疏：「霆，是震之別名」，《太玄》釋首：「震于廷」，范
注：「震，怒也」，震訓怒，而霆能震，是霆亦可訓怒也。不霆謂不怒，不虞謂
不樂，義正相對，范注：「虞，憂也」，此訓非是。《周書·豐謀》：「三虞」，注：
「虞，樂也」，《漢書·禮樂志》《集注》：「三見虞，樂也」，《呂覽·慎人》：「許
由虞乎潁陽」，注：「虞，樂也」，《白虎通》：「虞者樂也」，《論衡》：「宏仁惠之
虞」，注：「『虞』與『娛』古字通」，《孟子·盡心》上：「驩虞如也」，驩即歡，

歡虞連文，知皆言歡樂，故疏云：「故民歡虞而樂也」。《莊子・讓王》：「許由虞於潁濱」，《釋文》：「『虞』本作『娛』」，《漢書・禮樂志》：「合好效歡虞泰」，注：「『虞』與『娛』通」，《楊雄傳》：「宏仁惠之虞」，又：「反五帝之虞」，注皆曰：「『虞』與『娛』同」，皆是其證。不怒不樂，謂古人蒙昧純樸，遇事真誠淡泊，不用計謀慮，猶後人所謂不以物喜，不以己憂之意。唯一為自然之性，一在著意求取，其境界又大不同。

是故欲知不可知，則擬之以乎卦兆。測深摹遠，則索之以乎思慮。二者其以精立乎。夫精以卜筮，神動其變。精以思慮，謀合其適。精以立正，莫之能仆。精以有守，莫之能奪。故夫抽天下之蔓蔓，散天下之混混者，非精其孰能之。

范望曰：以卦兆之繇準擬之，以定所疑者也。卦兆既見，思慮以決之也。二者為思慮也，非精則思慮不定也。蔓蔓混混，難察之事也。非精誠之至，孰能抽散之乎？

許翰曰：瑩自度數，暉於諸法，而要以至精者，反乎一也。

鄭氏曰：測者揆度之也，摹者者規取之也。思慮之於深遠如此。

葉子奇曰：精謂其純，誠而不雜也。推純誠之道而極言之。

陳本禮曰：精，純誠不雜也。推純誠之道，而極言之。

夫作者貴其有循而體自然也。其所循也大，則其體也壯，其所循也小，則其體也瘠，其所循也直，則其體也渾，其所循也曲，則其體也散。

范望曰：言夫作者無所指斥也。孔子曰：述而不作，有所因循，而體正自然之事也。見玄體，述陰陽，不虛造也。隨其大小，體不離其本也。循其直事，故體渾渾然也。

葉子奇曰：循謂有所因，體謂有所本。《玄》之所因，因易也。所本，本道也。故言循有大小曲直之不同，故其體有壯瘠渾散之或異，惟在於作者之如何耳。後四體字，又自以體質而言，與前體自然字意自不同。

陳本禮曰：作謂作八十一首、七百二十九贊之辭。循謂有所因，體謂有所本。所因，易也，所本，道也。循則有大小曲直之不同，體則有壯瘠渾散之或羿，惟在於作者之如何耳。後四體字以質而言，與前體自然，字義不同。

故不擢所有，不彊所無，譬諸身，增則贅而割則虧。故質幹在乎自然，華藻在乎人事。人事也其（原作具）可損益歟。

范望曰：擢，去也。言述而不作，有則循而言之，無則不遷（《大典》作

彊，據鄭注知當作彊）所益，猶人身體不可損益也。述作者以質幹而已，雖加之以華文，亦其人事。世之人事多華藻，述作者可損益以為本也。

許翰曰：諸本華藻在乎人事人事也其可損益與，人事二字蓋衍，許、黃其作具字。

鄭氏曰：擢，注云去也，謂拔去之也。彊，人無此意，逼使為之曰彊。

葉子奇曰：此言道有定體，不以增減也。理氣象數，出乎道體之自然，書辭占筮由乎聖賢之所作，雖則人作，亦莫不本於道體之自然，所以及其既具，亦不可損益也。

陳本禮曰：擢，去也。道有定體，不能增減也。理氣象數，由於道體之自然，繫筮占辭，出乎聖賢之著作。質幹，其本也。華藻，其末也。二者皆因乎人事之詳明，人事具，則數理豈能有所損益歟？

夫一一所以摹始而測深也，三三所以盡終而極崇也，二二所以參事而要中也，人道象焉。務（原無務字）其事而不務其辭，多其變而不多其文也。

范望曰：一一起於黃泉，故為之始，在泉之中故測深也。三三者，九贊之終，故言盡終也。莫過乎九，故極崇者也。二二謂五也，五為天位，參和萬機之事，而要天下之中，兼於經緯者也。人道象焉，上三句是也。維（原作雖，《大典》作惟）以事實為務，不尚文辭。多其變，謂三玄各二十七變也。不多其文，謂贊辭質省。

章詧曰：玄有九贊，分為上、中、下三體，每三贊為一體，下為一，故有一一、二一、三一，中為二，故有二一、二二、二三，上為三，故有三一、三二、三三，此所為一一摹始而測深者，一一指下體之初一也。一為九贊之始，復有幽冥之德，故要探始而測深也。三三所以盡終而極崇者也，蓋指上體之九也。九為終而位六極，故可盡終而極崇。二二所以參事而要中者，指中體之五也。五為王者，極位之中，可以參同天下之務，居中以臨四方也。

林希逸曰：自一始一曰一一，自一為二而二之曰二二，自二而三至於九曰三三。

鄭氏曰：參蒼含切，參事謂參和萬幾之事也。要，於宵切，要中謂要求天下之中也。

葉子奇曰：以一首九贊而統言之，初一、次二、次三為始，次四、次五、次六為中，次七、次八、上九為終。以一首九贊而分言之，則次一、次四、次

七為始，次二、次五、次八為中，次三、次六、上九為終。又以八十一家而統言之，自天玄中首至事首為始，自地玄更首至昆首為中，自人玄減首至養首為終。又以八十一家而分言之，自天玄中首至辨首、地玄更首至彊首、人玄減首至視首為始，天玄自羨首至傒首、地玄自晬首至大首、人玄自沈首至堅首為中，天玄自從首至事首、地玄自廓首至昆首、人玄自成首至養首為終。以至方州部，皆準此推之。言一一者，非止初一為一，言凡四七，亦皆中上之一也。三三、二二倣此推之。非止天道有始中終，人道亦有，思福禍也。所以揚子觀物之理，皆分三截。

陳本禮曰：事謂八十一家，辭謂七百二十九贊。

不約則其指不詳，不要則其應不博，不渾則其事不散，不沈則其意不見。是故文以見乎質，辭以睹乎情。觀其施辭，則其心之所欲者見矣。

范望曰：夫事不伏不飛，不要不舒也，故渾沈以求散見。無文無以見質，無辭無以見情，情不可一也。天地人萬物進退之心，皆見於中矣。

許翰曰：言《玄》之事辭如此。表贊九度：一一、一二、一三、二一、二二、二三、三一、三二、三三。一一，初也。三三，上也。二二，中也。此自然不可損益之約也，象策數焉。

章詧曰：文以質為本，質以文為華，文質彬彬，不失乎中者，是以因其有文而知其有質，故曰文以見乎質也。辭之作也生乎情，情不可狀，復因其辭而情可睹，故曰辭以睹乎情。法言謂言為心聲，書為心畫，聲畫形則君子小人可見矣。故此謂觀其施辭則其心之所欲見矣。

葉子奇曰：沈，深也。言其事該辭約，變多文寡也。約以辭言，要以事言，渾以理言，沈以意言。非文無以明質，非辭無以見情，故觀辭足以知其心之所欲矣。

陳本禮曰：沈，深也。約以辭言，要以事言，渾以理言，沈以意言，非文無以明質，非辭無以見情，故觀辭足以知其心之所欲矣。

夫道有因有循，有革有化。因而循之，與道神之。革而化之，與時宜之。故因而能革，天道乃得，革而能因，天道乃馴。

范望曰：言冬有不死之草，謂有因也。根生於木，謂有循也。焚除宿草，謂有革也。鷹變為鳩，謂有化也。因而循之，與道神之，謂因循得理，與道通神。革而化之，與時宜之，謂隨時宜之也。天道乃馴，馴，順也，道貴因緣而順從。

　　章詧曰：《玄》之為也，在物無心，適時應用者也。故有因有循、有革有化也。因者因其有而治之，循者循其故而新之，革者窮其原而易其法，化者究其來而化其道，以是言之，因循相近，革化大間也。在三才咸備其道也。

　　葉子奇曰：本其所固有者為因，從其所成法者為循，改其所宿弊者為革，變其所舊習者為化。言其所因所革，莫不因其自然之勢而為之則得矣。

　　陳本禮曰：道頂上文人道來，重在因革二字。本其固有為因，從其成法為循，改其宿弊為革，變其舊習為化。人道本乎天道，能盡人之道，即所以盡天之道也。

夫物不因不生，不革不成，故知因而不知革，物失其則，知革而不知因，物失其均。革之匪時，物失其基，因之匪理，物喪其紀。因革乎因革，國家之矩范也。矩范之動，成敗之效也。

　　范望曰：不因不生，謂因陳（《大典》作循）以生新，不革不成，謂改柯以成實也。革之匪時，時，天時也。不時天時，失基業也。匪理，失地理也。物喪其紀，失紀綱也。范，法也。道貴因緣而革之，此乃國家之矩法，成敗之效，事不可不慎也。

　　許翰曰：變通者，《玄》之事也。因象水木，革象金火。

　　葉子奇曰：因，仁也。革，義也。非因不生，非革不成，二者相須而為用，不可以偏廢，偏廢則失其法與平矣。苟知二者之不可以偏廢而用之，非其時行之，非其理則亦失矣。苟當因而因，當革而革，不失其當，誠國家之法度也，況法度之動，乃為成敗之效乎？

　　陳本禮曰：因，仁也。革，義也。二者相須，不可偏廢。若用之非其時，行之非其理，則更失矣。苟當因而因，當革而革，不失其當，誠國家之法度也。法度變動，乃為成敗之效乎。

立天之經曰陰與陽，形地之緯曰從與橫，表人之行曰晦與明。陰陽曰合其判，從橫曰緯其經，晦明曰別其材。陰陽該極也，經緯所遇也，晦明質性也。陽不陰無與合其施，經不緯無以成其誼，明不晦無以別其德。

　　范望曰：南北為從，東西為橫，故詩人藝麻衡從是也。晦明，別賢愚也。陰陽判合，以生萬物也。經之須緯，以成文章也。別賢愚，人材可知也。陰陽該極，該盡天地，莫過陰陽。經緯所遇，謂東西南北，在遇逢也。晦明質性，謂受之於天，不可移也。陽不陰無與合其施，謂相須以成歲。經不緯無以成其誼，謂相須以成天地文章之誼。明不晦無以別其德，謂無晦無以別明也。

　　章詧曰：立天之地至曰別其材，此一節乃明三才各以離合之道以成其用，乃曰立天之經曰陰與陽，形地之緯曰縱與橫者，天之象，圓動以包其地，地之體，方靜以處乎中，故假陰陽之氣，升降以交天地之氣，二氣縱橫上下四方，故為天之經，地之緯也。人處天地之中，或稟聖賢之行，或抱狂愚之性，以晦明之道而表之，故曰表人之行曰晦與明也。是以陰陽之氣或判或合，經緯之道，一縱一橫，日月之象，或晦或明，則天地之文，聖賢之材，可以分別也。此一節以明陰陽經緯於天地，明晦以分賢愚，其下陰陽該極也一節，明萬物盡該陰陽之生殺，經緯縱橫以會遇成乎用，日月晦明以足人之質性，三者皆不可逃其數也。陰陽交合然後成生成之道，經緯交錯然後通五行之氣，晦明《玄》用然後別日月之德，苟各虛其一，固不可以成功也。

　　葉子奇曰：南北為縱，東西為橫。晦，愚也。明，賢也。此蓋做《易》立天地人之道曰陰陽剛柔仁義之言而稍變其說。然《易》言立人之道曰仁與義，蓋以天理之所固有者而對言之。《玄》言表人之行曰晦與明，蓋以氣稟之所不齊者而對言之。天理固有乃純粹至善，而無不善之雜者也。氣稟不齊則有清有濁，有賢有愚，有善有不善之雜者也。聖人以純粹至善，以立人道之至極。今《玄》以賢而表人之行可也，曾不知愚亦足以為人之行而表之乎？豈非揚子直以不善為性之所固有，凡人之曰賢曰愚，均足以為人道之當然，而並言之歟？至其論性亦有善惡混之說，此乃其道術本根之誤也，曾何足以語聖人盡性至命之書乎？陰陽殊氣，縱橫殊勢，晦明殊質，莫不交相用而互相成也。該極所以包天地之理，所遇所以襲水土之宜，質性所以異賢愚之稟，蓋無判不能成合，故曰合施。無緯不能成經，故曰成誼。無小人莫辨君子，故曰別德。

　　陳本禮曰：南北為從，東西為橫。晦，愚也。明，賢也。表人之行曰晦與明，蓋以氣稟之不齊，則有清有濁有賢有愚有善有不善之分矣。陰陽殊氣，從橫殊勢，晦明殊質，莫不交相用而互相成也。該極所以包天地之理，所遇所以襲水土之宜，質性所以異賢愚之稟，蓋無判不能成合，故曰合施。無緯不能成經，故曰成誼。無小人莫辨君子，故曰別德。

陰陽所以抽嘖也，從橫所以瑩理也，明晦所以昭事也。嘖情（情字衍）也抽，理也瑩，事也昭，君子之道也。

　　范望曰：嘖，情也。陰陽所出，萬物之情也。從橫所以瑩理，足以明天地之理。明晦所以昭事，別賢愚之事也。能審此者，得之（《大典》無之字）君國子民之道。

許翰曰：宋作極牘，嘖與牘同。諸本作抽。許作抽情也抽。開而當名者，《玄》之辭也。自中為陽，周為陰，以極八十一首。九位在中，經緯相錯，時物唯其遇而見誼焉。晦明之才，晝夜之事也。

章詧曰：陰陽合施所以能抽萬物之深情，縱橫誼成所以明五行之至理，晦明既著所以昭善惡之眾事，是盡達其義可以明君子變通之道也。

林希逸曰：嘖與牘同，抽深也。

鄭氏曰：嘖，注云：情也，說在礥首。

葉子奇曰：嘖，情也。一陰一陽，所以達天之情。一從一橫，所以明地之理。一明一晦，所以昭人之事。人苟能於天之情也達，於地之理也明，於人之事也昭，則為君子之道也。

陳本禮曰：嘖，精也。一陰一陽，所以達天之情，一從一橫，所以明地之理。一明一晦，所以昭人之事。人苟能於天之情也達，於地之理也明，於人之事也昭，則為君子之道也。

孫澍曰：嘖，按：《荀子・君道》：斗斛敦概者所以為嘖也，注：嘖，情也。《易・繫辭》：見天下之牘，京房作嘖，疏與情通。

俞樾曰：嘖情也抽理也瑩事也昭君子之道也，樾謹按：上云「陰陽所以抽嘖也，從橫所以瑩理也，明晦所以昭事也」，此當云「抽嘖也瑩理也昭事也」，方與上合。今「抽嘖」誤作「嘖情」，「情」字蓋即「嘖」字之誤而衍者，於是移「抽」字以易下句「瑩」字，而「瑩理」誤作「抽理」矣。又移「瑩」字以易下句「昭」字，而「昭事」誤作「瑩事」矣。至「昭字」無下句可易，因置之下句之首。楊子原文作「抽嘖也瑩理也昭事也，君子之道也」，今作「昭君子之道也」，此「昭」字即「昭事」之「昭」，其致誤之由，尚歷歷可指耳。

吳汝綸曰：嘖情也，「情」字誤衍。

劉按：吳說是，俞說「情」誤衍是，而其餘則非。惟「情」字衍，其餘不煩改，作「嘖也抽，理也瑩，事也昭，君子之道也」，如此文通字順，意義顯明，謂隱晦者得以抽出，理得以瑩明，事得以昭明，這樣就可稱為君子之道了。

往來熏熏，得亡之門。夫何得何亡，得福而亡禍也。天地福順而禍逆，山川福庳而禍高，人道福正而禍邪，故君子內正而外馴，每以下人，是以動得福而亡禍也。福不醜不能生禍，禍不好不能成福。醜好乎醜好乎醜好（當作醜好乎醜好），君子所以亶表也。

范望曰：往來熏熏得亡之門，此交首次四之贊辭也。禮尚往來，相交以禮

則得福，不以禮則亡也。山高或崩，川高或圮。醜，惡也。福極則禍應，福兮禍所伏也。既得禍，常奉之以禮，故能成福。亶，盡也。表，章（《大典》作本）也。醜好以別人之大倫，故三言以為重戒。君子必能別此醜好而行之，所以盡章顯人之善惡也。

許翰曰：宋作君子之亶表。

章詧曰：此明禍福之本，故重明交首四贊之辭也。交為陰家，四，君子之位也，故道往來熏熏然盛，而君子之交為得則可，何以為亡，故此重明之，謂得福而亡禍也。是知天地之道以順萬物之性而生育之，故順則福而逆則禍也。上高則顛，下則安，川高則竭，痺則滿，人之道正而順天，邪則違天，故正則受福，邪則受禍也。故君子之人內稟方正，外示馴順，常以謙下為表，以法天地之順，山川之庫，故動則福而亡禍也。禍福出善惡也，醜，好也，好，善也。《經》曰：惡人之所醜，善人之所好，故醜好乃善也。謂人居福之際不為之惡，則禍無由生，在禍之際，不為之善，則福無由成，故福不醜不得生禍，禍不好不能成福也。故三云醜好者，嘆惜之深也。亶，明也，君子所用善惡而明表禍福也。

鄭氏曰：亶，注云：盡也，按：《集韻》：亶，誠也，厚也，多穀也，或作單，無訓盡者，單本多寒切，與殫通用，訓盡者乃單也，豈范本作單，故用此訓釋歟？

葉子奇曰：此隲括謙卦《彖辭》。醜，惡也。好，善也。亶表，信明也。福而不為善，禍能不生乎。禍而至於悔，福能不成乎。蓋惡是禍之階，善是福之基。重言醜好乎，以致其丁寧之戒。復言醜好，君子之所信而明也。

陳本禮曰：《玄瑩》之末，借禍福二字發出天地鬼神等大議論，皆為刺莽設也，讀者勿誤誰作釋氏談報應，道家談《感應篇》也。往來熏熏，指附莽者，言當時附之者拜爵封侯，逆之者滅門絕戶，雄恐交首之辭人不知為刺莽，特於此發明之。醜，惡也。好，善也。亶表，信明也。福而不為善，禍能不生乎？禍而至於悔，福能不成乎？蓋惡是福之階，善乃福之基，重言醜好乎者，致其丁寧之意也。

夫福樂終而禍憂始，天地所貴曰福，鬼神所祐曰福，人道所喜曰福，其所賤在（當作所，二字隸書近似）惡皆曰禍，故惡福甚者其禍亢。晝人之禍少，夜人之禍多，晝夜散者，其禍福雜。

范望曰：禍終於樂，福始於憂。天地鬼神人道，莫貴於福，莫賤於禍。甚

惡於福，故禍亢也。亢，極也。七八皆為禍。晝為陽，夜為陰，陰凶故禍多，陽吉故禍少也。《易》曰：坎為盜。水夜行也，晝為盜，其近也。散猶雜也。晝以別福，夜以別禍，雜以晝夜者，無以紀（《大典》無紀字）知其善惡，故禍福雜錯不可限也。

許翰曰：章、許作其所賤在惡，丁作其所在賤惡，宋作其所賤惡。瑩以昭事，使人知禍福之歸者也。晝人之禍少，純於明也。夜人之禍多，純於晦也。晝夜散者其禍福雜，則或晦或明，不純故也。

章詧曰：居夫福者能以謙順而終之，故曰福樂終。福之未兆而能為憂慮則亡禍，故曰禍憂始。凡言福者，天地所貴，鬼神所祐，人悉所善之事皆曰福，凡曰禍者，眾人之所賤，而在惡之事皆曰禍也。或人之為惡而福尚盛者，雖未睹禍福之至也必極，故曰惡福極甚者其禍亢。晝夜者九贊之晝夜也，此明福禍之本，故通言九贊之用也。逢晝多休，逢夜多咎，故曰晝人之禍少，夜人之禍多。一占之中，有純晝有純夜者，有晝夜相錯者，故曰晝夜錯者禍福雜。注謂坎水為盜，夜行之義，與此時異也。

林希逸曰：晝，明者也。夜，昧者也。

葉子奇曰：得福者必先於憂勤，得禍者必先於忽殆，樂終則福成，憂始則無禍矣。惡福蓋樂其所以亡者也。此言首贊所遇，晝吉夜凶，雜遇晝夜吉凶之理。

陳本禮曰：反覆申說，不啻再三。

玄數

章詧曰：數者以言萬物之數也，故自天而得蓍數，迨五行、十二律呂、十干、十二支，至於萬彙，悉有數也。

陳仁子曰：《玄》以准《易》，亦不盡局於《易》，《玄數》之起也，自無行而一，自一而二而三，《玄數》之積也，自三玄而九州，自九州而二十七部，而八十一家，而七百二十九贊，此大略也。《易》以奇偶，自下而起，各一畫，三畫而成家，兩倍而成卦，而《玄》則三倍而成九，則《易》以八卦，各八倍而成六十四卦，而《玄》則三倍成八十一首。《易》多以雙而倍，《玄》多以三而倍。至於陰陽相盪，間錯成六十四卦，陽始於坎，終於離，陰始於離，終於坎。《易》卦推盪之數也，中始冬至之子，迎起夏至之午，而周三百六旬六日七分之數也。《玄》於《易》蓋以異為同者。

胡一桂曰：首論天地生蓍及命筮揲法，五行生成，支干配數，以及律呂之類，此下不紀次序。

陳本禮曰：《玄》有理氣象數。理者，萬殊歸於一本也。數者，一氣化為萬殊也。《攡》之後有《瑩》，《瑩》之後有《數》，以其數而計之，則天下萬事萬物之理舉矣。

孫澍曰：《易·說卦》備載卦位、卦德、卦象，《玄·玄數》亦備載玄位、玄德、玄象。

昆侖天地而產蓍，參珍晬精三以榛數，散幽於三重而立家，旁擬兩儀則覜事，逢遭並合，撢繫其名，而極命焉。精則經疑之事其質乎。

范望曰：昆，渾也。侖，淪也。渾淪天地而四分之，以為方州部家，蓍策生產於其中也。參，三也。珍，純也。言玄道純晬精微，以發幽冥之休咎，故三三而索之，以成三表方州部家之數。幽者，幽微休咎之事。三重，方、州、部也。三重既定，然後家立，八十一首，各有名也。兩儀，天地也。言《玄》旁擬天地，則覜於休咎之事也。革，更也。手有所改更，故字從手也。逢遭並合者，晝則逢陽，夕則逢陰，星、時、數、辭並合，乃更繫其名姓於玄道也。而極其事理，命之吉凶，則休咎可知也。精謂精誠也，經，常也。質問乎常所疑之事者，其問之於《太玄》也。

章詧曰：天昆侖而包乎地，二氣相交，至靈之氣，乃生乎蓍，故曰昆侖天地而產蓍也。蓍策既生，聖人遂承醇粹精微之道，用榛其數也。參猶承參也，蓋謂一索而得天，再索而得地，三索而得人也。既得其數，乃廣擬於天地萬物，以睹其事，故曰旁擬兩儀則睹事也。既得萬事於心，猶冥而不形於世，遂布其幽妙之事於三重也。三重，方州部之位也。因其三位，乃八（此八字疑誤）八十一家，故曰散幽於三重而立家。群家已立，遂有奇偶，以配其陰陽，陰陽之動，有離有合，乃生四時，遂以八十一家周配一歲之道，家雖有位，而無其名，乃四時陰陽會遇，或偶或離，擬諸人事，撢繫其事，用極物理，因事命名，以配其家，為之首也。俾觀其名，則審其義矣。謂若陽萌黃鍾之宮，冬至之首名中也。陰氣生午而應於子，故夏至之首名應也。故曰逢遭并合，撢繫其名而極命也。家既得序，首復得名，則吉凶禍福不復逃矣，則凡人經疑之事在乎精，一其誠志，質問其休咎也，故曰：精則經疑之事，其質之乎。

許翰曰：榛，《釋文》音索，宋蘇各切。宋作二以榛數，許、黃作三以榛

數。章（章詧本）、丁無二、三字。撰，《釋文》音憂，陸作傃，宋作揮，今諸家皆作撰。

林希逸曰：參，考也。珍，貴也。挼音索，義同。

鄭氏曰：三相雜曰參，三以師說，三以挼數，三衍文也，蓋惑於注云三三而索之，故妄加此字，殊不知參即三也。言參珍晬精以挼數足矣，不必加此字始與注合也。挼字有兩音，訓擇者色雀切，訓摸挼者昔各切，經言挼數，蓋用摸挼之義，言欲盡之也。或作桵者乃是木名，材中車輞，傳寫誤也。撰繫，本或作揮擊，《集韻》揮音彈，則《太玄》揮擊其名，云觸也。此本作撰繫，注云：撰，更也，手有所改更，故字從手也。《集韻》各核切，改治也。音訓皆與注合，則可用也。舊音憂，乃是樺字，其旁從木，誤矣。

葉子奇曰：撰音憂。昆侖，圓渾貌。蓍，草名。可筮天下治平，則其生滿百莖，參合而有徵也。晬，純而不雜也。《玄》用三，故以三挼數，散其理於方、州、部之三重，而立八十一家。兩儀謂陰陽，晝夜則可以覘其事之得失。撰，更也。名，八十一姓之名。命謂贊辭所定吉凶之道也。此一節言揲蓍求首之事。

陳本禮曰：疑同擬。蓍草生滿百莖，乃天地靈氣所產。參，錯也。三相參為參。蓍之德圓而神，故曰參珍晬精。《玄》以三挼數，以三立家，旁擬兩儀者，分而揲之也。晝則逢陽數，夕則遇陰家，星、時、數、辭並合而吉凶見矣。名謂八十一家之首。命謂七百二十九贊之詞。精則經疑之者，謂首則準乎卦，而贊則以事為質也。

孫澍曰：挼通索，三三而索之，以成數。

令曰：假《太玄》，假《太玄》，孚貞。爰質所疑于神于靈。休則逢陽，星、時、數、辭從，咎則逢陰，星、時、數、辭違。

范望曰：重假者，下假則假借也。孚，信也。貞，正也。爰，曰也。質，問也。假借《太玄》信正之道，問已所疑之事於天地神靈也。皆筮者之謙辭。《太玄》之術，貴陽而賤陰也。陽日陽時而逢陽首，是謂大休。陰日陰時而逢陰首，是謂大咎。陽日陽時而逢陰首，是謂始咎終休也。逢陽若中首也，星若牛一度也，時謂旦中夕也，數謂首數之奇偶也，辭為九贊之辭也。

章詧曰：此明筮疑之初告令之言也。乃曰假假《太玄》孚貞者，上假，大也，下假，借也，大假《太玄》至在至明之道，於是質其所疑之事于神靈也。神靈謂玄之妙道也。爰，於也。故曰爰質所疑于神靈也。事有休咎，疑而未知，

因假乎筮，故曰休則逢陽，星、時、數、辭從者休吉也，謂事將休則星、時、數、辭悉順從也。假若十一月為筮，以旦占得中首一為陽家也。旦占以一五七為一表，陽家以奇贊為畫，是數從也。中首起牽牛初度，牛居北方，為水，而冬至，與首同德，是星從也。日或得牛星，是為中為冬至之首，而仲冬之月筮得之，是時從也。若中首之五質曰日正乎中，利以其神作主，是辭從也。故曰休則逢陽，星、時、數、辭從也。咎謂逢陰，星、時、數、辭違者，假若冬而夕筮得應，應，夏至之日首也，應，陽家，夕占以三四八為一表，三在陽家為畫，是一從也。二四為夜，皆違也，是數違也。星時冬東井，是星得南方之星，乃星違也。冬占而得夏首，是時違也。應之四贊及測曰援罞罞不能以仁也，是辭違也。故曰咎則逢陰，星、時、數、辭違也。九贊皆以畫為陽，夜為陰也，注謂陽日陽時而逢陽首，是謂大休者，雖於經無文，意以理而得之也。

　　許翰曰：章及丁別本作假假太玄，丁、宋、許、黃作假太玄假太玄。

　　鄭氏曰：重言假者，蓋上句曰假太玄，訓大，下句曰假太玄，訓借也。

　　葉子奇曰：此命筮之辭。

凡筮有道，不精不筮，不疑不筮，不軌不筮，不以其占，不若不筮。神靈之，神靈之，曜曾越卓。

　　范望曰：不精不筮，謂專精以信之。不疑不筮，謂筮以決之。不軌不筮，軌，法也。不以道法，所不有筮也。若，順也。不順謂若蚩試（《大典》此二字作至誠）苟違，不順《太玄》之道者，故不為筮者也。曜，明也。曾之言則也。如上四句之禁，非精而不用，故《太玄》神靈之明，則卓然越踰，示人遠也。

　　許翰曰：章、許、黃神靈之三字復出。

　　林希逸曰：不以誠占，與不筮同。神靈雖明曜，曾是不誠而可以見越卓乎？卓，高遠也。

　　鄭氏曰：不若，注云若，順也，師說謂如，云不以其占，不若不筮者，言不用其占，不如不筮也。曾，注訓為則，蓋范讀神靈之曜句絕，故注云《太玄》神靈之明則卓然越踰，示人遠也。然則何不言曾卓越乎？信如此說，可謂淺易而艱深矣。聞之師曰：舊句讀非也。當以曜曾越卓為句，蓋不以其占者，不神靈之也，故重戒之云爾。曜者明也，曾謂重疊也，越者超也，卓謂絕異也。明曜之重疊者，靈也，超越之絕異者，神也。以重戒之故，頌嘆神妙之美也。夫《玄》何咎哉？其每為人所尤，皆注者罪也。此隱君子所以丁寧見屬也。

　　胡一桂曰：如日之曜，卓然示人遠矣。愚謂此命筮之辭。

葉子奇曰：精，專也。不專則無誠，不疑則無事，不軌則無道，皆所不筮。以，用也。謂不用《玄》所值勸戒之占辭，不如不筮也。此言為筮之道也。曜曾，明高也。卓越，邁超也。

陳本禮曰：精，專也。不專則誠，不疑則無事，不軌則無道，皆所不筮。以，用也。謂不用所值，勸戒之占辭，不如不筮也。已上禱神之詞。曾，同層，曜曾，高明也。卓越，超邁也。此嘆美《玄數》之神靈高明而超邁也。

三十有六，而策視焉。天以三分，終於六成，故十有八策。天不施，地不成，因而倍之，地則虛三，以扮天十八也。別一以挂于左手之小指，中分其餘，以三搜之，并餘於芳。一芳之後，而數其餘，七為一，八為二，九為三，六筭而策道窮也。

范望曰：三十有六，謂一、二、三也。一、二、三各三變，凡三十六也，視此之數而為策。天以三分，謂一、二、三也。因而六之，故言終於六成，成十八也。天位有九，地位有九，陰不下陽，陽不施陰，故曰不成。因此十八位，其大數為三十六，故言因而倍之也。虛，空也。扮猶并也。空地三以下於（《大典》作施）天，天施地成，滋生二萬三（原作二）千之策（《大典》此句作滋生萬物也），三十者，三十三也。芳猶成也。今之數，十取出一，名以為芳，蓋以識之也。中分其餘，亦左手之二指間。以三搜之，以象三光，其所餘者，并之於左手兩指間，故謂之芳，蓋以識世（世疑衍，《大典》無世字）揲者（《大典》作著）之數也。凡一挂再芳，以成一方之位，通率四位，四挂以象四時，八揲以象八風，歸餘於芳，以象閏也。一芳之後而數其餘，言處下方、州、部、家之數也。七、八、九以成四位，然後首名定也。七為一，八為二，九為三，謂餘得七則下一筭，得八則二筭，得九則下三筭，一、二、三凡六揲，三十三止得六筭，故言窮也。窮則（《大典》則下有更字）揲以成四位，不出七、八、九也。

章詧曰：此一節明筮所由之數也。三十六策視焉，統言著之大數可觀也。天以三分，謂天一、地二、人三也。終於六成者，謂一、二、三總而成六也。玄一動而生三，三用其六，故有十八策。始得十八策，乃以配天之數也。天數既定，不可不施於地，地既受施，復得十八之數，以配天也，故曰天不施、地不成，因而倍之，乃成三十六。地體卑順，不可與天齊德，乃虛地之數三。又明探筮之法也。謂總執三十三策，先掛一於左手之小指也，中分其餘者，謂餘三十二策以左右手中分為兩向也。以三搜之者，謂先以右手三三數右手策，餘

則並之於左手指之間，復以左手三三數右手之芀，餘則又並於左手間，謂之芀，並餘謂歸奇也，故曰並餘於芀。凡以位一掛而再芀也，故三搜象三光，四位象四時，四位通八，象八風，並餘於芀，以象閏也。一芀之後，謂既芀之後也。言一者，張法之辭也，非謂推一芀而後數其餘也。若四芀止四芀，是無其變也。復惟得十之與九而已，固不逮於七八也。云一芀之後數其餘者，乃謂歸芀之外，所餘得策之數也。所餘之策，三三數之，凡得七為一，謂得三七之數而置一也。得八為二，謂得三八之數而置二也。方、州、部、家，各得其數也，則不出乎一、二、三之六籌也，故曰六籌而策道窮也。是以積位之數則知所得之首。

許翰曰：扮，房吻切。諸本作扮天十八，宋有之字。芀與扐同。

鄭氏曰：扮，《集韻》敷文切，引《太玄》以扮天十八，云：并也。王涯訓配。并，合也，配亦合也，其實一也。又音粉，音忿，動也，握也，皆與注異，不可用也。以三搜之，搜猶求也，謂求方、州、部、家之數也。舊云搜一作換，傳寫誤也。芀，舊即得切，按：《說文》：易再扐而後掛，扐通作芀，指間也。注云其所餘者並於左手兩指間，故謂之芀是也。然又云芀猶成也，今之數十取出一，名以為芀，則是讀作仍也。禮祭用歲之仍，先儒以為用其什一也。舊引《玉篇》以為菜名，而云必與扐同，殊不知扐通作芀也，不亦疏乎？識（劉按：識字是范注中的字），記也，揲猶數也，《易》揲之以四，《玄》搜之以三，《說文》云：揲，閱持也。或作抴，傳寫誤也。六籌，合一、二、三為六。

胡一桂曰：成首之數也。三揲有餘一、餘二、餘三，而無餘七、餘八、餘九之理，解者甚多，皆不通。意者子雲之法以餘一準七，餘二準八，餘三準九，只餘一、二、三，則七、八、九自定矣，故曰餘七為一，八為二，九為三，只倒用一字故難曉。若作餘一為七，二為八，三為九，人無不曉矣。此明揲蓍之法也。王薦曰：凡四揲而成首，初揲定方，二揲定州，三揲定部，四揲定家，自掛至定畫，共成一揲，故四揲成首也。

葉子奇曰：《玄》用三十六策揲，此先歎美《玄》之為數也。物無孤立之理，一不能以終一，故一與一為二，二與一為三，自茲以往，乃歷所不能盡，故揚子謂極一為二，極二為三，極三為推，故《玄》以三為天之本數，二其三則六，故以六成。六其三則為十八，所以為天之策也。天苟不施，地則何成，因以天之十八策而加倍，則為三十六策。然天常有餘，地常不足，故虛地之三，以扮并天之十八策，止用三十三策也。揲時別以一策掛於左手小指間，以準易大衍之數，五十其用四十有九之義。然後以其餘三十二策，而以三揲之，并其

欲盡三及二一之餘數，而芳於左手二指間。一芳之後，將三搜之策，又都以三數之，不復中分，數欲盡時，至十已下，得七為一畫，餘八為二畫，得九為三畫。其前挂及餘芳，不在數限，凡四度畫之，而方、州、部、家之位成，而首之名定矣。故自立天地之策為三十六是一筭，虛三是二筭，挂一是三筭，分搜是四筭，并芳是五筭，數餘是六筭，此一揲之策道窮也。此一節言《玄》取策數之義與推揲之法。扮，甫文切。芳，即得切。

　　陳本禮曰：此揲蓍法。《玄》以三分為本數，二其三為六，六其三為十八，倍之為三十六，以成天數，地則虛三以受天，故策用三十三。揲時別以一策，掛於左手小指間，中分其餘，三搜之，並餘於芳。一芳之後，將三搜之策，又以三數之，不復中分，數至十以下，得七為一畫，餘八為二畫，得九為三畫。共前所掛及餘，芳不在數限。凡四揲而成首，初揲定方，二揲定州，三揲定部，四揲定家，共成一揲，凡四反揲而成首也。按三揲有餘一、餘二、餘三而無餘七、餘八、餘九之理，解者不通其法，益以一準七，二準八，三準九，則七、八、九自定矣。

逢有下中上：下，思也，中，福也，上，禍也。思福禍各有下中上，以晝夜別其休咎焉。

　　范望曰：逢謂筮卦有所逢遇。思、福、禍各有下中上，謂九贊之位也。一曰思內，二曰思中，三曰思外，四曰福小，五曰福中，六曰福大，七曰禍生，八曰禍中，九曰禍極，皆以上下別之。以晝夜別其休咎，謂陽家以陰家之晝為夜，陰家以陽家之夜為晝，其唯逢晝為休，逢夜為咎，故《瑩》曰：晝人之禍少，夜人之禍多者也。

　　章詧曰：前方言揲蓍而得首，此明一首之中，九贊自一至三為下，自四至六為中，自七至九為上也。下之三贊為思，中之三贊為福，上之三贊為禍。然思、福、禍各有下、中、上者，有思內、思中、思外也，有小福、中福、大福，有禍生、禍中、禍極，各有其三，亦分為下、中、上也，故曰思、福、禍各有下中上。以晝夜別其休咎，謂陽首以奇贊為晝，偶贊為夜，陰首以偶贊為晝，奇贊為夜。晝為君子，為休，夜為小人，為咎也。此經之理悉然，術有以所揲之正時，以辨晝夜，以別休咎，以推所逢之下中上。所謂思、福、禍之下、中、上，義亦近之。

　　許翰曰：天以三分，則一、二、三綜而為六。以六因三，為十有八。天施

而地成之，是以倍為三十有六。此神靈曜曾越卓之數也。地則虛三以受天，故策用三十有三。《玄》筮挂一者，至精也。中分而三搜之者，至變也。餘一、二、三則並於芳者，歸奇也。一芳而復數其餘，卒觀或七、或八、或九，則畫一、二、三焉。天以六成，故六算而策道窮，則數極而象定也。得方求州，得州求部，得部求家，是謂散幽於三重而立家。凡四搋。

胡一桂曰：以九贊之位復各有三，皆以下、中、上別之，以晝為休，夜為咎。

葉子奇曰：首名既足，然後觀其所逢之贊，以九贊而統分上、中、下，則初一、次二、次三在下為思，次四、次五、次六居中為福，次七、次八、上九居上為禍。以九贊而細分上、中、下，則初一為思之下，次二為思之中，次三為思之上，次四為福之下，次五為福之中，次六為福之上，次七為禍之下，次八為禍之中，上九為禍之上。逢陽家則一、三、五、七、九為晝，二、四、六、八為夜。逢陰家則一、三、五、七、九為夜，二、四、六、八為晝。逢晝則吉，逢夜則凶也。

陳本禮曰：首名既定，然後觀其所逢之贊，以九贊而細分上中下，則初一、次二、次三在下，為思，次四、次五、次六居中，為福，次七、次八、次九居上，為禍。以九贊而細分上、中、下，則初一為思之下，次二為思之中，次三為思之上，次四為福之下，次五為福之中，次六為福之上，次七為禍之下，次八為禍之中，上九為禍之上。逢陽家則一、三、五、七、九為晝，二、四、六、八為夜，逢陰家，是一、三、五、七、九為夜，二、四、六、八為晝。逢晝則吉，逢夜則凶也。

極一為二，極二為三，極三為推，推三為贏贊，贊贏入表，表贏入家，家贏入部，部贏入州，州贏入方，方贏則玄。

范望曰：極一為二，謂天地也。極二為三，有地則人生也。極三為推，有人能推演陰陽也。贏，滿也。贊，九贊之位。推演滿於九贊，五行之義見也。贊贏入表，一、五、七則為一表，三、四、八為一表，二、六、九為一表。且、中、夕各有所用，故贊滿而入三表。表者見其休咎也。表贏入家，三表以見，故以家定其莫旦（原作曰，《大典》莫旦作首名）也。家贏入部，家位定故以部分之也。部贏入州，部分以滿，故以州總守之。州贏入方，州滿故入方，方猶常也，故以常位輔佐天（《大典》天下有位字）也。方滿則入玄。玄，天也。以少制多，以亡治有，故（《大典》故下有始）起於天一，乃至七百二十九贊，

復還入於一玄，此特取象天地初開有萬物，有萬物而後有男女，有男女而後有夫婦，有夫婦而後有父子，有父子然後有君臣，有君臣然後有宗廟也。故《玄》以一為天，乃至七百二十九贊，而復還入於一玄之中，明《玄》為天象也。故一辟象於玄，三公象三方，九卿象九州，二十七大夫象二十七部，八十一元士象八十一家也。《玄告》曰：天穹隆而周乎上，言不可形別，作者立《玄》以象之，而王者法之以制官（原作宮，《大典》作官）也。玄字或作云（《大典》作去），去\玄相似，轉寫誤耳。陸君云：去當為玄，得其實也。

章訔曰：此明玄道自無而生有，以盡萬物之數也。《玄》極一為二者，謂《玄》偕於太極也。是以一之極則生二儀，故曰極一為二也。天地既立，乃生乎人，能推演陰陽萬物之道，故曰極三為推。能推陰陽萬物之情狀，乃施之於七百二十九贊也，故曰推三為贏贊也。既明玄道自無而生有，此又明極有以歸無也。云贊贏入表者，贊，七百二十九贊也，以盡萬物之情，贊既贏，復歸於表，二百四十三表也。贊既贏滿，必可表玄之也。表贏入家者，謂二百四十三表數既贏滿，可歸其家也。家贏入部者，八十一家分布贏滿，可歸於部分也。部贏入州者，二十七部部分既贏，還統於州也。州贏入方者，謂九州既治，其道贏可歸三方也。方贏入玄者，謂三統以正，可復於玄也。注謂：玄，天也，此昧《玄》之義也。天地形氣有象之物，非玄也，是知范未為知《玄》者也。

許翰曰：章、許及丁別本作推三為贏贊，贏或作贏，蓋通。范注玄或作去，陸云：當作玄，今諸家作玄，唯宋作去，章作入玄。數自玄生，衍極而復歸於玄，此聖人同民吉凶，所以洗心於密者也。故間於筮法之中。昔者禹別九州，任土作貢，而錫堯玄圭，告厥成功，蓋以象此。

鄭氏曰：推三為贏贊，贏，滿也，贊，九贊之位。聞之師曰：贏贊之贊，衍文也。極三為推，謂極盡一之三而為六也，推三為贏，謂推演二之三而為九也，推演其六之謂推，贏滿於九之謂贏，其為贊已明矣，不必更言贊也。蓋注言滿九贊之位，而滿誤作贊，或者承誤妄增，當刪去也。

葉子奇曰：有天而後有地，是極一為二也。有天地而後有人，是極二為三也。有天、地、人則萬理具焉，故可為推。推天、地、人之道而滿於九贊，贊滿而入二百四十三表，表滿而入八十一家，總成七百二十九贊也。此一節（按：指極一為二至表贏入家）由體達用，自內而推之于外。家贏入部至方贏入玄，此一節由用原體自外而推之于內。

陳本禮曰：贏，滿也。表者見其休咎也。一、五、七為一表，三、四、

八為一表，二、六、九為一表，贊九贊之位，贊滿而入二百四十三表，表滿而入八十一家，總成七百二十九贊，此由體達用，自內而推之於外也。方贏入玄者，玄，天也，君也，以少制多，以無治有，以大統小也。一辟象玄，三方象三公，九州象九卿，二十七部象大夫，八十一家象元士，此由萬殊而歸之於一本也。

一從二從三從，是謂大休。一從二從三違，始中休終咎。一從二違三違，始休中終咎。一違二從三從，始咎中終休。一違二違三從，始中咎終休。一違二違三違，是謂大咎。

范望曰：一從、二從、三從，謂旦筮逢陽家，一、五、七為一表而皆從者也。一從、二從、三違，謂中筮逢陰家，二、六、九為一表，二、六從而九違者也。一從、二違、三違，謂夕筮逢陽家，三、四、八為一表，三從、四、八違也。一違、二從、三從，謂夕筮逢陰家，於周首三違、四、八從，故中、終休也。一違、二違、三從，謂中筮逢陽家，於中首二、六、九也。二、六違、九從，故始、中咎而終休也。一、二、三皆違，謂旦筮逢陰家，於周首一、五、七也，三者皆違，故大咎也。筮無兩違夾一從，無兩從夾一違者，猶《洪範》三人占從二人之言也。

章詧曰：從，順也。謂既揲數得首，而辨首之陰陽，定贊之晝夜也。謂若旦占得陽首，而贊之三贊以一、五、七為一表，俱得奇數，皆為晝，三贊俱順其道，故二從、三從，乃謂大休。蓋始、中、終皆吉也。違者逆也，謂既揲得首而辨贊之晝夜也，假若日中、夜中而筮得陰首，以二、六、九為一表，陰首以偶贊為晝，二、六偶也，故二從，九奇也，為夜，故曰三違也。凡占事則始、中、吉而終凶，故曰始、中休、終咎。假若占而遇陰首，以三、四、八為一表，三在陰首為夜，一違，四、八為晝，二從、三從也。初違故始咎，中、終從，故休也。假若日夜中而筮得陽首，占以二、六、九為一表，二、六為夜，故一違、二違，九為晝，故三從也。是以始、中、咎而終吉。假若旦占遇陰首，旦以一、五、七為一表，一、五、七在陰家俱為夜，故一、二、三皆違，大咎也。

胡一桂曰：《玄》以陽家旦筮，一、五、七大休，以日中、夜中筮，二、六休，九咎，夕筮，三休，四、八咎。陰家旦筮，一、五、七大咎，日中、夜中筮，二、六咎，九休，夕筮，三咎，四、八休。《玄》之筮用以三表，其知來若神乎。

葉子奇曰：凡筮分經緯晝夜表贊以占吉凶。經者謂一、二、五、六、七也，

旦筮用焉。緯者三、四、八、九也，夕筮用焉。日中、夜中雜用一經一緯。表者一、五、七為一表，屬經，三、四、八為一表，屬緯，二、六、九為一表，雜用經緯。凡旦筮者用經，當九贊一、五、七之表，遇陽家則一、五、七並為晝，是謂一從、二從、三從，始、中、終皆吉。遇陰家則一、五、七並為夜，是謂一違、二違、三違，始、中、終皆凶。凡夕筮者用緯，當九贊三、四、八之表，遇陽家始休、中、終咎，遇陰家始咎、中、終休。若日中、夜中，雜用二經一緯，當九贊之二、六、九也。遇陽家始、中咎、終休，遇陰家始、中休、終咎。故經謂晝夜散者禍福雜。凡休咎止二端，反覆所值，而有是六等也。此一節言占筮所逢之吉凶。

占有四：或星或時，或數或辭。旦則用經，夕則用緯，觀始中，決從終。

范望曰：四者繇決之大體，合而論之，以多從為休也。旦則用經，夕則用緯，經謂一、五、七也，緯謂三、四、八也。凡占有六等，休咎二也。不言中者，舉旦夕則中可知。中用二、六、九，經緯雜用之也。凡筮或先違而後從，或先從而後違，或三皆從，或三皆違，必決之者，從終辭也。王莽將有事，以《周易》筮之，遇羝羊觸藩，以《太玄》筮之，逢干首。干者陰家，其位一、五、七（原作十，《大典》作七）也。而以七（原作十，《大典》作七）決之，其辭云：何戟解解，此從終之義也。羊累其角，解解亦絓羅之意，明《易》、《玄》之相襲，休咎略同者也。

章詧曰：《玄》之占事乃以星、時、數、辭為道也。星者，既筮得首，而所用之贊纏次之宿是也，術者，以占之時所得之宿兼而用之，義亦近焉。時者，當筮之時所得其首，於其時有休有王也。數者，謂陰陽奇偶九贊五行之數也。辭者，則一首九贊之辭也。凡旦占為陽，乃全用經也，經謂一、五、七，水、火、土之數也。前謂南北為經是矣。夕占為陰，全用緯也，乃三、四、八、木、金之數也，前文東西為緯是矣。日中夜中，故以二經而一緯。注家附經緯而說之，於經無載，唯《玄瑩》終載晝夜散者其禍福雜，其亦注者從此而有日中夜中之說，但術注謂之中者，以陰陽初生之時也，二氣猶混，故雜經緯而用之，如二、六、九、火、水、金之數相錯雜也。注引王莽將有事而筮於《易》於《玄》之數，固有是說。子雲本傳無文，斯蓋宋、陸二君猶居漢世，時人相傳，故言於《解詁》《釋文》之中也。干首，陰首也，莽以旦筮而得之，故用一、五、七為一表也，七曰荷戟解解遘，謂失志之人荷戟而干物遇羅者也，故測曰道不容也。其觸藩咎與絓羅咎得不通乎，決從之終，則如莽不得其死，由是因知子

雲載旦則用經，夕則用緯，乃是明言從陰陽分日夕，用九贊之數也。必不以旦占專用一、五、七之經，夕占專用三、四、八也。考莽之所旦筮適得一、五、七之用也，後之注者從而作為解詁注釋，使之不然，則旦夕無變而經緯有不易之常也。吉凶禍福思慮之揉，逮無變通，雄之《玄經》行於世，揲法無傳，惟侯芭親授其經而得之，注者依為未有無誤也。

許翰曰：晝為休，夜為咎，而又以星、時、數、辭和乖盛衰義類相取而占其事。旦用經：一、五、七。夕用緯：三、四、八。旦夕之中，二經一緯，用二、六、九。是謂三表，旦象天，夕象地，中象人也。一、五、六也進乎七，三、四、七也進乎八，二、六、八也進乎九。始觀中，決從終者，考積之極而要其變也。是故餘芳之數一兆七，三兆八，二兆九也。占有終休而反咎，有終咎而反休者，要在審觀所質之事，以星、時、數參之而已矣。非忠信之事，則得黃裳元吉而更以凶。此占法也。

鄭氏曰：注云繇決，謂以繇辭決吉凶，必兼以星、時、數、辭決之也。

胡一桂曰：星者日所舍，日者循星以進退者也。時者命之運，而歲所總也。數者一、二、三、四而歷所紀也。辭者各指其所之也。旦用經一、五、七而從，夕用緯三、四、八而橫。一水，七火，水火合為從，三、八木，四、九金，木合金為橫。占者考所逢如何耳。觀始、中，決從終，茲終吉則吉，終凶則凶之效也。愚謂此明占吉凶之法也。

葉子奇曰：星者所配之宿，各以其方，與本首五行不相違克。假如中首所配牽牛，屬北方，水，與首水行同德，是星從也。時者所筮之時，與所遇節氣相逆順也。假如冬至筮遇十月已前首，為逆，冬至已後首為順也。數者陰陽奇偶之數，以定所遇晝夜之吉凶。辭者九贊之辭，與所筮之意相違否也。不言日中夜中雜經緯者，舉旦夕則中可知也。雖觀始中，當以終為重也。

三八為木，

范望曰：王則為三，廢則為八。

葉子奇曰：天三生木，地八成之。

陳本禮曰：《易》以卦理備物，故有天、地、風、雷等象，《玄》以五行備物，故有木、金、水、火、土等象。然《易》始於一，《玄》起於三，此則各有其理，然究不能離乎《易》之理而特推而廣之耳。

為東方，為春，

范望曰：別五方四時之名也。春，蠢也。取物蠢動，始於東方，故為（《大典》作謂之）春也。

日甲乙，

范望曰：日之行，春東從青道，甲乙在東方，故曰甲乙也。甲取孚甲而生，乙之言軋也，取其抽軋而出也。

鄭氏曰：注云：日之行，春東從青道，甲乙在東方，故曰甲乙也。辰寅卯，特配木，推類而言，非謂日之行春東從青道也，《漢志》：日有中道，月有九行，中道者，黃道，一曰光道，北至東井，去極近，南至牽牛，去極遠，東至角，西至婁，去極中。九行者，黑道二，出黃道北，朱道二，出黃道南，白道二，出黃道西，青道二，出黃道東。立春春分，東從青道，立秋秋分，西從白道，立冬冬至，北從黑道，立夏夏至，南從朱道。注言日之行也，春東從青道，秋西從白道，夏南從赤道，冬北從黑道，四時之間從黃道，乃是以月言日也。《天官書》但言月有九行，未聞日亦有九行，且日行西陸為春，故春分日在婁，日行東陸為秋，故秋分日在角，安得謂日春東從青道，秋西從白道乎？月行所謂青道，白青之類，皆因黃道以為名也。行於八道者，未及交限也。行於中道者，將入交限也。以其八道半在中道外，半在中道內故也。日常行中道，君象也。月行九道，移徙不常，臣象也。以月言日，可謂謬矣。此決非宋陸注，乃范望注也。親首以斗為極，《玄數》以月言日，皆以不考《天官書》而然也。宋衷、陸績，豈至是耶？

辰寅卯，

范望曰：辰，十二時也。寅、卯在東方，故言寅、卯也。寅，敬也。春為萬物之始，《尚書》曰：南訛敬致，日永星火，寅餞納日，此之謂也。卯取其冒牟而生也。

鄭氏曰：范氏注引《尚書》南訛敬致，日永星火，寅餞納日。按：南訛敬致，日永星火，夏也。寅餞納日，秋也。寅、卯於時為春，引此以證，則不類矣。但當言寅賓出日，餘皆衍文也。

聲角，

范望曰：謂東方之聲音也。三分羽益一以生角，角數六十四，以其清濁中，故屬木。民之象也，春氣和則角聲調。《禮記》曰：角亂則憂，其民怨也。五

行有五聲，數多者濁，數少者清，清者不過羽，濁者不過宮也。

色青，

　　范望曰：春草木生色皆青也。

味酸，

　　范望曰：《尚書》曰：木為曲直，曲直作酸，此之謂也。

臭羶，

　　范望曰：木之味酸，酸之臭，洩氣羶也。

形詘信，

　　范望曰：木為曲直，故屈申也。

生火，

　　范望曰：少陽生太陽也。

　　鄭氏曰：少陽，木為少陽，火為太陽，金為少陰，水為太陰，以時言之也。

勝土，

　　范望曰：木克土也。

時生，

　　范望曰：生物莫過春也。

藏脾，

　　范望曰：天有五行（《大典》作色），人有五藏，脾藏色青，故在木也。

　　許翰曰：肺極上以覆腎，極下以潛心，居中央以象君德，而左脾右肝承之，以位五行。《月令》春祭先脾，夏祭先肺，中央祭先心，秋祭先肝，冬祭先腎，此《玄》符也。是故肺藏氣者火也，腎藏精者水也，心藏神者土也，脾藏思者木也，肝藏血者金也。其為體也，則脾土、肺金、心火、肝木、腎水。其為位也，則君養育而臣制畜。不與物合者，一而已矣。玄德之象也。

　　鄭氏曰：藏脾：木藏脾，金藏肝，火藏肺，水藏腎，土藏心，注以形色言者三，以名聲言者一，以方位言者一，與醫家言五藏異。然《月令》春祭脾，夏祭肺，季夏祭心，秋祭肝，冬祭腎，與《玄數》合。先儒以四時之位及五藏之上下次之，固為未盡也。范注益以形色聲名，亦為未安。聞之師曰：肝木、心火、脾土、肺金、腎水，不易之理也。五行當時者王，所勝者臣，所生者（劉

按：此處當有脫文），亦不易之理也。天一生水，以統元氣，而腎主之，有王道焉，無為之時，王道乃著，故冬祭腎，有為之時，藉臣之力，故春祭脾，夏祭肺，秋祭肝，季夏土王而心屬火，謂其當時，則土既王矣，謂其不當時，則猶為夏也，譬之堯老而舜攝，堯以火王，舜以土王，雖王用事而故王未廢，天道實然也。其祭先心者，示不忘本也。《月令》之義，蓋取諸此。《太玄》三、八之藏脾，四、九之藏肝，二、七之藏肺，一、六之藏腎，五、五之藏心，亦由是也。形色名聲，何足論哉？

侟志，

范望曰：侟，存也。志者所以為益也。陽春萬物日益，故在志也。

許翰曰：音存，或作存。木侟志者立也，金侟魄者，營也，火侟魂者，變也，水侟精者，潛也，土侟神者，化也。志，水也，而侟於木。魄，土也，而侟於金。魂，木也，而侟於火。神，火也，而侟於土，皆托乎其所生。《老子》所謂弱其志，強其骨，虛其心，實其腹者是已。唯精一之至也，是以其為物不貳也。

鄭氏曰：侟，舊音存，按：注云：侟，存也，蓋存者天也，存之者人也。五侟責在人事，故其字從人。志，道家之說，腎藏精，心藏神，肝藏魂，肺藏魄，脾藏意，《太玄》之說三、八侟志，四、九侟魄，二、七侟魂，一、六侟精，五、五侟神，志即意也，而所配者異。注說疏略，經旨不明。聞之師曰：一水為精，二火為神，三木為魂，四金為魄，五土為意，自然之序，不易之理也。道家之說是也。精魄靜而無變，故一、六侟精，四、九侟魄，神魂志動而有變，故五、五侟神，二、七侟魂，三、八侟志，蓋神本於魂，故二、七為神而侟魂焉。志本於神，故五、五為志而侟神焉。皆侟其本之謂也。志欲從道，魂欲逐物，則魂勝志，不可不戒，故三、八侟志，乃侟其所忘者也。

葉子奇曰：侟音存，義同。

性仁，

范望曰：長養萬物曰仁。

情喜，

范望曰：物長故喜。

鄭氏曰：情喜，醫家之說，肝，其志為怒，心，其志為熹，脾，其志為思，肺，其志為悲，腎，其志為恐。《太玄》之說，三、八情喜，四、九情怒，二、

七情樂，一、六情悲，五、五情懼，其不同何也？聞之師曰：春微陽可喜，夏盛陽可樂，秋微陰可怒，冬盛陰可悲，所喜所樂者，恐或失之，所怒所悲者，懼或得之，則戒於四時之間，醫家以五行言之，所以盡其精微，《太玄》以陰陽言之，所以用其大體，故異也。

事貌，用恭，撝肅，

范望曰：撝猶佐也。《尚書》五事：一曰貌，貌曰恭，恭作肅，肅敬以佐恭也。

鄭氏曰：撝音為，注：佐也，按：攔，關也，撑，革也，以類求之，撝即為也。聞之師曰：撝肅猶作肅也，作音佐，撝者作也。說為輔佐，聲之誤也。

徵旱，

范望曰：徵，應也。東方陽也，陽之為應，則旱為災也。

許翰曰：《洪範》庶徵，雨、暘取緯，燠、寒、風取經。《玄數》分類則以其正言而已矣，弗以衝氣相通也。

鄭氏曰：徵旱，《洪範》庶徵：狂恆雨若，僭恆暘若，豫恆燠若，急恆寒若，蒙恆風若。恆暘即旱，恆燠即熱，而三、八徵旱，四、九徵雨，與《洪範》異，何也？聞之師曰：春陽用事，是多旱，秋陰用事則多雨，旱者木生火了，故積而至夏為二、七之熱，雨者金生水也，故積而至冬為一、六之寒，此常理也。若夫狂之淫恣而恆雨，僭之驕亢而恆暘，乃變故也。《太玄》以五行推其常理，《洪範》以五事稽其變故，是以不同也。

帝太昊，

范望曰：太昊，庖犧氏也，以木德王天下。《易》曰：帝出乎震，震，東方也。

神勾芒，

范望曰：謂木正重也，實能木職，故死則命之曰勾芒，使其神佐太昊，而并祀之。勾取物春勾屈而生，芒取其有芒角也。

鄭氏曰：《左傳》：少皞氏四叔，曰重，曰該，曰脩，曰熙，實能金、木及水，使重為勾芒，該為蓐收，脩及熙為玄冥。

星從其位。

范望曰：角、亢、氐、房、心、尾、箕，東方之宿也。

章詧曰：東方七宿也，有角有尾，青龍之象也。

許翰曰：氐、房、心、尾、箕，位寅卯。

葉子奇曰：東方蒼龍七宿，下倣此。

類為鱗，

范望曰：鱗蟲之類，蒼龍為之長也。

許翰曰：甲象為鱗，秩秩次比。

為雷，

范望曰：位在震也。

葉子奇曰：位在震。

為鼓，

范望曰：如雷聲也。

為恢聲，

范望曰：大鼓鳴也。

許翰曰：眾盛蓋極，則震而變為雷、為鼓、為恢聲。

葉子奇曰：皷，雷象。恢，大也。

為新，

范望曰：物初生也。

葉子奇曰：物初生。

為躁，

范望曰：動欲升也。

許翰曰：發生為新，決塞為躁。

葉子奇曰：陽動故也。

為戶，

范望曰：出入所由也。

為牖，

范望曰：與戶俱明也。

章詧曰：疏通開達，如牖之明暢。

　　許翰曰：大者為戶而出，小者為牖而通也。凡物出必由戶，入必由門。戶，奇也。門，偶也。竈愓以養，而行流通，中霤土以沖虛函天，明受眾流，此福所集。故家主之門戶闔闢有變緯也，竈行中霤有常經也。是故《月令》春祀戶，夏祀竈，中央祀中霤，秋祀門，冬祀行，類求五物，與《玄》合符。

　　葉子奇曰：陽氣所通。

為嗣，

　　范望曰：為長子也。

為承，

　　范望曰：子繼父體也。

　　葉子奇曰：為丞，長子繼父。

為葉，

　　范望曰：世不絕也。

為緒，

　　范望曰：葉相連也。

　　章詧曰：生物承嗣不絕，如父子相繼其業緒也。

　　許翰曰：震為長子之變也，為戶牖則家立矣。

　　葉子奇曰：皆言其繼生也。

為赦，

　　范望曰：雷所懼也。

　　章詧曰：幽蟄之類，咸得道達。

為解，

　　范望曰：解脫孚甲也。

　　葉子奇曰：陽以生物為事。

為多子，

　　范望曰：物孕字也。

　　許翰曰：稅枯釋甲，震之功也，國事象焉。萌生孕字，時物方昌。

　　葉子奇曰：物孕字也。

為出，

范望曰：東方事也。

葉子奇曰：物得陽而萌動也。

為予，

范望曰：放（《大典》作施）不制也。

許翰曰：帝出乎震，布德施惠，而物象之，為赦為解，出而予也。

鄭氏曰：予讀作與。

葉子奇曰：上聲，亦施生之象。

為竹，為草，

范望曰：鬱蒼蒼也。

為果，為實，

范望曰：育春偶陽也。

許翰曰：秀拔而為竹，滋蔓而為草，酋斂而為果，皆木氣也。果為實象，果則將復生焉。

為魚，

范望曰：跳上水也。

章詧曰：鱗蟲類也。

許翰曰：水生，鱗屬，蕃息之象。竹草至魚，皆多子類也。

葉子奇曰：鱗類。

為疏器，

范望曰：理爽通也。

章詧曰：陽氣通也。

許翰曰：《月令》：春則其器疏以達，刻而鏤之，象土之發生無所塞也。疏器致人力焉，以相天時。

鄭氏曰：疏器，《月令》：天子春居青陽，其器疏以達。注云：器疏者刻鏤之，象物當貫土而出也。

葉子奇曰：脈理通也。

為規，

范望曰：陽形勢也。

章詧曰：規圓象天也。

鄭氏曰：魏相言太昊乘震執規，司春。（劉按：《漢書》：魏相上書，太昊乘震，執規治春。震當是龍，日，龍，帝，一物也。傳說太昊以龍為官。）張晏說木為仁，仁者生，生者圜，故為規。

為田，

范望曰：春之計也。

為木工，

范望曰：度所中也。

許翰曰：木治土為田，木用事而稷官展采焉。為規，象元之運。木土稽之木工，象致力於春，以相天物者也。

為矛，

范望曰：銳如鋒也。

許翰曰：句兵曲直不殺。戈氏鐏，矛氏鐓，矛敦仁也。

為青怪，

范望曰：青隨時也。

許翰曰：以正治國，以奇用兵，五行反常，則各以其物見異焉。

為鼽，

范望曰：鼻之災也。

許翰曰：音求。春行秋令，則多鼽，金沴木也。

鄭氏曰：鼽，舊音仇，按：《說文》：病寒鼻塞也。九竅三八為鼻，注云：鼻主氣，巽為風，在東方也。

陳本禮曰：鼽音求，鼻塞曰鼽。

為狂。

范望曰：象春放蕩，性分離也。

許翰曰：弗恭弗肅，動蕩之過。

鄭氏曰：狂貌之事，恭則肅，不恭則狂。

葉子奇曰：陽氣放蕩。此與《月令》《素問》所推大同小異。

四九為金。

范望曰：王則為九，廢則為四。

葉子奇曰：地四生金，天九成之。

為西方，為秋。

　　范望曰：秋，揫也，物成可揫聚也。

　　鄭氏曰：揫，舊音湫，按：揫，聚也。

日庚辛。

　　范望曰：日之行，秋西從白道，庚辛在西方，故曰庚辛也。庚取其改更，辛取其萬物皆新熟也，百卉坼也。

辰申酉。

　　范望曰：亦十二時也，申酉在西方，故言申酉也。申取其爛熟，酉取畢成可留聚也。

聲商。

　　范望曰：謂西方之聲音也。三分徵益一以生商，商數七十二，以其次宮，故屬金，臣之象也。秋氣至（《大典》作和），商聲調。《禮》曰：商亂則詖，其臣（原作宮，《大典》作臣）壞也。

色白。

　　范望曰：秋草木無（《大典》作死），色皆白也。

味辛。

　　范望曰：《尚書》曰：從革作辛，此之謂也。

臭腥。

　　范望曰：金之味辛，辛之臭洩，氣腥臊也。

形革。

　　范望曰：革，更也。金為從革，可鑄化也。

　　葉子奇曰：金曰從革。

生水。

　　范望曰：少陽（《大典》作陰）生太陰也。

勝木。

　　范望曰：金克木也。

時殺。

范望曰：秋氣始殺者也。

葉子奇曰：秋令。

藏肝。

范望曰：肝色黃，金之精者亦黃，故金藏黃（《大典》無黃字）肝。

佐魄。

范望曰：魄者死之體也。《尚書》曰：明死而魄生，故知魄為體也。秋木歸本，故在魄也。

性誼。

范望曰：誼之言宜也，主斷割以從宜也。

情怒。

范望曰：氣剛彊，故怒也。

事言，用從，撝乂。

范望曰：五事：二曰言，言曰從，從作乂，乂治（《大典》有也字，是，據二七為火的同一句可證），以佐從也。

徵雨。

范望曰：西方陰也，金以生木（《大典》作水），陰之為應，雨之效也。

帝少昊。

范望曰：謂黃帝之子金天氏也。以金德王天下，代黃帝也。

神蓐收。

范望曰：謂金正該也，實能金職，故死命之為蓐收，使其神佐少昊而并祀之也。蓐收取其將收斂入於牀蓐之內也。

星從其位。

范望曰：奎、婁、胃、昴、畢、觜、參，西方之位也。

章詧曰：西方七宿，金虎之象也。

許翰曰：胃、昴、畢、氏、參，位申酉。

葉子奇曰：奎婁七宿。

類為毛。

范望曰：毛蟲類，白虎為之長。

許翰曰：金革火而收之，其氣發散為毛，庚辛象也。

為醫。

范望曰：可以為鍼。

許翰曰：醫攻疾。

為巫祝。

范望曰：祝說神也。

許翰曰：巫祝善鳴矣。疑極而說見，質定而文生之。

鄭氏曰：祝說，舊音悅，注云：祝說神也，取諸兌之說也。

葉子奇曰：兌為巫。

為猛。

范望曰：金堅剛也。

許翰曰：唐人避諱，書多改虎為猛。此字疑當作虎，而未有本證定。

俞樾曰：樾謹按：許翰曰，唐人避諱書多改虎為猛，此字疑當作虎而未有本證定，然范注曰：金堅剛也，則晉時已作猛矣，非唐人改也。又按以虎為猛，楊子書固自有之。養次七小人牽象，婦人徽猛，君子養病，范注曰：婦人謂四，三為虎而四在前，故徽猛，然則以虎為猛，亦非自唐人避諱始也。若謂彼文正避唐諱而改，則固不然，象猛養三字為韻，若本文作虎，則非韻矣，故知不然也。

為舊。

范望曰：秋白藏也。

許翰曰：物正為新，物老為舊。

為鳴。

范望曰：金為聲也。

許翰曰：凡動，木也。凡聲，金也。動夫為躁，聲揚為鳴，鳴尚節焉。

為門。

范望曰：出內經也。

鄭氏曰：為門，春為戶，秋為門，陽奇陰偶也。

為山。

范望曰：金石所聚為山也。

為限。

范望曰：別中外也。

為邊。

范望曰：畢星位西方，主邊兵，邊以限蠻夷也。

為城。

范望曰：嶮為固也。

許翰曰：以堅立節，故為門、為山、為限、為邊、為城。

為骨，為石。

范望曰：皆剛屬也。

許翰曰：金以方止邊四方也，城四營之以為嶮，故外象為限、為邊、為城，內象為骨。骨自堅生，此木氣也。而凡物之堅皆金為之，故木質皆白。金類為骨，其極為石。

為環珮。

范望曰：聲鏗鏘也。

葉子奇曰：皆剛物。

為首飾。

范望曰：九在上也。

為重寶。

范望曰：無以上也。

許翰曰：環佩，身之節也。加尊而為首飾，又加貴而為重寶。環佩象四，首飾象九，重寶體覺德焉。

為大哆，為釦器。

范望曰：（《大典》：大音也）為金勝（《大典》作造）也。

許翰曰：為大哆，丁、宋無此一句。釦，音口，金飾器口也。說生侈大，哆，口之兌也。釦，器以金飾口。致說焉亦以立堅。

鄭氏曰：哆，舊昌者切，大口也。按：哆，張也，與太多同。釦音口，《說文》：金飾器口也。

葉子奇曰：釦音口，金飾也。

孫澍曰：哆，尺氏切，音侈，大貌，《說文》：張口也，《詩・小雅》：哆兮侈兮，成是南箕。

俞樾曰：許翰曰：丁、宋無此一句，今考范望本此句無注，是范本亦無此一句也，當刪。

為春。

范望曰：春用石也。

為椎。

范望曰：剛治作也。

為力。

范望曰：取堅彊也。

為縣。

范望曰：鉤所長也。

許翰曰：與懸同。

鄭氏曰：縣，平聲，讀懸。掛物者鉤所長也。

葉子奇曰：平聲。

為燧。

范望曰：金取火也。

鄭氏曰：注云：金取火也，按：《內則》：佩金燧，用取火於日者也。

葉子奇曰：金取火器。

為兵。

范望曰：金之所作，禦止禍也。

為械。

范望曰：兵器總名也。

葉子奇曰：皆金革之物。

為齒。

范望曰：骨類也。

為角。

范望曰：銳如兵也。

為螫，為毒。

范望曰：辛氣之痛，流入之（《大典》作人）形。

許翰曰：致飾以說而小過，治之釦器以受生。為舂、為椎、為力，以堅勝也。力勝而後能勝物縣之縣，以權制其變。故以金變火為燧，又火變金為兵，其變如此，七九錯也。人有兵械，物有齒角螫毒，皆以勝物而立我焉。立我已甚，則可入可取，寇賊生之。

葉子奇曰：皆辛氣所為。

為狗。

范望曰：可守吠也。

為入。

范望曰：金性銳也。

為取。

范望曰：斂入內也。

葉子奇曰：收斂之象。

為罕（《大典》作獵）。

范望曰：田獵之世，必有兵也。

許翰曰：呼旱切，章作獵。

葉子奇曰：罕，取鳥網也。

為寇，為賊。

范望曰：寇賊為害，以金生也。

葉子奇曰：皆陰惡也。

為理。

范望曰：大理，官之斷割明也。

葉子奇曰：大理，掌刑獄之官。

為矩。

范望曰：鑄之於範，取方平也。

鄭氏曰：魏相言少昊乘兌執矩，司秋。張晏說金為義，義者成，成者方，

故為矩。

為金工。

范望曰：鍛治之法，須金成也。

為鉞。

范望曰：王者之飾，威不實也。

許翰曰：狗守其方，必或入之，為入納日也。為取，收藏也。為罕，獵時也。獵取之極，為寇為賊。則理官治之而立方焉，是以為理為矩。革而從範，故為金工。弗革而斷以義方，則有殺而已，故為鉞。兵械以鉞，正為金類專殺焉。《武成》：左仗黃鉞者，示無事於殺故也。

為白怪。

范望曰：災氣隨時。

為瘖。

范望曰：口之災也。

葉子奇曰：瘖，口之病。

為譖。

范望曰：譖施於人，口所由也。

許翰曰：諸家作譖，丁作僭。金反常則在物為白怪，在人為瘖，在國為僭。

鄭氏曰：注云：譖施於人，口所由也，讀為譖愬之譖，按：《洪範》作僭，聞之師曰：譖古僭字也，言之事從則乂，不從則譖。

葉子奇曰：兌為口舌，譖，口之害。

二七為火。

范望曰：王則為七（《大典》作二），廢則為二（《大典》作七）。

葉子奇曰：地二生火，天七成之。

為南方，為夏。

范望曰：夏，大也，萬物皆長大也。

日丙丁。

范望曰：日之行，夏南從赤道，丙丁在南方，故曰丙丁。丙取其炳明，丁取其丁壯也。

辰巳午。

范望曰：巳午在南方，故辰巳午也。巳取其巳盛，午取其鄂布也。

聲徵。

范望曰：謂南方之聲音也。三分宮去一以生徵，徵數五十四，以其徵清，事之象也。夏氣和則徵聲調，《禮記》曰：徵亂則哀，其事勤也。

鄭氏曰：以徵祥之徵為徵羽之徵者，徵於五音，事之象也。以明吉事有祥。

色赤。

范望曰：火之色赤。

味苦。

范望曰：《尚書》云：炎上作苦，此之謂也。

臭焦。

范望曰：火之味苦，苦氣泄臭焦烈也。

形上。

范望曰：火性炎上。

葉子奇同范注。

生土。

范望曰：火滅灰聚，則為土也。

勝金。

范望曰：火爍金也。

時養。

范望曰：養長萬物。

藏肺。

范望曰：肺之言敷也，象火敷揚，故火在肺。

章詧曰：陽氣上而形外，肺在四藏之上，夏則陽氣浮上在肺故也。

侟魂。

范望曰：萬物精氣充盈，故在魂。精氣為魂也。

性禮。

范望曰：禮之言體也。萬物體幹已具，故以禮明（《大典》作相）節也。

情樂。

范望曰：有禮故樂。

事視，用明，㩉哲。

范望曰：五事：三曰視，視曰明，明作哲。哲，智也（劉按：據此句，可知前面四九為金此句的句式，當脫一也字）。以佐明者也。

徵熱。

范望曰：南方太陽，太陽之應，熱之效也。

帝炎帝。

范望曰：謂少典小（《大典》作少）子，黃帝之弟，神農氏也。以大德代庖犧而王也。

神祝融。

范望曰：謂火正黎也，實能火官，故死則命之曰祝融，使其神佐炎帝而并祀之。祝猶章也，言其章明。

鄭氏曰：顓頊氏有子曰黎，為祝融，犂即黎也，呂形作黎。

星從其位。

范望曰：井、鬼、柳、星、張、翼、軫，南方之宿也。

章詧曰：南方之七宿也，朱鳥之象。

許翰曰：柳、星、張、翼、軫，位巳午。

葉子奇曰：井鬼之宿。

類為羽。

范望曰：羽蟲之類，朱鳥為之長也。

許翰曰：北方之音為羽，南方之類為羽。昊天之氣以火烝水，自北沖南，而羽象生焉。

為竈。

范望曰：火之居也。

許翰曰：其養為竈。

葉子奇曰：火用事。

為絲。

范望曰：夏所成也。

許翰曰：其揚為絲。

為綱。

范望曰：絲所作也。

許翰曰：其交為綱。

為索。

范望曰：罔之索也。

許翰曰：其糾為索。

葉子奇曰：兩目相承，皆離之象。

為珠。

范望曰：離為蚌，火有光明，珠（《大典》珠下有生蚌二字）又有光明也。

許翰曰：其凝清明為珠。

葉子奇曰：有光象火。

為文。

范望曰：火顯章也。

許翰曰：其變參錯為文。

為駮。

范望曰：如火行也。

許翰曰：駮者，物相雜也。皆象熏氣上蒸。

鄭氏曰：駮，《說文》：獸如馬，倨牙，食虎豹，注云：如火行者，言其行之速也。

為印。

范望曰：信所明也。

葉子奇曰：皆文明之物。

為綬。

范望曰：以文貴也。

為書。

范望曰：皆火類也。

許翰曰：為印綬書，為文象定焉。凡此為羽之變也。

葉子奇曰：亦文明之物。

為輕。

范望曰：象躁揚也。

葉子奇曰：火勢炎疾。

為高。

范望曰：物盛昌也。

為臺。

范望曰：取高角也。

為酒。

范望曰：味好苦也。

為吐。

范望曰：吐實穟也。

為射。

范望曰：矢熛隊也。

鄭氏曰：隊讀作墜。

葉子奇曰：皆施出之象。

為戈。

范望曰：取鄂布也。

為甲。

范望曰：葉自覆也。

為叢。

范望曰：夏則萬木枝阿那也。

鄭氏曰：阿那，並上聲，讀今作婀娜。

許翰曰：上炎之氣弗縕而發，則為輕、為高、為臺，其縕而發，則為酒、為吐、為射、為戈、為甲、為叢。凡草木皆以火拔水，觸土而生者也。

為司馬。

范望曰：典於夏也。

許翰曰：為射、為戈、為甲、為叢，此司馬之所乘以務烈也。

葉子奇曰：夏官。

為禮。

范望曰：性所明也。

許翰曰：下武成履亂者理焉，故為禮。

葉子奇曰：以文明也。

為繩。

范望曰：絲之事也。

許翰曰：禮以約物，使從正直，故為繩。

為火工。

范望曰：作陽燧也。

許翰曰：繩以人輔天而治之，故為火工。

鄭氏曰：陽燧取火於日，名曰陽燧若鑽燧，改火者乃木燧也，不得以陽為名也。又有擊石取火者，亦火工也，但言陽燧，則未盡也。

為刀。

范望曰：鍛鑄類也。

許翰曰：戈，支兵也，象物萌牙，而刀正火類，刀制義也。

為赤怪。

范望曰：災隨氣也。

許翰曰：赤怪，災也。

為盲。

范望曰：火主目也。

許翰曰：盲，喪其明。

葉子奇曰：目不明病。

為舒。

范望曰：不順睦也。

許翰曰：舒，豫咎也。

鄭氏曰：舒，《洪範》作豫，舒，慢也，豫，怠也，其實一也。按：《漢·五行志》亦作舒，故徐邈讀《洪範》豫音舒也。

一六為水。

范望曰：王則為一，廢則為六。

葉子奇曰：天一生水，地六成之。

為北方。為冬。

范望曰：冬，終也。物皆終藏也。

日壬癸。

范望曰：日之行，冬北從黑道，壬癸在北方，故曰壬癸也。壬取其懷任，癸取其揆然向萌芽也。

辰子亥。

范望曰：子亥在北方，故其辰子亥。子取其滋蕃，亥取其荄生也。

鄭氏曰：滋蕃當作孳萌，《漢志》云：孳萌於子，荄生之後可言孳萌，未可言滋蕃也。

聲羽。

范望曰：謂北方之聲音也。三分商去一以生羽，羽數四十八，以其最清物之象也。冬氣和則羽聲調，《禮記》曰：羽亂則危其財匱。

色黑。

范望曰：水之色黑也。

味鹹。

范望曰：《尚書》曰：閏下作鹹，此之謂也。

臭朽。

范望曰：水之味鹹，鹹之臭洩，氣腐朽也。

形下。

范望曰：水性潤下。

生木。

范望曰：太陽生少陽也。

勝火。

范望曰：水滅火也。

時藏。

范望曰：冬收藏也。

藏腎。

范望曰：腎色黑也。

侜精。

范望曰：精者氣之妙也。言微陽始生，氣精妙也。

性智。

范望曰：智者樂水。

情悲。

范望曰：物悴故悲。

事聽，用聰，撝謀。

范望曰：五事：四曰聽，聽曰聰，聰作謀，謀謨以佐聰也。

徵寒。

范望曰：太陰之應，故寒效也。

帝顓頊。

范望曰：謂黃帝之孫昌意之子高陽氏也。以水德王天下，代少昊也。

神玄冥。

范望曰：謂水正熙也，實能水官，死則命之為玄冥也。使其神佐顓頊而并祀也。玄取其幽微，冥取其冥昧。蓋藏之時也。

鄭氏曰：水正注說玄冥謂水正熙也，按《左傳》脩及熙者舉下見上也。

星從其位。

范望曰：斗、牛、女、虛、危、室、壁，北方之宿也。

章詧曰：北方七宿，玄武之象也。

許翰曰：女、虛、危、室、壁，位亥子。

類為介。

　　范望曰：介，甲也。甲蟲之類，玄武為之長也。

為鬼。

　　范望曰：陰所聚也。

　　章詧曰：鬼，歸也，其性動則邪曲，居北方，入冥而無形也。

　　葉子奇曰：陰靈也。

為祠。為廟。

　　范望曰：神之府也。

　　章詧曰：幽暗之方也。

　　許翰曰：陷乎險中，其象為介、為鬼、為祠、為廟，以潛靈也。

　　葉子奇曰：皆陰靈所寓。

為井。

　　范望曰：水之母也。

為穴。

　　范望曰：水所由也。

為竇。

　　范望曰：通海隅也。

　　許翰曰：為井、為穴、為竇，以深通也。

　　鄭氏曰：瀆与竇古通用，注云：通海隅也，謂江河淮濟，地之四瀆也。

　　葉子奇曰：皆坎陷象。

為鏡。

　　范望曰：水可鑒人也。

　　許翰曰：為鏡，以靜明也。

　　葉子奇曰：如水可鑒。

為玉。

　　范望曰：水相象也。

　　許翰曰：為玉，以潔清也。皆水之在原者也。

　　鄭氏曰：相象，象猶似也，為主，注云：水相象也，言水与玉其潔清相似也。

為履。

　　范望曰：水行曳地，故為履也。

　　葉子奇曰：水行曳地象。

為遠行。

　　范望曰：制所從也。

　　葉子奇曰：水不息意。

為勞。

　　范望曰：逝不止也。

　　葉子奇曰：坎為勞。

為血。

　　范望曰：浸肌理也。

為膏。

　　范望曰：潤萬物也。

　　許翰曰：其流為履、為遠行、為勞、為血，血凝其滋而膏生焉，則物著而貪起矣。

　　葉子奇曰：皆潤形之物，象水。

為貪。

　　范望曰：冬藏閉也。

　　許翰曰：翕取為貪。

　　葉子奇曰：收藏之過。

為含。

　　范望曰：水多懷也。

　　許翰曰：懷藏為含。

　　葉子奇曰：無物不可入也。

為蟄。

　　范望曰：物所歸也。

　　許翰曰：翕取生寒，懷藏至伏，是以為蟄。

　　葉子奇曰：冬藏也。

為火獵。

范望曰：田用火也。

鄭氏曰：火獵，注云：田用火也。按：《周官》：春田主用火，而一六為火獵者，火以焚草萊，驅禽獸，春猶用冬可知也。蓋田於易野而約取之，則用車用羅，田於險野而多取之，則用徒用火。《周官》於夏言用車以見秋，於秋言用羅以見夏，於冬言用徒以見春，於春言用火以見冬，皆互相備也。然用羅者止用羅也，用火者兼用火也，此約取与多取之異也，是以火獵者乃為貪之類也。

章詧曰：謂蕩除草木，冬之象。

為閉。

范望曰：塞戶牖也。

為盜。

范望曰：夜相干也。

章詧曰：其行不正，邪曲而進，故為盜。

許翰曰：於物為蟄、為火獵，於人為閉、為盜，在險象也。含有畏而圖存，貪無度而力取也。貪以寒極，反為火獵。金為寇賊，善殘殺也。水為盜者，沒非其有而已矣。

為司空。

范望曰：典冬官也。

許翰曰：司空居民取諸閉蟄。

葉子奇曰：冬官。

為法，為準。

范望曰：水性平也。

許翰曰：法以險持平焉，所以禁犯獵而謹攘盜也。

鄭氏曰：為準，魏相言炎帝乘離執衡司夏，顓頊乘坎執權司冬，而二、七為繩，一、六為準，其異何也。聞之師曰：權衡相須為用，豈可分治二方？火性不誣，故為繩直，水性不偏，故為準乎。魏相之言非也。

為水工。

范望曰：賦地澤也。

許翰曰：水工治水，使不失其平者也。

為盾。

范望曰：杆非惡也。

許翰曰：為盾，自坊而已矣。周宣南征之《詩》曰：師干之試，方叔率止。

為黑怪。

范望曰：應氣至也。

為襲。

范望曰：耳之戾也。

為急。

范望曰：以潤萬物，不可失也。

許翰曰：自信弗稽其咎。為急，則莫能聽德，是聾類也。

鄭氏曰：注云：以潤萬物不可失也，按：此言當急用之也。与二、七為舒不類矣。聞之師曰：一、六言急則舒者緩也，二、七言舒則急者慘也，熱則舒緩，寒則慘急，皆其情之疾也。

五五為土。

范望曰：王則為五，廢為十也。重言五者，十可知也。不言十者，以見九贊也。陽舉則陰從，重五以見十，隱十以見《玄》之大義也。

葉子奇曰：天五生土，地十成之，亦重五耳。

為中央。

范望曰：土行所在，經緯用也。

為四維。

范望曰：寄治四季，辰未戌丑者也。

日戊巳。

范望曰：日之行四時之間，從黃道戊巳。戊，茂也。巳言起也。至此時，萬物茂盛抑屈皆起也。

辰辰戌丑未。

范望曰：土無其時，寄治四季，此辰是也。辰取其延長，未取其冥昧者也。戌取其悉成，丑之言畜也，畜養萌芽也。

鄭氏曰：注云：辰取其延長，按：《漢志》：振羨於辰，言振起羨餘也。延

長之義，蓋本如此。注云：未取其冥昧，按：《漢志》云：昧薆於未，言芒昧隱薆也，猶豐其蔀，豐其沛者也，此昊蒼之義也，不可說為冥昧也。

俞樾曰：辰辰未戌丑。樾謹按：許翰曰：多作辰戌丑未，今從丁、宋本，然范注曰：辰取其延長，未取其冥昧，戌取其悉戌，丑之言畜也，是亦以辰未戌丑為次，今作辰戌丑未，寫者誤耳，非范本之舊。

聲宮。

范望曰：謂中央之聲音也。宮數八十一，其最濁，君之象也。季夏之氣和則宮聲調，《禮記》曰：宮亂則荒，其君驕也。

色黃。

范望曰：中央色也。

味甘。

范望曰：《尚書》曰：稼穡作甘，此之謂也。

臭芳。

范望曰：土之味甘，甘之氣洩，甚芳香也。

鄭氏曰：臭芳，月令作香。

形殖。

范望曰：可以種萬物也。

葉子奇曰：土爰稼穡。

生金。

范望曰：采金於土。

勝水。

范望曰：土斷於水也。

時該。

范望曰：該，兼也。土治中央，兼四方四時也。

葉子奇曰：無物不兼載也。

藏心。

范望曰：心在中央，故藏於土也。

侰神。

范望曰：神，精魂之妙者也。土兼五方，而王精妙如神，故在神也。

性信。

范望曰：應時吐生萬物於天下，故言信也。

情恐懼。

范望曰：恐懼之戒出於心也。

許翰曰：仁柔而好生，故其情喜。義剛而時殺，故其情怒。禮與物嘉會相見，故其情樂。智獨不與物合而善救不已，故其情悲。《書》曰：人心惟危，道心惟微，惟精惟一，允執其中。中不失則所以定危也。中動則為恐懼之情，如震二五，是己心震于物而無守則者，非情之正也。

事思，用睿，揱聖。

范望曰：五事：五曰思，思曰睿，睿作聖，聖以佐睿也。

徵風。

范望曰：生氣莫過土，故土之應，風為效者也。

帝黃帝。

范望曰：謂少典之子軒轅氏，以土德代炎帝而王天下。

神后土。

范望曰：后，君也。謂土正勾龍，實能土職，故死則命之曰后土，使其神佐黃帝而并祀之也。后土取其君土而稱美也。

鄭氏曰：句龍，《左傳》：共工氏有之曰句龍，為后土。

星從其位。

范望曰：北極紫宮大角、軒轅之屬，中央之宿也。

章詧曰：居中央不係四七之宿，此北極司之也，北極為天中四方之宿，皆以至南為中，而極其北，故曰北極也。北極五帝在紫微宮中，冬有所主也。

許翰曰：角、亢，位辰。奎、婁，位戌。斗、牛，位丑。井、鬼，位未。

類為其裸。

范望曰：裸屬無鱗甲毛羽，人為之長也。

許翰曰：裸無介鱗羽毛，體中而已。

為封。

范望曰：別界疆也。

許翰曰：宋作為封為壠。夫神無方，而道未始有封，封已而此疆爾界生焉。

為餅。

范望曰：陶土用也。

許翰曰：封已則如餅而已矣。餅，凝土以為器。

為宮。

范望曰：土所作也。

許翰曰：宮，鑿土以為室。

為宅。

范望曰：宮之舍也。

許翰曰：宅，居之也。

葉子奇曰：皆土所作。

為中霤。

范望曰：穴土居也。

鄭氏曰：中霤，穴土居也。按：《月令》：夏季土王，其祀中霤，先儒說中霤猶中室也，古者復穴，故名室為霤，蓋《詩》言陶復陶穴者，復謂重累，穴謂掘地，皆狀如陶竈，開其上以取明而達氣，乃所謂霤也。名室為霤，示不忘本。注言穴土居者此也。

葉子奇曰：在屋中央。

為內事。

范望曰：母所治也。

許翰曰：宮宅中霤之意有內事焉。土積陰也，而功作成物。

為織。

范望曰：緯於經也。

為衣。

范望曰：織所成也。

為裘。

范望曰：取其溫也。

許翰曰：織法經緯，為衣為裘，皆內事也。

為繭。

范望曰：自裏貌也。

許翰曰：祼思所以自燠，是以為繭自封，此人衣裘之心也。

為絮。

范望曰：繭所為也。

許翰曰：藏諸衣裘而不足，於是因繭又索絮焉。

葉子奇曰：皆內事也。取其溫養之義。

為牀。

范望曰：人所歸也。

為薦。

范望曰：牀（《大典》作體）相依也。

許翰曰：自為中霤以虛變通，利用生之，至於為牀為薦，以寧厥正，安厚之極也。

葉子奇曰：取承載之義。

為馴。

范望曰：母柔順也。

許翰曰：馴，婦道也。

為懷。

范望曰：萬物溫也。

許翰曰：懷，母道也。

葉子奇曰：地性柔順。

為腹器。

范望曰：象土之形，包容萬物也。

許翰曰：以懷故為腹器。

鄭氏曰：腹器，《月令》：季夏其器圜以閎，注云：中寬象土含物，是腹器也。

葉子奇曰：取其包容眾物之象。

為脂。

范望曰：膏也，土樹草木，滋潤出也。

許翰曰：中和之凝，為脂、為漆、為膠。

鄭氏曰：脂，膏也。按：一、六為膏，取其澤也。五、五為脂，取其膩也。
於脂言膏，理未盡也。

為漆。

范望曰：取土黑也。

鄭氏曰：土黑，坤，其於地也為黑。

為膠。

范望曰：易柔釋也。

為囊，為包。

范望曰：坤為括囊，多所含也。

許翰曰：其保合之，為囊、為包。此母道之所以成物也。

為輿。

范望曰：重且成（《大典》作安）也。

許翰曰：輿以方載。

葉子奇曰：取其承載。

為轂。

范望曰：象土居中央也。

許翰曰：轂以中運。

葉子奇曰：居中也。

為稼。

范望曰：生土中也。

為嗇。

范望曰：主收藏也。

為食，為宍。

范望曰：石則為骨，土象宍也。（宍，肉字）

鄭氏曰：宲与肉同。

葉子奇曰：宲音胝，土象坻。

為棺。

范望曰：周人瓦棺陶，土之屬也。

許翰曰：棺，人之所以及於土也。

為櫝。

范望曰：牛子為櫝，畜土方也。

許翰曰：櫝，宋作櫟。為稼、為嗇、為食、為宲、為棺、為櫝，象地載之運也。《書》曰：土爰稼穡，食以自實而腴其生，是以有死也。夫百昌皆生於土，反於土而後生之。生於本者，是櫝類也。

為衢，為會。

范望曰：土為衢路，道四通也。

許翰曰：死生往復，如衢。衢，會通也。

為都。

范望曰：土最大也。

許翰曰：四達而中為之都。

葉子奇曰：皆土屬。

為度，為量，

范望曰：土圭測景，以定歲也。

許翰曰：度量之法謹焉。

葉子奇曰：取容受之義與土同。

為土工，為弓矢。

范望曰：土之載物，生箭銅也。

章詧曰：土工者，專於土事。云中以自處，志於四方也。

許翰曰：土工資之治國，至於弓矢極矣。故曰五兵之運，德之末也。物之萌生，離潛發伏，如弓之矢、弓之殼，率游於中央者也。

為黃怪。

范望曰：災異依也。

為愚。

　　范望曰：不聽外事，守愚昧也。

　　許翰曰：妖不自興，由人反德為愚也者，心之疾也。

為牟。

　　范望曰：而自愚昧，故牟也。不次以四時者，以五事為序也。春為帝所出，其衝在秋，舉夏則冬從，末言土者，揔而成之也。

　　章詧曰：牟者牛鳴之聲，亦土之應也。

　　許翰曰：宋云：牟當作瞀。牟與蒙通，霿濁之咎也。《玄數》之推五行，昭事類焉。故以《洪範》五行為序。深知五行之為，而可與論道，可與制禮，非特尚其占而已也。

　　鄭氏曰：牟，《洪範》作蒙，按：蒙與牟聲相近，《說文》：牟，牛鳴也。蒙有牴冒之義，則謂蒙為牟可也。

　　葉子奇曰：牟，暗昧也。

五行用事者王，王所生相，故王廢，勝王囚，王所勝死。

　　范望曰：謂春則木王，謂三也。木王而火相也。木王則水廢，謂水冬已王，至木用事，即水廢為江河水也。金勝於木，木王故囚金也。木勝土，木王故土死。他皆倣此也。

　　鄭氏曰：主之者帝王之事也，佐之者輔相之事也。

　　葉子奇曰：王音旺，假如春則木王，夏火受生故相，冬水已生，春木故廢，秋金克木，故囚，土受木克故死。餘四行倣此推之。此推言五行相生克之理。

其在聲也，宮為君，徵為事，商為相，角為民，羽為物。

　　范望曰：各以其數清濁別之，義已見上也。

　　許翰曰：事變通，相宰制。民生而和，物藏而化。君中心無為也，以守至正。故凡聲重不踰宮，輕不過羽。九九八十一以為宮，三分去一，五十四以為徵。三分益一，七十二以為商。三分去一，四十八以為羽。三分益一，六十四以為角。此黃鐘之均五聲法也。

　　鄭氏曰：徵，師說徵為事當在角為民下，按：注云各以其數清濁別之，宮數八十一，商數七十二，角數六十四，徵數五十四，羽數四十八，宮，清濁之序也，今徵居商角之上，是失次也。

葉子奇曰：宮之絲八十一，徵之絲五十四，商之絲七十二，角之絲六十四，羽之絲四十八，絲多者聲濁，絲少者聲清，宮最濁第一，故配君，徵次清第四，故配事，商次宮第二，故配相，角次商，故配民，羽最清，故配物。此蓋以多寡清濁以為尊卑之配也。按以尊卑漸次而語其分之序，則曰宮、商、角、徵、羽，以旋宮隔四而語其生之序，則曰宮、徵、商、羽、角。今此既以徵次宮，宜當以羽先角，庶合旋宮之次。

陳本禮曰：凡聲重不踰宮，輕不過羽。

其以為律呂，黃鍾生林鍾，林鍾生太蔟，太蔟生南呂，南呂生姑洗，姑洗生應鍾，應鍾生蕤賓，蕤賓生大呂，大呂生夷則，夷則生夾鍾，夾鍾生無射，無射生仲呂。

范望曰：律以統氣，呂以扶陽，律呂之始自黃帝，使伶倫至大夏之西，取竹竅厚均者，為十二管，聽鳳鳴而吹之，其六象雄，其六象雌，故六律為陽，六呂為陰。其後或以銅代竹，其空圍皆九分也。鍾，種也。色莫甚（《大典》作盛）於黃，聲莫大於宮，故以為律始也。陽氣施種於黃泉，萬物得以萌芽也。黃鍾之管九寸，下生林鍾，三分去一，故林鍾六寸也。林，君也。言陰氣受任助蕤賓，君主種物使茂盛也。林鍾，六月之呂也。太蔟，正月律也。蔟，奏也。言陽氣太奏地而（原無而字，《大典》無而字）達物也。林鍾之所上（原無上字，《大典》無上字）生，三分益一，故大蔟八寸也。南呂，八月之呂也。南，任也。呂，旅也。言陰氣旅進助夷則，任成物也。太蔟之所下生，三分去一，故南呂五寸三分寸之一也。姑洗，三月之律也。姑，故也。洗，絜也。言陽氣絜精新物，去故物也。南呂之所上生，三分益一，故姑洗七寸九分寸之一者也。應鍾，十月之呂也。言陰氣應無射，該藏萬物也。姑洗之所下生也，三分去一，故應鍾四寸二十七分寸之二十也。蕤賓，五月之律也。蕤，繼也。賓，導也。言陽氣始道陰氣，使繼養萬物也。應鍾之所上生，三分益一，故蕤賓六寸八十一分寸之二十六也。大呂，十二月之呂也。呂，旅也。言陰大呂助黃鍾，宣氣而牙物也。蕤賓又上生也，三分益一，故大呂八寸二百四十三分寸之百四也。所以又上生者，陽生於子，陰生於午，從子至已，陽生陰退，故律生呂言下生，呂生律言上生。從午至亥，陰升陽退，故律生呂言上生，呂生律言下生。至午而變，故蕤賓重上生也。夷則，七月之律也。夷，傷也。則，法也。言陽正法於上，陰行傷物於下也。大呂之所下生也，三分去一，故夷則五寸七百二十九分寸之四百五十一也。夾鍾，二月之呂也。言陰夾助太蔟，宣四方之氣而出（《大

典》作生）種物也。夷則之所上生也，三分益一，故夾鍾七寸二千一百八十七分寸之千七十（原作百，《大典》作百）五也。無射，九月之律也。射，厭也。言陽究物，陰剝落之，終而復始，無厭已也。夾鍾之所下生也，三分去一，故無射四寸六千五百六十一分寸之六千五（或作三，《大典》作五）百二十四也。仲呂，四月之呂也。言微陰在地中，旅助姑洗，宣氣齊物也。無射之所上生也，三分益一，故仲呂六寸萬九千六百八十三分寸之萬二千九百七十四（原無四字，《大典》無四）也。律呂以候十二月之氣，月氣至則其律應，應謂吹灰也。

許翰曰：十二律各以其數為宮，而損益以生徵、商、角、羽，而為六十聲。黃鍾之管九寸，三分去一，下生林鍾。林鍾之管六寸，三分益一，上生太簇。太簇之管八寸，三分去一，下生南呂五寸三分寸之一。南呂上生姑洗，七寸九分寸之一。姑洗下生應鍾，四寸二十七分寸之二十。應鍾上生蕤賓，六寸八十一分寸之二十六。蕤賓又上生大呂，八寸二百四十三分寸之百四。大呂下生夷則，五寸七百二十九分寸之四百五十一。夷則上生夾鍾，七寸二千一百八十七分寸之千七十五。夾鍾下生無射，四寸六千五百六十一分寸之六千五百二十四。無射上生仲呂，六寸萬九千六百八十三分寸之萬二千九百七十四。蓋皆損益之數不過三，生取之數不過八。是以統和三極而迷行八風也。自至巳皆下生，自午至亥皆上生也。凡樂，黃鍾為宮，則林鍾為徵，太簇為商，南呂為羽，姑洗為角。林鍾為宮，則太簇為徵，南呂為商，姑洗為羽，應鍾為角。太簇為宮，則南呂為徵，姑洗為，應鍾為羽，蕤賓為角。凡五聲六律十二管之旋相為宮也，以三變通，此《記》所謂播五行於四時，和而後月生者也。五行更王用事，一正勝焉，而參以生和，此《易》所謂利貞之性情者哉。

鄭氏曰：賔道，道當作導，按范注全用《漢志》，讀為儐相之儐，故訓導也。

葉子奇曰：六律為陽，六呂為陰，世說黃帝使伶倫至大夏之西，取嶰谷之竹竅厚均者，為十二管，聽鳳鳴而吹之，其六象雄為律，其六象雌為呂。世謂律配呂，為同類娶妻，如黃鍾以大呂為配也。隔八生子，如黃鍾生林鍾之類。黃鍾，十一月之律也，管長九寸，三分損一，下生林鍾六寸。簇，去聲。林鍾，六月之呂也，三分益一，上生太簇八寸。太簇，正月之律也，三分損一，下生南呂五寸三分寸之一。洗，上聲。南呂，八月之呂也，三分益一，上生姑洗七寸九分寸之一。姑洗，三月之律也，三分損一，下生應鍾四寸二十七分寸之二十。應鍾，十月之呂也，三分益一，上生蕤賓六寸八十一分寸之二十六。蕤賓，

五月之律也，三分益一，上生大呂八寸二百四十三。陽生於子，陰生於午，從子至巳，陽生陰退，故律生呂皆下生，呂生律皆上生。從午到亥，陰升陽退，故律生呂言上生，呂生律言下生。蓋陰在陽中，陰順行，陽在陰中，陽逆行，所以蕤賓陰生，反變而上生，異乎黃鍾陽中之下生也。范望說。大呂，二月之律也，三分損一，下生夷則五寸七百二十九分寸之四百五十一。夷則，七月之律也，三分益一，下生夾鍾七寸二千一百八十七分寸之千七百十五。夾鍾，二月之呂也，三分損一，下生無射四寸六千五百六十一分寸之六千五百二十四。無射，九月之律也，三分益一，上生仲呂六寸萬九千六百八十三分寸之萬二千九百七十四。至仲呂四月之呂，當復生黃鍾，若三分益一，不能復與黃鍾分寸合者，蓋律呂取天地之中聲為用，所以至黃鍾而復自生，異乎天地之細大無不兼而循環可生也。范望謂蕤賓以下損益上生下生，與黃鍾以後不同，與諸說不同，姑存之以備參考。

陳本禮曰：凡案黃鍾為宮，則林鍾為徵，太簇為商，南呂為羽，姑洗為角。林鍾為宮，則太簇為徵，南呂為商，姑洗為羽，應鍾為角。太簇為宮，則南呂為徵，姑洗為商，應鍾為羽，蕤賓為角。凡五聲、六律、十二篇之族，還相為宮也。

子午之數九，丑未八，寅申七，卯酉六，辰戌五，巳亥四。

范望曰：子為十一月，午為五月，所以數俱九者，黃鍾起子也。子午之數俱九，乾始於初九，午為子衝（原無衝字，《大典》有），故俱九也。丑為十二月，未為六月，亦其衝也，故俱八也。寅，正月也。申為七月。卯為二月，酉為八月，辰為三月，戌為九月，巳為四月，亥為十月，皆以對而數之也。

許翰曰：子午，天地之所以經皇極也，九數緼焉，而其殺至于巳亥。

胡一桂曰：自太極函三為一，故參一為三。子一陽生，故成於寅而備於申，故自子至申，其數九，自丑至申，其數八，自寅至申，其數七，自卯至申，其數六，自辰至申，其數五，自己至申，其數四，故女起壬申。午一陰生，成於申而備於寅，故自午至寅，其數九，自未至寅其數八，自申至寅其數七，自酉至寅其數六，自戌至寅其數五，自亥至寅其數四，故男起丙寅。

葉子奇曰：子一陽生，午一陰生，氣生一分，則數虛一分，故子午之數虛一而止九。丑二陽生，未二陰生，而丑未之數虛二而止八，馴而至于六陽六陰之月。而巳亥之數虛六而止四，皆自十而逆除也。九，陽盛，為數之統，此《玄》之所以為用也。子午虛一而無位，此玄之所以為體也。

故律四十二，呂三十六。并律呂之數，或還或否，凡七十有八，黃鍾之數立焉。其以為度也，皆生黃鍾。

范望曰：諸陽皆屬律，九七五而倍之，故四十二也。諸陰皆屬呂，八六四而倍之，故三十六。并律呂而數之，得七十八也。八則丑未，所謂還得呂而不得律，故或還或否也。七十八，律呂之數者也。黃鍾之數立焉，通其大數立於此也。黃鍾之管長九寸，圍九分，秬黍中者九十枚，則其長數也。實管以生籥，合（《大典》作十）籥為合，以千二百黍實而重十二銖為半兩，如此度量衡皆出於黃鍾也。

許翰曰：律綜子、午、寅、申、戌之數，為四十二。呂綜丑、未、卯、酉、巳、亥之數，為三十六。並之凡七十有八。而律呂之數，黃鍾獨還得九，諸律否焉。是以黃鍾為律呂之宗。黃鍾之數八十有一，而立於七十有八，則虛其三以為眾妙之玄，所以用九者也參三焉。十有二辰之數，至四而止，則以立方而已矣。其以為度也，皆由黃鍾者，由九十黍之廣而生度，由九寸之管而生量，由其實一千二百黍之重為十二銖，而生權衡也。

葉子奇曰：上文陽數九七五，積二十一，因而加倍，得四十二。陰數八六四，積十八，因而加倍，得三十六。合二者之數，或如黃鍾以下可以旋生諸律，或如仲呂之上不可以復生黃鍾，總其大數凡七十八，而黃鍾之數立焉。黃鍾之長九寸，空圍九分，以秬黍中者九十枚，則其長九寸，此度之所由生也。實秬黍千二百枚而為籥，合籥為合，此量之所由生也。其所實秬黍，計重十二銖，合二十四銖而為兩，此衡之所由生也。度量衡皆生於黃鍾，所以為萬事根本。此獨言度者，舉一以見其餘也。

甲巳之數九，乙庚八，丙辛七，丁壬六，戊癸五。

范望曰：子之數九，甲為子幹，巳為甲妃，故俱稱九也。丑之數八，乙丑之幹，乙妃於庚，故俱八也。寅之數七，丙為寅幹，辛為丙妃，故俱七也。卯之數六，丁為卯幹，丁為壬妃（劉按：此句似當作壬為丁妃，可查《漢志》），故俱六也。辰之數五，戊為辰幹，癸為戊妃，故俱五也。

許翰曰：天數五，地數五，五位相得而各有合，是以十日如之，天地中孚，象見甲子。甲，一元也。一為三，三為九，而數究焉。故甲數九，己數亦九，從其合也。甲數九，降而為乙、為丙、為丁、為戊。己數九，降而為庚、為辛、為壬、為癸。

胡一桂曰：自甲至壬其數九，自乙至壬其數八，自丙至壬其數七，自丁至壬其數六，自戊至壬其數五，乾，天道，順行，以壬為始。自己至丁其數九，自庚至丁其數八，自辛至丁其數七，自壬至丁其數六，自癸至丁其數五。坤，地道，逆行，以丁為始。愚案：世俗範數算法蓋本於此，而不知其所以然，觀此可以見矣。

聲生於日，律生於辰，聲以情質，律以和聲，聲律相協，而八音生。

范望曰：言甲乙為角，丙丁為徵，庚辛為商，壬癸為羽，戊巳為宮也。辰謂十二時也，律所出也。質，正也。以中（原作重，《大典》作重）律之聲，正天地四時之情也。吹中律之管，以調和清濁之聲也。協，和也。鍾律和則成音，音之作者八，謂金、石、絲、竹、匏、土、革、木也。

許翰曰：數極於五，是故日以沖運也。甲乙為角，丙丁為徵，庚辛為商，壬癸為羽，戊己為宮，故聲生於日，天之氣也。律生於辰，地之法也。聲直之以情質，律述之以和聲。而金、石、絲、竹、匏、土、革、木之音生。聲可和而成文如此，凡以日各有合故也。

葉子奇曰：以律呂自相配，故律陽而呂陰，以聲律而各相配，則聲陽而律陰。聲有五而律有六，故以十干配聲，十二辰配律也。聲，宮、商、角、徵、羽。八音，金、石、絲、竹、匏、土、革、木也。

陳本禮曰：質謂正也。凡音之起，由人心生也。感於物而後動，故謂之情。律和聲，吹中律之管以調和清濁之聲。聲律相協，協，和也。鍾律和則成音。五聲，宮、商、角、徵、羽。八音，金、石、絲、衝、匏、土、革、木也。

九天：一為中天，二為羨天，三為從天，四為更天，五為睟天，六為廓天，七為減天，八為沈天，九為成天。

范望曰：皆《玄》首，為天名也。一歲周竟有九言（或以為當作天，《大典》作變），故《玄》九分之。九首則天一用事，九九八十一，故八十一首周九天也。

許翰曰：九天以行言，據始、中、終。

葉子奇曰：此楊子自撰九天之名，詳說見後。

陳本禮曰：自九天以下九條者，皆子雲創為之說，古無是名也。

九地：一為沙泥，二為澤地，三為沚崖，四為下田，五為中田，六為上田，七為下山，八為中山，九為上山。

范望曰：天有九天，故地有九地也。崖，岸也。沚者水渚也。高下有差，而別其名。

許翰曰：九地以勢名，據下中上。

葉子奇曰：俱自下等而上也。

九人：一為下人，二為平人，三為進人，四為下祿，五為中祿，六為上祿，七為失志，八為疾瘵，九為極。

范望曰：人之大倫有九等也。下人，潛隱勿用，下愚同位之人也。平人，平行於世，無官號也。進人，進德修業，欲及時也。下祿，謂士大夫至公侯也。中祿，謂天子也。五為土，土為宮，宮為君，居中食祿，莫過於天子也。上祿，六為陰位而尊者，莫過宗廟，故上祿為宗廟，天子所不敢先也。失志，謂狂蕩之王，陵高宗廟。瘵，疾也。疾瘵，毀廟之處也。極，位高戒危，極為九也。

許翰曰：九人以動觀，據思福禍。

鄭氏曰：疾與疢同，或作瘵者，非毀廟。禮：天子七廟，諸侯五廟，親盡則毀，然說八為疾瘵，而注云毀廟之處，果何謂耶？或謂廟當作耗，以毀耗而疾瘵，於義頗通，理或然也。

葉子奇曰：亦自下等而上，至於盛則衰繼之矣

九體：一為手足，二為臂脛，三為股肱，四為要，五為腹，六為肩，七為嘏呫，八為面，九為顙。

范望曰：手後為臂，脛後為髀也。膝上為股，肘後為肱。在中而高，故為要也。嘏呫，謂唐湖也。顙，須（《大典》作額）也，最在上也。

許翰曰：嘏，音呀。呫，《釋文》音枯，宋音胡。

鄭氏曰：嘏呫，《集韻》上音鰕，下音胡，喉咽也。宋惟幹讀。按：胡牛頸下垂也。《集韻》亦作頡咽，然則呫音胡，亦此字也。唐湖，舊說湖當作頡，按湖乃嘟之誤也，唐者空大之名，牛頸下垂如此。

葉子奇曰：要腰同。嘏呫音瘕怙，謂唐湖也，唐湖即頦頷之垂處。

孫澍曰：嘏呫，咽喉也。

九屬：一為玄孫，二為曾孫，三為仍孫，四為子，五為身，六為父，七為祖父，八為曾祖父，九為高祖父。

范望曰：亦禮九族之序也

許翰曰：觀九體、九屬之象，則知日辰之數。數自九差等而降者，蓋自然也。

鄭氏曰：仍孫，聞之師曰：九屬，祖為上，身為中，孫為下，孫有三，玄孫為下下，曾孫為下中，孫為下上，此云仍孫，仍字衍也。祖父，聞之師曰：六為父，七為祖，八為曾祖，九為高祖，三父字皆衍文。按：孫、曾孫、玄孫皆不言子，則此言父衍文可知也。

葉子奇曰：自卑及尊。

九竅：一六為前，為耳，二七為目，三八為鼻，四九為口，五五為後（《大典》作腹）。

范望曰：一、六水也，前所通也。坎為耳。二、七為火，離為目也。鼻為氣，巽為風，在東方也。四、九為口，兌為口也。五、五為後，土相依也。

許翰曰：以九屬為九體、九竅者，體竅所以立人屬也。

葉子奇曰：前謂水道，後謂穀道。耳目及鼻竅皆兩，口則一也，通為九。

陳本禮曰：前後謂前陰、後陰也。

九序：一為孟孟，二為孟仲，三為孟季，四為仲孟，五為仲仲，六為仲季，七為季孟，八為季仲，九為季季。

范望曰：九屬一為玄孫，一最在下，今以一為孟者，冬至起於一，故一為孟。所施各有宜，或為大或為小也。

葉子奇曰：以三位重而九之。

九事：一為規模，二為方沮，三為自如，四為外他，五為中和，六為盛多，七為消，八為耗，九為盡弊。

范望曰：一為規模，事之始也。二為方沮，沮，將也，將有事而自止也。三為自如，未施行也。四為外他，圖造事也。五為中和，天位尊也。六為盛多，無敢加也。七為消，意放散也。八為耗，疾為耗也。九為盡弊，弊，仆也。毀耗而極，故盡仆也。

鄭氏曰：方沮，千餘切，止也，事之方將，意乃沮止，是謂中輟。盡弊，消而後耗，耗而後盡，盡在弊矣。

葉子奇曰：規模，始終營也。方沮，疑而未定也。自如，已決也。外他，已行也。中和，得宜也。盛多，已極也。消耗盡弊，言其極而衰也。

俞樾曰：二為方沮，樾謹按：沮與且通，《婁壽碑》：榮且溺之耦耕，且即沮也。方沮當為方且，《廣雅·釋詁》：方，始也，《莊子·庚桑楚》篇：與物

且者，《釋文》：且，始也，是方且並有始義，一為規模，二為方且，言規模既定，始為之也。范注謂將有事而自止，非是。

九年：一為一十，二為二十，三為三十，四為四十，五為五十，六為六十，七為七十，八為八十，九為九十。

范望曰：大數終九。

許翰曰：以九事要九序者九年者，序年所以作人事也。序推三，年周十。

葉子奇曰：大數終九。凡此數條，皆廣推九位與萬類相符合也。

推玄算：家一置一，二置二，三置三。部一勿增，二增三，三增六，州一勿增，二增九，三增十八。方一勿增，二增二十七，三增五十四。

范望曰：算謂筮所得首，不知次第奇偶，以算推求者也。家一置一，謂置一算也。二置二，三置三，隨家所得之位而置算也。部一勿增，謂部位得一，不應下算也。二增三，部二則下三算。三增六，部三則下六算。下算轉相放也。

章詧曰：家一置一，二置二，三置三，此謂揲蓍求家數，如凡揲再扐之後，而三三之得也，得三七二十一策，則置一也，三八二十四策，則置二也，三九二十七策，則置三也。蓋經謂得七為一，八為二，九為三也。部一勿增等句，此求部之數，得二十七勿以為數也，故勿增。二增三者，得二十四策而增三算也，三增六算者，得二十七策而增六算也。州一勿增等句，此求州之數也，謂得二十一策，勿為數也。得二十（此脫四）策則增九算也，得二十七策則增十八算。方一勿增等句，此求方之數也。得二十一策勿下算也，得二十四策則增二十七算也，得二十七策則增五十四也。是以積數四位，總之則知首之第一至八十一也。

許翰曰：《法言》曰：易，數也，可數焉者也。書不備過半，而習者不知者，無數以為之品式也。《玄》算使筮者知首贊日星之次，所以經天彝倫，而使勿亂也。如得一方一州一部三家礵，則家置三，方州部皆勿增，有三而已，是為《玄》首之次三也。凡增者，皆其所因家數也。

葉子奇曰：筭謂筮所得家，不知陰陽，而以筭求之也。遇一家則置一筭，隨所得之位多寡而置之數，得奇為陽家，數得偶為陰家也。部凡三九二十七部，統屬八十一家，一部實該屬三家。部一乃其本部，即得其屬之三家，故勿增。及至第二部必增三者，以前第一部所屬之三家已在前，第四始屬第二部之家，故必增三而始得本部之家數。及至第三部必增六者，以前兩部所屬六家已在前，第七始屬第三部之家，故必增六始得本部之家數，後二十四部皆倣此推之。

州凡三三九州,亦統屬八十一家,每一州實該屬九家,州一乃其本州,即得其屬之九家,故勿增。及至第二州必增九者,以前第一州所屬之九家已在前,第十始屬第二州之家,故必增九而始得本州之家數。及至第三州必增十八者,以前兩州所屬十八家已在前,第十九家始屬第三州之家,故必增十八而始得本州之家數。後六州皆倣此推之。方凡三方,亦統屬八十一家,每一方實統二十七家,故第二方增二十七,第三方增五十四,餘倣上二節推之。

求表之贊:置玄姓去太始策數,減一(原無一字,范注中說減一以九乘,知當有)而九之,增贊,去玄數半之,則得贊去冬至日數矣。偶為所得日(當有之字,《大典》有)夜,奇為所(《大典》有得字)明日之晝也。

范望曰:求《玄》表贊次第之數。姓謂家性之姓名也。太始謂中首也。假言令得應首姓,去中首四十一也。如應首四十一,則減一以九乘四十,得三百六十。欲求應一贊,則增一,二則增二,所求而增之也。欲求表數者,以三乘之也。增贊,謂所乘得三百六十,增一三所求者也。去《玄》數半之,謂乘應首三百六十半,除之得百八十,又增一日,得百八十一,是去冬至日數之盡也。君(或以為當作若,《大典》作若)不增一,則百八十為偶,故是法首日之夜也。加一則奇,乃是明日應首之晝,大率放此也。

章詧曰:謂將求表以推贊數也。九置首之姓名也,姓謂八十一首之名,去太始之策數者,謂相去八十一首之第一首中首之數,數之多少也。減一而九之者,假若求應首,係第四十一也,減一則餘四十也。九之者,四九三百六十策也。贊者謂增一贊則應之初一也,增二則應之二贊也。去玄數,謂欲求相去冬至之日數也。蓋一日以行二贊,假期應之首,計三百六十九贊,去半數之,則餘一百八十四日半,此相去冬至之日數也。偶為所得日之夜,謂得一百八十日為偶數,乃是今日之夜贊,得一百八十一日,乃是奇數,則為明日之晝贊,三百五十四日晝夜贊,大率倣此也。

許翰曰:許、黃作明,宋、郭作得。置《玄》姓去太始策數而減一者,去其所置玄姓之首。九之者,首各九贊也。去《玄》姓之首,則將計其贊而增之,贊一增一,二增二,三增三也。求日去《玄》數半之者,合二贊為一日,故贊偶為夜,贊奇為晝也。如筮得應,自中至應,凡四十一,則置四十一。減一而九之,為三百六十,而增所得贊焉。去三百六十半之,而得百八十,此去冬至日數也。增一則為三百六十一贊,奇也,為百八十一日之晝,增二則為三百六十二贊,偶也,為百八十一日之夜也。

鄭氏曰：去《玄》數半之，去猶減也，去《玄》數，謂減去所得首之贊數也。

葉子奇曰：表凡二百四十三表，贊凡七百二十九贊，表以分贊，贊以該表，若求表之贊，則置所遇《玄》姓去太始策數，太始謂中首也。假如今遇應首，姓去中首凡四十一，策數則減所遇應首初一次二之數，以九乘四十，得三百六十，然後增應首所遇初次一二之數，卻將所乘三百六十半除之，而得一百八十，兼所遇之贊數，或一或二，則得本贊所直之日數，此即去冬至之日數矣。蓋減本贊則可以成數，而乘易于推算也。以九乘，由其一首有九贊也。增本贊，則因其既乘而易于加增也。去半數，由其二贊當一日也。若遇應首之初一，則為一百八十一，為奇是晝，在應首之次二，則為一百八十二，為偶是夜，合晝夜共成一日也。此奇偶非專言本贊之初一為奇，次二為偶，是統言七百二十九贊，總計其隻奇雙偶之數。如中首之九贊，固是一、三、五、七、九為奇，二、四、六、八為偶，到周首之初一反為偶，二反為奇，何則？是通計中首九贊及周首之初一正當第十，是偶，次二正當第十一，是奇也。

求星：從牽牛始，除算盡則是其日也。

范望曰：已得日數，則星在度數可知也。以星度除之，算盡則其日星度也。如應首隨星度除之盡，則得非（非字疑誤，《大典》作井）二十九度，是其星所在度也。

章詧曰：謂求所得之首贊之所在星度也。若但占得應用一五七，自中至應首一贊，半之為百八十一日，以除牛七度、女十度、虛十度而下百八十一度，則應之一贊在井二十九度，五贊在井三十一度，七贊在井三十二度也，皆倣此。

許翰曰：冬至日起牽牛一度，日運一度而成一日。故除星度盡，則得其日之所在何度也。

葉子奇曰：已得日數，則星度可知矣。冬至日起牽牛一度，除一百四十筭，則是井二十九度也。

玄文

章詧曰：文者類文言也。楊宣罔直蒙奠冥之德也。

陳仁子曰：聖人之言天地也，賢人之言四時也，天地合氣之全而四時分氣之偏，此聖賢之判也。雄以《玄》準《易》，以首象卦，以贊象爻，以測象小象，以《圖》《告》象《繫辭》，其文工矣，而較諸十翼言，語氣象又自不侔。

《易》四德元亨利貞，而《玄》曰罔直蒙酋冥，夫元無所不包而曰直，亨無所不長而曰蒙，利貞無所不固而曰酋罔，較諸四德，直其偏者爾，豈足盡包哉？至於各首所標猶生馬追蹤騏驥，視《繫辭》分量牆也，及膚《玄》固不盡如《易》。

葉子奇曰：此擬《易》之《文言》。

罔、直、蒙、酋、冥。

范望曰：此五者，《太玄》之德，猶《易》元亨利貞也。萬物因之以生長，四方以為名。北方萬物之終，故始（或以為始字當在故字上，《大典》作故始）冥罔重也。

葉子奇曰：此擬《易》乾元、亨、利、貞之文，《易》始乾而此始罔，蓋乾為天，為萬物，氣之始，罔為冬至，為一年氣之始。元、亨、利、貞，為四時之德。直、蒙、酋、冥，為四時之象。然始初文王係乾之辭，止為占筮之用，故得乾者宜大亨而利于正，固及孔子作翼，復取以配乾之四德，則非復文王之意矣。蓋因時有明，語各有當。今揚子擬之而求其艱深險僻之辭，以文其聖人已言之旨，初別無所發明，但覺其有模倣重疊之煩，而不見其從容自得之妙，豈非程子所謂無之靡所缺者歟？

陳本禮曰：子雲丁漢室陽九百六之阨，一腔忠憤無所發泄，特假此諷刺當時。以罔為直之徒，誑惑遇蒙而世之受其惑者，是如楚囚之冥然無知也。范望不識，妄謂此五者猶《易》元、亨、利、貞之四德，似未知末尾有天、地、神、時皆馴而惡入乎逆二句，則通身刺莽，皆見讀書固貴乎有眼。以下反復論著，皆子雲自為造作之辭，掩飾上文，然句中亦大有諷刺之義在。

罔，北方也，冬也，未有形也。直，東方也，春也，質而未有文也。蒙，南方也，夏也，物之脩長也，皆可得而載也。酋，西方也，秋也，物皆成象而就也。有形則復於無形，故曰冥。

范望曰：罔，無也。冬，終也。萬物終藏於黃泉之中，無形可名，故曰罔也。直之言殖也，萬物甲始出殖立，未有枝枚，故質直無華文也。蒙，枝葉已成，蒙覆於人上，皆可薰載者也。酋之言聚也，物已成就，可蓄聚也。冥，言物秋始成就，有形可蓄聚（原作眾，《大典》作聚），過秋藏於黃泉，故復於無形，為冥昧者也。

章詧曰：以無治有，以省制眾，始萬物而終萬物者，罔冥之道也，故曰一玄而生三方，此其指也。

許翰曰：許、黃作載，章、丁、郭作戴。

鄭氏曰：范注云燾載謂覆燾持載也。覆燾以養之，持載以用之。

葉子奇曰：此揚子自解五字之義。

陳本禮曰：首以方位四時言者，蓋以誚當時之人如盲鼓之不辨東西，蟪蛄之不知春秋也。有形復於無形，言終歸於盡也。罔，大惡未著。直，朕兆初萌。蒙者其欺君罔上之事，不一而足，皆可載筆而書之也。秋金肅殺，弒逆之勢已成，故群奸皆附而和之也。

俞樾曰：許昂、黃伯思本均作載，范注曰：枝葉已成蒙覆於上，皆可燾載者，是范本亦作載，然燾載自是兩義，蒙則燾也而非載也，不當並為一談，而以燾載說蒙字之義也，章詧、丁謂、郭元亨本並作戴，戴與蒙義合，自以作戴為長。

故萬物罔乎北，直乎東，蒙乎南，酋乎西，冥乎北。故罔者有之舍也，直者文之素也，蒙者亡之主也，酋者生之府也，冥者明之藏也。罔舍其氣，直觸其類，蒙極其脩，酋考其親，冥反其奧。

范望曰：有之舍，有生於無。文之素，色白受采，質極文生。亡之主，無生於有也。生之府，秋聚成（原作陳，《大典》作陳）殺，春滋生者也。明之藏，明以幽冥自藏。陽氣舍於罔。觸其類者，觸類生也。極其修者，物可蒙載，長無已也。考，成也，物咸成就也。奧，秘也。物反於秘奧之中，在黃泉也。

鄭氏曰：考其親，義猶因不失其親也。或作就者，妄改以合注也。

葉子奇曰：罔冥皆言北者，猶《易》貞兼正固二義。罔當冬至已後，大寒之前。冥當立冬已後，大雪之前。罔者有之舍至冥者明之藏，此言其盛為衰始，衰為盛端，二者消息盈虛，循環之無已也。罔舍其氣至冥反其奧，此言其生長收藏之功。

陳本禮曰：再以四方言者，欲如相師之指迷也。有之舍，有生於無。文之素，文由質顯。亡之主，禍因惡集。生之府，死生互根。明之藏，幽明相代。罔舍其氣，斂其剛暴。直觸其類，諴其群醜。蒙極其修，化其頑蠢。酋考其親，察其所愛。冥反其奧，歸於至誠。此言五者之德，人能自新，則惡者可變而為善矣。

罔、蒙相極，直、酋相勑，出冥入冥，新故更代。陰陽迭循，清濁相廢。將來者進，成功者退。已用則賤，當時則貴。天文地質，不易厥位。

范望曰：罔無蒙有，事相極盡。直生酋殺，如相約勑。新故相代，出入於冥昧之中。迭，更也。更相休廢也。將來謂春生也。成功謂秋收也。賤謂廢也，

貴謂生也。厥，其也，言天動於上，故為文，地安於下，故為質。上下相承，其不可易者也。

章詧曰：罔居無而為有，舍蒙初生，直已形，酋為萬物之已老，理如呼應，故曰相极相勅也。萬物出冥，及乎成也，復歸於冥，以故從新，以新承故，故曰新故更代也。陰陽之道，更相承順，則清濁二氣互為廢興。凡萬物人事皆禀四時五行之氣，已成功者可退而不居，將用者可進而無迫，故曰成功者退，將來者進也。既用之後過其時理，為乎賤事，得乎時勢，悉所歸理為之貴，故曰已用則賤，當時則貴也。是以天之日月，星謂之文，其守有定位，其運不休，地之万彙，形質各有其所，推遷而不息，故曰不易厥位。

葉子奇曰：此廣推五者之義而極言之。

陳本禮曰：此推廣五者之義而極言之。相极則日入於亂，相勅則日入於治，存亡治亂之機，日夜相代乎前，而人莫之省也。

罔、直、蒙、酋、冥。言出乎罔，行出乎罔，禍福出乎罔，罔之時玄矣哉。

范望曰：增歎玄五位也。有形出於無形，無形以見有形，禍福之所出，故言玄矣哉。

章詧曰：罔本無也，而生乎有，言本無而有，故曰言出乎罔也。行亦本生無，故曰行出乎罔。言行雜，善惡該君子小人而言之，禍福本無因，言行所致，故曰禍福出乎罔也。罔為萬物將生之本，萬事將出之際，故嘆美之曰玄矣哉。

陳本禮曰：言行人之樞機也。樞機之發，禍福隨之，人知罔之感召速而不知玄之靈之不測也。

行之（原作則，《大典》作則）有蹤，言則有聲，福則有膊，禍則有形之謂直。有直則可蒙也，有蒙則可酋也，可酋則反乎冥矣。是故罔之時則可制也。八十一家由罔者也。天炫炫出於無畛，熿熿出於無垠，故罔之時玄矣哉。

范望曰：皆可形而見，故謂之直，東方也。物生而長於東，成於南，酋於西，入於北，故言反乎冥也。罔之時則可制也，言物無形之時裁制也。八十一家由罔者，言其始於北也。垠，限也。畛，界也。言天之炫炫熿熿，其所出彌遠，不覺其界限也。此又重美之也。

章詧曰：蹤者由行而有，聲者因言而彰，福之將作，必有端倪，禍之將至，固有形狀，斯皆有象之始也。故指東方質直之本而為基構以明之也。既

有其質，必質之蒙大，故曰有直則可蒙也。物既盛大，必能成就其形器，故曰有蒙則可酋也。形氣以就不可久居，當復藏其明也，故曰可酋則反乎冥矣。是故罔之時則可制者，謂罔之時微生於心，未形諸外，君子當思之，當處中道，顏氏之子無貳過者，在罔之時能制之之謂也。炫炫熿熿，皆暉耀之象。畛，界也，垠，涯岸也，謂天之動也炫炫者，運動無窮也。熿熿者，熿熿然健行不息，蓋出於無心而然，故人莫能窮其畔岸也，又莫可窺見，若在罔之道也。

許翰曰：膞，音劅，切肉也。又音豎兖切。炫，胡絢切。熿，戶光切，與煌同。

鄭氏曰：膞當作塼，古端字，福則有塼，言有端緒也。舊誤從肉，遂轉作膞，亦猶月闕其塼轉為傅也。《集韻》蓋亦因誤立說耳，雖理可通，未若端緒義訓明切也。按：唐人讀《國語》塼本為端本，引字繞以證之，《博雅》亦因端訓齊，塼為古端字明矣。蓋從專與從耑同，故劅或作剬，踹或作蹲，則端亦作塼也。

葉子奇曰：膞，市兖切。膞，肉也。炫炫，光明貌。畛，界也。熿熿，明盛貌。垠，限也。罔為氣之始，萬物莫不資之以生，故直、蒙、酋、冥皆由之以出，故反覆推言罔之妙，人道天道無不本也。

陳本禮曰：行則有蹤，人皆見。言則有聲，人皆聞。膞，鋪枚切，同胚。《易》曰：直其正也，今以不正之人而妄謂之有直，則已受其蒙，既被其蒙，則必至於酋，展轉不已，遂必至於歸乎冥矣。禍必有所始，福必有所因，人當謹之於初始，慎之於微，故禍自可弭矣。此處指出著《玄》本旨。玄猶天也。天道不可測，人豈可誣枉以欺天，故重言罔之時以警之也。罔，不直也。孔子曰：人之生也直，罔之生也幸而免。又曰：可欺也，不可罔也。《集注》：欺謂誑，以理之所有罔，謂昧以理之所無，今子雲創為已上諸說，皆非罔字正義，至此方吐露出玄字，正以見昧理以罔人者，其如天道之不可測何？

俞樾曰：福則有膞，樾謹按：膞字無義，乃端之假字，膞從專聲，端從而聲，兩聲相近，《禮記・雜記》篇：載以輲車，注云：輲或作塼，《史記・屈原賈誼傳》：何足控搏，《索隱》云：本作控揣，《文選・長笛賦》：冬雪揣封乎其枝，注曰：揣與團古字通，並專耑聲近之證。膞之為端，猶塼之為輲，搏之為揣，團之為揣也。福則有膞，猶云福則有端，正與禍則有形文義一律。

孫詒讓曰：《釋文》云：膊，切肉也。司馬光說同。案：膊與形坿義同，《鶡冠子・度萬》篇云：膊膊之土，陸注云：膊，形坿也。又《天權》篇云：使膊同根命曰宇宙，亦形坿之義，俞校以膊為端之假字，未塙。

是故天道虛以藏之，動以發之，崇以臨之，刻以制之，終以幽之。

范望曰：虛以藏之，以虛藏有也。動以發之，以動發靜。崇以臨之，以高臨卑。刻以制之，以剝殺萬物也。終以幽之，萬物終幽於北。

葉子奇曰：虛以藏之，此言罔。動以發之，此言直。崇以臨之，此言蒙。刻以制之，此言酋。終以幽之，此言冥。

陳本禮曰：頂上天字來。即以天道証玄道。

淵乎其不可測也，曜乎其不可高也。故君子藏淵足以禮神，發動足以振眾，高明足以覆照，制刻足以竦礙（《大典》作疎懤），幽冥足以隱塞。君子能此五者，故曰罔直蒙酋冥。

范望曰：不可測，言其深也。不可高，無以尚也。君子謂五也。藏身於罔，而盛於東。帝出乎震，故禮神也。振，動也。動眾以東，謂觸其類也。高明覆照，謂正位於蒙，覆照天下也。制刻足以竦礙，言刻殺萬物於酋，以悚懼也。幽冥足以隱塞，亦謂法冥而行。能此五者，謂上五事也。

章詧曰：天以虛心含育萬物，有能以罔之道為北為冬，藏於無也，故曰虛以藏之。以直之道為東為春，震動群類，孳萌於物，故曰動以發之也。復以蒙德為南為夏，崇大覆臨，榮茂於物，故曰崇以臨之。酋道為西為秋，肅殺之氣而刻制於物，故曰刻以制之。又用冥德兼夫冬北，晦冥萬事以終其道，故曰終以幽之也。天以五德以始萬物，雖欲覯之，則淵然不可得而測也，欲擬之則耀然不可得而高也。此一節言天能施玄天之五德以被萬物。

許翰曰：懤，牛力切，一作擬。

鄭氏曰：懤，《集韻》牛代切，惶也。注以悚懤為悚懼，則此音訓與注合矣。舊牛力切，又音擬，一作㑌者，偝也，音擬者，度也，牛力切者，有所識別也，皆與注異不可用也。

葉子奇曰：此言五者之道，極乎深高，君子體之以為用。

陳本禮曰：君子証之以天道，驗之於人事，深懼為眾惡所歸，是以事未至而先有以刻制之，隱塞之使不至墮入此五字惡境，故深惡而痛絕之曰罔直蒙酋冥也。

孫澍曰：懤音礙，駭也，惶也，又通擬，度也。

或曰：昆侖旁薄幽何為也。曰：賢人天地思而包羣類也。昆諸中未形乎外，獨居而樂，獨思而憂，樂不可堪，憂不可勝，故曰幽。

范望曰：或之言有也。有問經者，故荅之。言賢人用思慮念養萬物羣生醜類與天地同也。昆諸中未形乎外，言同在天地之中，未見於外也。獨居諸句，幽獨以致憂樂，不堪可勝者也。

章詧曰：昆侖旁薄幽，中首一贊辭也。子雲慮後世未明其意，故重為問答以抉來世之疑迷。何謂者，設疑而問之之辭也。故若曰賢人天地思，包養羣類也，賢人，楊子自謂也。不自明言，故假賢者之名也。謂賢人生天地間，仰觀天之昆侖，俯察地之旁薄，人處其中，思欲通天地之道以濟養群生，故曰賢人天地。昆以在心，故曰昆諸中未形乎外也。獨居而樂者，謂聖人之思與天地合德以育萬物，得其生故樂也。獨思而憂，謂雖以其道通於天地為法，將以濟人，必假乎大位，雖樂而無乎時則不能濟，故憂也。樂而復憂，不可堪勝，幽嘿於內，故曰幽。困而無位，雖有作玄之意，故有中首初一之辭，光明天地人之同法以濟人也。

鄭氏曰：何為，如字讀，曰何為，猶何事也。《繫辭》所謂夫易何謂者也，與此同義。《易》云何謂，以言不盡意，故問其意趣也。《玄》云何為，以辭必指事，故問其事因也。或欲改《玄》從《易》，殆未之思也。勝音升，勝負之勝。

葉子奇曰：此解中首初一贊辭，當初聖人讀《易》，因所見而反覆明之，初不必求其一一相類也，蓋文愈類而術愈疎也。

陳本禮曰：此惡人不明上文八十一家由岡而作，故設為或人問答之辭，以發明中首九贊之義，俾其由一首推之於八十一家七百二十九贊之辭，皆所謂由岡而作者也。樂不可堪，不可堪貧故也。憂不可勝，不可勝亂故也。有賢人之量，而後知小人之心雜，有龍德之著，而後知無因大受者否，有日正於天，而後知月闕其搏為小人盛滿也，有酋酋之包，而後知黃不黃為失刑中也。以下皆兩兩相形，辭意自見。惟上九為運窮數盡，氣數既乖，鬼神有阻，雖聖人不能逃，何況權奸，此賢人之所以懼而小人獨怙其惡而不畏何耶。

神戰于玄何為也。曰：小人之心雜，將形乎外，陳陰陽以戰其吉凶者也。陽以戰乎吉，陰以戰乎凶，風而識虎，雲而知龍。賢人作而萬物同。（《大典》、葉子奇萬物作萬類）

范望曰：陽為吉，陰為凶，二稱小人，陽升陰退，故吉凶見也。小人之心

雜，不戰無以別善也。撓萬物者，莫疾乎風。虎性暴猛，故相識也。潤萬物者，莫潤乎雨，雲興雲降，故龍知之也。揚（《大典》作楊）子偶《易》而作《玄》，《易》曰：聖人作而萬物覩，故此云賢人作而萬物（《大典》作類）同，是揚（《大典》作楊）子之謙也。言非賢者之所作則不平理天下之事，使物同齊者也。

章詧曰：神戰於玄，中首之二贊。神者陰陽不測之謂也，玄亦不可得而見也。二夜為火，與首相戾也，當陽將復之時，居於陰位，與陽不和，故戰。戰於莫測，故曰神戰於玄。居夜為小人之心離，離謂離心離德也。一木作雜，蓋誤也。其心既異，乃形於外也。陰陽兩敵，勝負未決，故曰戰其吉凶也。楊（當作陽）以德為君子，陰以刑為小人，今陰陽為戰，君子以德，小人以力，故曰陽以戰乎吉，陰以戰乎凶。虎感乎風，龍感乎雲，物以類相從也。今陽戰乎陰，萬類必同其心者也，故曰賢人作而萬類同也。

葉子奇曰：陳音陣。解中首次二贊辭。

陳本禮曰：撓萬物者莫疾乎風，虎性暴猛，故識虎。潤萬物者莫潤乎雨，雲興雨降，故知龍。

龍出乎中何為也。曰：龍德始著也。陰不極則陽不生，亂不極則形不生，君子脩德以俟時，不先時而起，不後時而縮，動止微章，不失其法者，其唯君子乎，故首尾可以為庸也。

范望曰：謂三也，帝出東方，倉龍用事，故始著也。陰不極則陽不生，謂冬盡則春也。亂不極則形不生，陰為亂，陽為德，十月陰極，而冬至陽生也。君子謂陽也，脩德於黃泉，候春而興。庸，法也。首，始也。尾，終也。言唯君子終始不失法者也。

章詧曰：三畫以陽德而升進，從乎變化，原其氣生於亥，而正位乎坎，故曰龍德始著者也。十月之陰已極，陽氣乃生，故曰陰不極陽不生也。中為冬至陽生之始，故云之也。陰為禍亂，陽為正德，故亂極則德生也。若紂之惡不極，則文武之道不著也。是以君子之人務修德業以俟乎時，無其德不苟乎富貴，得乎時不藏乎冥晦，故曰修德俟時，不先時而起，不後時而縮。其動也章章然人可觀，其止也微微然，人莫能測，皆有規，則始終可以為法也，故曰動止微章，不失其法者，其唯君子也。

葉子奇曰：動止微章，言或動或止，或微或顯也。此解中首次三贊辭。

庫虛無因，大受性命否，何為也。曰：小人不能懷虛處乎下，庫而不可臨，虛而不可滿，無而能有，因而能作，故大受性命而無辭辟也，故否。

范望曰：謂四也，以陰處下，當敬以奉也（《大典》作上）。以無為有，因緣自虛，言小人皆不能爾也。陰宜因緣，而便大受，故否。

章詧曰：此一節互明君子小人之道也。四夜小人也，不能虛其懷而處下位，故卑而不可因之使高，虛而不可因之使滿，故曰庫而不可臨，虛而不可滿也。君子雖無位而有其德，因其事而能立其功，故曰無而能有，因而能作，故可大受性命而無辭也。無辭者，不言而信也。小人不能於此，故否也。否謂不能大受也。

鄭氏曰：辟讀作避。

葉子奇曰：庫而不可臨，虛而不可滿，即地道無成之意也。無而能有，因而能作，而代有終之意也。無辭，與奉辭伐罪之辭同。辟，用也。言無辭義為用也。中次四贊辭。

陳本禮曰：無因大受，身之災也。無辭謂不義之富貴而安處之，必遭刑誅也。辟，刑也。庫不可臨，虛不可滿，即地道無成之意也。無而能有，因而能作，即代有終之意也。

日正于天何為也。曰：君子乘位，為車為馬，車軨馬駣，可以周天下，故利其為主也。

范望曰：謂五也，五為君，故稱日正于天也。午為中，亦為馬，日在午，故乘馬也。亦為車。車，副也。軨，轄繫也。駣，尾結也。言君子正位乎中，繫轄結尾，以正天下萬機之事，故利為主。

許翰曰：軨，《釋文》力丁切，車闌也。駣，《釋文》音介，馬尾髻結也。

鄭氏曰：軨，郎丁切，輯車，又車蘭也。按：注云：軨，轄繫也，繫轄所以轄車也。《說文》以為車轀間橫木，即所謂車蘭也。亦以輯斂車所載者，故與轄繫同名也。駣，舊音介，馬尾結也。為車，《玄數》：五為輿，為轂，輿以持載，如地轂以湊聚如土，皆車之象也。

葉子奇曰：軨音靈。駣音介。軨，轄繫也。駣，尾結也。車馬喻所乘以行，軨駣喻所行之道備也。唯聖人得天子之位，足以當之。次五贊。

孫澍曰：軨音靈，《說文》：轀間橫木。駣，系馬尾也。

月闕其搏，不如開明于西，何為也。曰：小人盛滿也。自虛毀者，水息淵，木消林，山殺瘦，澤增肥，賢人覩而眾莫知。

范望曰：謂六也，陽家之陰，故稱小人。月滿則闕，故戒之也。言當自虛，如水之性，以淵息長。木以材茂，故消其枝。山以高峻，故殺瘦。澤以卑下，受山之腴，故云增肥，猶君子虛己以受人者也。賢人睹而眾莫知，言眾人所不知，賢者已見其事者也。

章詧曰：月闕其搏，中首六贊辭也。謂月生明之始近於日，日入西月始西而出也。及乎與日相望，故圓而東出也。既圓之後，反漸虧缺，則不如初開明於西見之時也。月為臣道，文以重明之，使學知此類為臣之道也。盈則知戒焉。六夜，故曰小人盛滿。自虛毀者，物盛必衰，若水之盛極，至冬則咸竭而息淵，木之盛極，至秋消其枝枚，山之極峻，則降其尖銳，減瘦其勢。殺，降殺之義也。惟澤能卑下，眾流歸之，故增肥也。賢知之人，覩其盛衰之物，察其卑謙之德，獨知其本末，眾雖見而莫知也。

鄭氏曰：搏與團同，殺，減殺之殺，所戒切。瘦，《集韻》音搜，引《太玄》山殺瘦，云瘠也。按如字讀亦訓瘠。

葉子奇曰：極言滿損謙益之義。

酋酋之包，何為也。曰：仁疾乎不仁，誼疾乎不誼，君子寬裕足以長眾，和柔足以安物，天地無不容也，不容乎天地者，其唯不仁不誼乎。故水包貞。

范望曰：謂七也，夏長而秋殺，長之謂仁，故疾乎不仁也。施之謂義，故疾乎不義也。不仁不義，天地之所不容也。一者水也，包萬物於黃泉，待四時以正之，故水包貞也。

章詧曰：謂中為水，七為火，復當畫，君子道也，在水之時，當見克害，而中五有君臨之德，獨全七之善，不以刑克為事，故曰酋酋。酋，大也。包謂含養也，謂水能包養於火，以成其功。此一節反復為義，以明包正之道，故下文言人之疾惡而有知善之心，天地包容有知善之道，故曰仁疾不仁，義疾不義也。

葉子奇曰：天地無不包，然有不包者，其唯不善者乎。此解中首次六次七贊辭。

黃不黃，何為也。曰：小人失刑中也。諸一則始，諸三則終，二者得其中乎。君子在玄則正，在福則沖，在禍則反。小人在玄則邪，在福則驕，在禍則窮。故君子得位者昌，失位則良。小人得位則橫，失位則喪。八雖得位，然猶覆秋常乎。

范望曰：謂八也，黃，中也。不黃故失中也。一、二、三，謂九贊之位。君子雖玄冥幽隱，恒正身不惰。福謂富貴之位，常自沖虛。禍為凶荒之處，反身脩德，不治監者也。小人以幽行惡，富貴則驕慢，富貴不施，遇禍故窮。君子得位者昌，昌大其治。失位則良，不苟欲也。小人得位則橫，言同時為形勢也。喪，如亡其親。覆，敗也。言八雖處上之中，以木近金，故相敗也。

章詧曰：八夜，小人也，位居中而失中德也。八為秋木，木秋葉黃，小人不能柔順天時，當黃而不黃，故贊謂覆天常也。小人失刑中者，八失居中之法也。此下文將分三位以明其中也，故曰一則始，謂首之九贊，三三為一九也，一則為始者，下體之一，中之四，上之七也，三則終者，下之三，中之六，上之九也。二得中者，二、五、八也。蓋明八位居中，小人處之而無法也。君子在玄則正諸句，玄之不可見之謂也，在人為心也。君子之心，人不能窺而以正道自守，故曰君子在玄則正也。處乎富而常自謙沖，故曰在福則沖。君子之道誠信為本，雖在於禍，必反為福，故曰在禍則反也。小人則反於是，在心則奸邪，故曰小人在玄則邪，處福則驕慢，故曰在福則驕。素文其禍，居禍則甚，故曰在禍則窮。君子以德為本，得位則能行其道而濟人，故昌也。小人以利為任，得位則殘忍於眾，失位則喪滅其身也。君子之失位，則猶持謹節，發憤仁義，故失則良也。小人之道異於君子，故如八在中，雖得位而猶覆其常，乃橫之所致也。

葉子奇曰：此解中首次八贊辭。

顛靈氣形反何為也。曰：絕而極乎上也。極上則運絕，下則顛，靈已顛矣，氣形惡得在而不反乎。君子年高而極時者歟。陽極上，陰極下，氣形乖，鬼神阻。賢者懼，小人怗。

范望曰：九謂極上，上極則墜，故顛下也。氣上形留，故相反也。惡，安也。氣形分別，安得不相反者也。（九為君子，高年致仕，極時之政。阻，難也。魂為陽，體為陰，氣形分離則鬼神絕遠，孝子雖立廟以存之，難可復覩見之者也。劉按：此一段據《大典》錄。）此時賢者懼將衰落，小人怗老以忿慾也。

章詧曰：人之生也，氣養其神，神作其氣，及其終也，神氣則升于天，形魄則歸於地，人之靈也由乎神，故稱乎靈也。顛，墜絕也。謂氣極而升上與形相違，故曰氣形反也。絕而極於上者，正謂靈氣與形離絕而不相須也。在君子則於年高知其為形氣之反乎。陽極上，陰極下，則陰陽之道相反，形氣於是而乖，形氣乖則幽冥之是近，故曰鬼神阻。阻，近也。君子懼，小人怙者，君子則懼其將終，或敗素節，小人則怙其將終，以肆其情也。

葉子奇曰：此解中首上九贊辭。蓋九洒運窮數盡之時，雖聖人不能已其已窮之運，故聖人原始要終，知其如此，是以生順死安，以聽夫消息盈虛之數也。

陳本禮曰：九乃運窮數盡之時，雖聖人不能已其已窮之運，故聖人原始要終，知其如此，是以生順死安，以聽夫消息盈虛之數也。小人怙其惡而不知懼，其如天命何。凡為君子高年致仕極時之政。阻，難也。魂為陽，體為陰，氣形分離，則鬼神絕遠。孝子雖立廟以存之，難可復覩見之者也。

昆侖旁薄，大容也。神戰于玄，相攻也。龍出于中，事從也。庫虛之否，不公也。日正于天，光通也。月闕其博，損贏也。酋酋之包，法乎則也。黃不黃，失中經也。顛靈之反，窮天情也。罔直蒙酋，贊羣冥也。

范望曰：大容，天地無不容。相攻，謂陰陽對。事從，言萬物之生，順從於事。月闕其博，月滿則虧。法乎則，得其正也。失中經，經，常也。窮天情，窮上反下，極陽反陰。贊群冥，言萬物在冥昧之中，而四德贊（《大典》有助字）之也。

葉子奇曰：此再釋九贊及四德之義，亦效《文言》再及乾六爻之義也。

陳本禮曰：冥者陰幽晦昧之象。群冥指上文群小之辭，而概目之為冥者，可以知子雲用意之深，直瞞過劉歆輩，故覆瓿之譏，公笑而不應也。

昆侖旁薄，資懷無方。神戰于玄，邪正兩行。龍出于中，法度文明。庫虛之否，臣道不當。日正于天，乘乾之剛。月闕其博，以觀消息。酋酋之包，揩任乎形德。黃不黃，不可與即。顛靈之反，時則有極。罔直蒙酋，乃窮乎神域。

范望曰：資懷無方，天地無常方也。邪正兩行，陽正陰邪，兩行於天地也。龍，陽氣在東為文，在南為明也。否而不通，故不當也。乾，天也。日正明於天，處魁剛之中也。闕為消，搏為息也。揩任乎形德，以德任形（《大典》作刑），以形（《大典》作刑）任德。（劉按：揩，皆也，謂形与德皆任用也。形當作刑。據鄭氏則是作揩。）不可與即，事之不正，不可即就也。時則有極，

極於九也。神域，幽冥也。言《玄》四美足以助於幽冥也。《易》曰：窮神知化，此之謂也。

許翰曰：能任，監本能作揩，黃無能字，諸本否。

鄭氏曰：資懷本作裏，其音同，見大初一測辭。措，七故切，置也。按：范氏作錯，故云以刑任德，以德任刑，言錯雜任用之也。然措，師說借謂不用任謂之錯，錯任乎刑德者，或錯刑而任德，或錯德而任刑也。（劉按：他這是根據刑措的說法來的，則錯與借通，但《太玄》當是作揩，即皆，謂二者都要用，而不是錯雜用之，錯或措是說不用，鄭氏及其師說不可從。）

葉子奇曰：揩，正也。言至此已極神明之道而無以加也。此又三釋九贊四德之義，亦效《易》文言三及乾六爻之義也。

陳本禮曰：再提作收，窮乎神域者，極言此四字之奇，直揭出小人肺肝而使之無能逃遁也。

天地之所貴曰生，物之所尊曰人，人之大倫曰治，治之所因曰辟，崇天普地，分羣偶物，使不失其統者，莫若乎辟。夫天辟乎上，地辟乎下，君辟乎中。仰天而天不惓，俯地而地不怠，惓不天，怠不地，惓怠而能乎其事者，古今未諸。

范望曰：辟，君。非君無以斷正之也。參事而君之，各得其所也。天不惓，晝夜不休。地不怠，生長萬物。君子象天，自強不息，豈有惓怠乎？古今無也。

葉子奇曰：辟，法也。君者法之宗也。天地古今不息，君子當體之以自強也。

陳本禮曰：是一篇命意處。天不惓，至誠無息。地不怠，健順承天。此以天地人倫大義諷之，使知敬君法天，不惓不怠，能盡人之道，則能盡事君之道，而為純臣矣。

是以聖人仰天，則常窮神掘變，極物窮情，與天地配其體，與鬼神即其靈，與陰陽挺其化，與四時合其誠。視天而天，視地而地，視神而神，視時而時，天地神時皆馴，而惡入乎逆。

范望曰：窮神，窮神知化。掘，盡也，盡變動之事，以窮萬物之情也。言聖人先天而天不違，後天而奉天時，動不失其所也。視天而天，順而法之。視神而神，不敢違也。視時，時其冥（《大典》作宜）也。惡，於也。從上四視而從順之，言當於何而入逆也。

章詧曰：聖人通天地神明而無繫軼者也，故仰天則能盡天之用者神應無

方，故曰窮神也。掘變者，掘，盡也。覩物則窮其情也。聖人之道兼三才，故與天地配其體也。常心而應物無忒，故曰與鬼神即其靈也。以調陰陽之氣以原生殺之本，故曰與陰陽埏其化。聖人通天地四時之用，與其道合，故曰視天而天，視時而時也。故天地神時訓之而不違，其惟聖人乎！

許翰曰：《詩》曰：皇王維辟，法勝也。中為君德而辟統正此，是謂泰始，天地之運啟焉。

鄭氏曰：掘變讀極物窮情為句，故注云盡變動之事，以窮萬物之情。師說掘其變，所以窮神也，故曰窮神掘變，窮其情所以極物也，故曰極物窮情。聖人之仰天者則常如此也。舊以仰天則常窮神對掘變，極物窮情為句，義訓有未安者，故以師說附之。埏，尸延切，《老子》：埏埴以為器。

葉子奇曰：掘，鑿而深求之意。此言聖人與天地同體。視取以為法之意。此言聖人與天地同用。

陳本禮曰：常，倫常。掘，鑿而求深之意。視，取以為法之意。聖人窮神知化，與天地同其體用，故能成聖成賢，彼誦六藝以文奸言者，直是罔、直、蒙、酋、冥之徒也，惡足以當聖人功用。洋洋灑灑，演出此一大篇文字來，末祇以惡入乎逆一句詰問，分明如畫龍點睛。

玄捲

章詧曰：捲，擬也。子雲之玄道，擬天地五行律曆星辰，各有名數，故以其數而擬乎萬類，故曰捲也。

許翰曰：研啟切。

鄭氏曰：捲，吾禮切，指其端捲以相比擬，故從手，從木者乃机棿字，傳寫誤也。

陳仁子曰：捲字音義從手，諸本引用及《玉篇》多從木，音輗，與原從手者，未知孰是。《玄》準《易》也，《易》其有所擬乎，其無所擬乎？《易》之與天也，一畫而後有數，數而後有象，象而後有變，四營而成易也。十六變而成卦也。而棟宇之制，網罟之利，弧矢車馬之具，粲然罔不畢見，皆自然而然也。使非出於自然，而掃掃焉摹之，是《易》為人而非天也。《易》其淺矣，《玄棿》之有所擬也，果自然乎？

胡一桂曰：棿，魚稽反，擬也。泛論《玄》之所擬，如一明一幽，跌（當作趺）剛跌（當作趺）柔，知陰者逆，知陽者流，棿擬之晝夜之類。

葉子奇曰：棿，研啟切，擬也。

陳本禮曰：棿，擬也。舊訛捉。《易》曰：夫象，聖人有以見天下之賾而擬諸其形容，象其物宜，是故謂之象。棿亦象也。棿擬之者，以物象而言其理也。

玄之贊辭也，或以氣，或以類，或以事之骩卒，謹問其性，而審其家。

范望曰：謂九贊之辭也。氣謂五行之氣。以類，觸類而長。卒，終也。骩，委曲也。事之委曲而終者也。八十一家，各有剛柔之性也。審其家性，以知休咎也。

許翰曰：骩，音委。

鄭氏曰：骩卒，上與委同，下即律切，注云事之委曲而終者也，按：《禮記》：三王之祭川，先河而後海，或源也，或委也，先儒說源謂泉所出也，委謂流所聚也。始出一勺，終成不測，事之骩卒，蓋如此。

葉子奇曰：或以氣，謂陰陽五行節候之類。或以類，謂因家姓之義觸類而長之。骩音委。隨其家姓之事而委曲以終其義。問之以剛柔之姓，審之以陰陽之家。

觀其所遭遇，劙之於事，詳之於數，逢神而天之，觸地而田之，則玄之情也得矣。

范望曰：遭遇，謂若遭遇晝夜陰陽星時數辭。劙謂切劙，以知萬事之休咎也。詳之於數，詳審。逢神，神為陽也。土地有磽确，故觸類求之而為田也。知上六句，則《玄》之情性可得而知也。

章詧曰：《玄》之為贊辭者也，七百三十一贊，各有辭也。或以氣，或以類者，謂逐首九贊之辭，或以五行休王之氣而言之，或以其類因緣取象而言之，若三言木則為王氣，八言木則為衰氣。或以二七言火言日言馬，或於五贊言兒言牛言田之類也。或以事之骩卒者，謂委曲其辭而終於理也。若戾首東南射兌，西北其矢，羨首四馬就括，高人吐血之類也。皆委曲而為意也。謹問其性而審其家者，家本無義，因首為名，逐時取義，以定其性，若羨性曲，毅性端之類也。觀其所遭遇者，謂既辨其性，則知時義，分旦中夕以明占法，則知所遭遇之星時數辭也。劙之以事者，謂研劙家性，分辨陰陽，明星數善惡之事，蓋《易》以動為占，《玄》以數為占。凡奇偶五行，皆詳之以數也。逢辰而天之，觸地而田之者，天謂靈妙變應之義也。地謂成象執方之類也。一曰逢辰者自冬至之夜中，其日假令甲子，則中首之初贊屬子辰，至日入則二贊為冬至之日甲子夜，揲得中首初贊則是逢子辰也。天之道運於夜半之子辰，是義當以子辰天道而推

之，如贊辭以地類，則以田事而推之，其《玄》之情無所逃也。謂首贊之義或逢此日之辰，辭理之通變，本天之道如是也。或觸形氣之屬，本地之道如是也。故曰逢辰而天，觸地而田，此舉其大綱也。

鄭氏曰：磽确，多石也。不可田者，人事廢矣。觸類求之，務備人事也。

葉子奇曰：觀之以經緯之逢。剴，切剴也。察之以事數之歸，莫不因事驗理，物各付物，其有不得《玄》之情也乎？此一節教人索《玄》求贊之旨。

故首者天性也。衝對其正也。錯，絣也。測所以知其情。攡張之。瑩明之。數為品式。文為藻飾。捃，擬也。圖，象也。告其所由往也。

范望曰：首，謂八十一首所說陰陽變化之事，盡天地之性者也。衝，言中應相對，是其正也。錯，謂絣維（《大典》作雜）而說之者也。測，言測其深淺，其情見也。攡，言攡散其事，張大其業。瑩，謂以瑩明朗其義也。數，言枇（《大典》作揲）著休咎五行，施為品物，臧否為其式法也。文，言質樸其道，藻飾其文。捃，言準擬其事，取象而作之也。圖，以事不可知，故又圖象其形，以曉學者也。告，告示所由來往之要。（劉按：此說各篇命名之義，《首》《衝》《錯》《測》《攡》《瑩》《數》《文》《捃》《圖》《告》，此各篇之名，皆有其用意也。）

許翰曰：絣，普耕切，又音并。《玄》文綺也，雜也。

鄭氏曰：絣，《集韻》卑盈切，引《太玄》錯絣盈雜也。按：《傳》（劉按：指《漢書·楊雄傳》）言絣之以象類，晉灼亦訓雜，顏師古云：絣，并也，音并，舊音普耕、方幸二切，皆不可用。揲著謂篇首占法。

葉子奇曰：此一節解釋《衝》《錯》《測》《攡》《瑩》《數》《文》《梘》《圖》《告》之義。又所以為八十一家七百二十九贊之通例也。

陳本禮曰：首者八十一家之首辭也。天性，五行造化自然之性也。絣音崩。此釋《衝》《錯》《測》《攡》《瑩》《數》《文》《梘》《圖》《告》十篇之辭，皆以發明天性二字之義也。

維天肇降生民，使其貌動、口言、目視、耳聽、心思，有法則成，無法則不成。誠有不畏，捃擬之經。

范望曰：肇，始也。降，下也。言天始下生此民，人當以法成教也。動言視聽思，此五者皆當以法則成矣。經，常也。五刑之法，有常無赦，誠而有所不畏威，擬以常法，不可赦宥。

章詧曰：此一節明《玄》之法，以擬天下制度之事，故先陳生民之始也，誠有不威，捝擬之經，誠謂誡約也。誡約之道，在乎有威而可畏也。經者，聖人之常法也。今捝將擬萬事於《玄》法，故總言以戒約，使從法則可示經之五常及懲勸之道，故曰捝擬之經也。注謂五刑無赦之說，下文以禍捝五刑，故知非也。

許翰曰：范、宋作誠有不威，丁作不畏，黃作不誠。

葉子奇曰：天生烝民，有物有則，法則之大者，莫大于經，故《玄》擬經於《易》，則莫不畏敬之矣。威，畏也。

陳本禮曰：法，禮法。成者，成人也。無禮法則不可謂之成人。威，畏也。經，常也。綱常名教，人之所畏也。

垂裱為衣，襞幅為裳，衣裳之示，以示天下，捝擬之三八。

范望曰：三八為木，取其枝葉覆被之象，擬之以為衣裳，猶《易》蓋取之乾坤也。

許翰曰：裱，所交切，衣袵。襞，音壁。諸本制作示，宋但云衣裳以示天下，近監本作制。

鄭氏曰：裱，舊所交切，衣袵也。襞，舊音壁，按：《說文》：襞，韏衣也，徐鉉曰：韏，俱願切，革中辨也，衣襞積如辨也。所謂襞幅為裳者此也。

葉子奇曰：東方為木，衣裳，木枝葉之象。

陳本禮曰：裱，衣袵，舊訛消。衣裳之示陳作衣裳之制。東方為木，衣裳象其枝葉覆被之象。

比札為甲，冠矜為戟，被甲何戟，以威不恪，捝擬之四九。

范望曰：四（《大典》有九字）為金，九（《大典》無九字）取金之剛利，以為甲戟，備豫不虞，以威不敬之人。

許翰曰：矜，《釋文》：巨巾切，矛柄也。

鄭氏曰：比，毗必切，次也。札，陟察切，甲葉也。《左傳》：蹲甲而射之，徹七札焉是也。冠，古玩切，加諸首曰冠。矜，舊巨巾切，矛柄也。何，負何之何，胡可切。

葉子奇曰：西方為金，甲戟，金之大者。

陳本禮曰：札，甲葉，矜，戟柄。西方為金，取金堅剛以為甲戟，備禦不虞，以威不敬。

尊尊為君，卑卑為臣，君臣之制，上下以際，捝擬之二七。

范望曰：二七為火也。南方為禮，禮以別尊卑，故有君臣也。

葉子奇曰：南方為火，為禮，禮莫大於君臣上下之分。

陳本禮曰：南方為火，為禮，際，合也。禮莫大於尊卑上下之分。

鬼神耗荒，想之無方，無冬無夏，祭之無度，故聖人著之以祀典，捝擬之一六。

范望曰：一、六水也，北方，太陰也。耗，空也。荒，虛也。空虛之地，若鬼神想象，無有常方，故無禮制。祭祀失度，是以聖人之為制典。春秋冬夏，以時祭之也。

葉子奇曰：北方為空虛冥漠之地，故歸之鬼神。

陳本禮曰：北為太陰，耗荒空虛冥漠之區，鬼神無形，故想之無方，蒸嘗不時，故祭之無度，是以聖人制為祀典，而後民神不瀆。

孫詒讓曰：范注云：耗，空也。荒，虛也。空虛之地若鬼神想象，無有常方。案：注說非也。《書·呂刑》云：王享國百年耄荒，《周禮·大司寇》注引《書》作王耗荒，偽孔《傳》云：耄亂荒忽，此耗荒亦與《書》義同，言鬼神荒忽難知，故云想之無方也。

時天時，力地力，維酒維食，爰作稼穡，捝擬之五五。

范望曰：五五土也，時，奉天之時，盡地之力，以生五穀，酒食是議，取之於土也。

葉子奇曰：土莫大於稼穡。

陳本禮曰：察時於天，盡勻於地，所以播百穀，以養人也。《洪範》曰：稼穡作甘，維酒維食，皆土之力也。

古者寶龜而貨貝，後世君子易之以金幣，國家以通，萬民以賴，捝擬之思慮。

范望曰：古者寶龜而貨貝，自虞以上。後世，謂自夏以下。非思慮之明，不能轉易也。

許翰曰：諸本皆作思慮，慮字蓋衍。

葉子奇曰：變而通之。

陳本禮曰：思者思其足國之方，慮者慮其阜民之術。

建侯開國，渙爵般秩，以引百祿，揫擬之福。

范望曰：非福祿之至，則國祚不開，爵秩不行，故取三福之象。

鄭氏曰：般與班同，分也。

葉子奇曰：般音班，義同。百祿，福之宗，必以善致之。

陳本禮曰：福因善致。

孫瀡曰：般同班，《漢書·趙充國傳》：明主般師罷兵。

越隕不令，維用五刑，揫擬之禍。

范望曰：刑出於禍，玄有三禍，故取象也。

鄭氏曰：越隕，謂顛墜也。

葉子奇曰：五刑，禍之極，必以不善致之。

陳本禮曰：禍由惡積。

秉圭戴璧，臚湊羣辟，揫擬之八十一首。

范望曰：臚，傳也。湊，至也。辟，君也。羣辟，諸侯也。執持圭璧也。謂諸侯朝見於君，如八十一首繫於《玄》也。

許翰曰：臚，力居切，陳序也。

林希逸曰：秉圭戴璧，有爵者所執也。臚傳而輻湊，以奉其君。羣辟者，天子諸侯皆有臣也。

鄭氏曰：戴璧，戴當作載，注云執持圭璧，取持戟之義也。《禮記》：史載筆，士載言，謂從於會同各持其職以從事也。載璧与史載筆士載言之義同也。臚，力居切，上傳語告下也。本作臚，從足，或作臚。臚湊謂上傳語告下，使皆湊集也。舊說為陳序，蓋其湊集必陳列序次之也。

葉子奇曰：首統於《玄》，即臣統於君。

臚，陳也。湊，聚也。群辟，諸侯也。朝見於君，如八十一家之繫於《玄》也。

棘木為杼，削木為柚，杼柚既施，民得以燠，揫擬之經緯。

范望曰：棘，廉也。杼廉柚貟，以為緯織。南北為經，東西為緯，經緯相錯，共成其織，故取象也。

葉子奇曰：地以南北為經，東西為緯，《玄》以一、二、五、六、七為經，三、四、八、九為緯，故為織象。

陳本禮曰：杼柚之為物，所以織也。地以南北為經，東西為緯，《玄》以一、二、五、六、七為經，三、四、八、九為緯，故取以為象。

劀割匏竹革木土金，擊石彈絲，以和天下，捆擬之八風。

范望曰：匏，笙也。革，鼓也。竹，擊（《大典》作簫）籛也。木，枳敔。土，壎也。金，鐘也。石，磬也。絲，琴瑟也。移風易俗，莫善於樂，故和天下也。和，調也。風為號令，將和天下，故擬八風而調八音也。八風：坎為廣莫風，艮為調（原作条，《大典》作融）風（《大典》有一本作條風），震為明庶風，巽為清明風，離為景風，兌為閶闔風，坤為涼風，乾為不周風也。

許翰曰：丁無劀字，別本唯害字，章作刻，《釋文》作（此字割的左旁害改為員），音喧，云一作割，宋、許、黃作劀割。劀，音彫，蓋古字同。

葉子奇曰：八風：坎為廣莫風，艮為條風，震為明庶風，巽為清明風，離為景風，兌為閶闔風，坤為涼風，乾為不周風。《玄》與樂皆所以通其候而宣其氣也。

陳本禮曰：聖人移風易俗，莫善於樂，故能調和天下，使之同歸於善而不為惡。風乃天之號令，天有八風，能鼓動萬物通其候而宣其氣，故《太玄》取之以配聲律，亦如天之有八風也。

陰陽相錯，男女不相射，人人物物，各由厥彙，捆擬之虛嬴。

范望曰：彙，類也。人道正，萬物理，各得其類，天地虛嬴，人所成也。

葉子奇曰：陽嬴陰虛，男嬴女虛，因嬴虛而成造化。

陳本禮曰：射音石。相錯者，男女之體不同，男奇女偶，奇則嬴，偶則虛，如《易》爻之有單拆也。人人物物者，言人如是而物亦如是也。所以成造化而配於陰陽也。

日月相斛，星辰不相觸，音律差列，奇耦異氣，父子殊面，兄弟不孿，帝王莫同，捆擬之歲。

范望曰：斛，量也。日月之行，更相量度，或合或親（《大典》作離），故曰相斛也。星，五星也。辰，北極也。轉相觸犯，有行有流，知時變也。音以聲律，律以和聲，次第差列，奇耦陰陽，氣節不同，故曰異也。父子異顏，故曰殊面。重生為孿，孕不重逆，故曰不孿。五帝三王，服色異制，故曰莫同。歲運四方，周而復始，無時留滯，故取象也。

許翰曰：孿，《釋文》：生患、所眷二切，雙生子也。宋作孶。

鄭氏曰：注云孕不重逆，重逆猶再接也，惟不再接，則不重生也。師說兄弟不孳，言不必雙生乃為兄弟也。

葉子奇曰：孿，生患切。斛，量也。言其光景施受，規體相同，互相量度也。孿，雙生也。言每歲之軌度不齊，猶物象之氣形各異。

陳本禮曰：斛，量也。此條專為歲之節序參差不齊，故歷舉日月星辰及樂之律呂數之奇耦，並人世之父子兄弟帝王之所不同者，一一比而擬之。蓋物之不齊，物之情也。六甲至天元甲子，至統朔分盡之時，歷數不齊，古猶今也，可以見天地之運數矣。

俞樾曰：樾謹按：斛與觸同義，《御覽》八百三十引《風俗通》曰：斛者角也，《廣雅·釋言》曰：角，觸也。然則相斛猶相角，相角猶相觸也。日月歲十二會，故相斛。星辰不相干犯，故不相觸。斛與觸變文以成句耳，其義一也。范曰：斛，量也，非是。

嘖以牙者童其角，擇以翼者兩其足，無角無翼，材以道德，捪擬之九日平分。

范望曰：玄一首四日分則有餘，二首九日則平，故曰九日平分也。元氣所生，才力相分，故牙者不角，翼者兩足，無翼無角，材以道德，天之無私，如平九日無餘分也。

林希逸曰：有牙可嘖，則其角童，有翼可揮，則其足二，無角無翼，則有性。

葉子奇曰：此即《董子》與齒去角傅翼兩足之喻，言物無兼足之理。

陳本禮曰：上文言物之不齊，此條見物無兼足之理，如虎豹之以牙齧食故無角，鵰梟之以翼獵食故兩足，惟人無翼無角，必須材之以道德，無道無德，是禽獸也。九日平分者，玄一首四日，分則有餘，二首九日，分則平，故人當修己，以有餘補不足，則可以希聖希賢矣。

存見知隱，由邇擬遠，推陰陽之荒，考神明之隱，捪擬之晷刻。

范望曰：荒謂虛荒無可名之地。此四句《太玄》之奧秘也。晷以知遠，刻以考隱，故擬之也。

葉子奇曰：積微以知著，猶累刻以成日。

陳本禮曰：存，考察也。荒，渺茫也。隱，宥密也。積晷以知刻，累刻以成日。一由外以推內，一由近以驗遠，則天下無難明之事也。

一明一幽，跌剛跌柔，知陰者逆，知陽者流，捉擬之晝夜。

范望曰：逆謂逆知也。流，順也。謂順得（《大典》作德）其事也。幽明難知，柔剛難慮，晝以知陽，夜以知陰，故擬晝夜以逆知微妙之事也。

鄭氏曰：跌讀作更迭之迭。

葉子奇曰：幽明剛柔，即晝夜之象。

陳本禮曰：幽明難知，柔剛難慮，流，順也。順以測陽，晝之謂也。逆以測陰，夜之謂也。

上索下索，遵天之度，往述來述，遵天之術，無或改造，遵天之醜，捉擬之天元。

范望曰：索，數也。上數天，下數地，天地設位，各有度也。醜，類也。往述，往事也。來述，來事也。天有四時，遵之而行，無或改造更作，遵類而長之。三統一元，天之太始，故擬之也。

鄭氏曰：索，徐邈讀《書序》八卦之義謂之八索，蘇故切，求也。陸德明云：本或作素，蓋有所求者，貴不愆其素。本於此。上索下索，遵天之度，依徐邈讀，韻乃叶矣。數，注云索數也，欲得其數者必數以求之。

葉子奇曰：醜，類也。上古甲子冬至夜半甲子為天元，研窮索述曆數之術，莫不本於是也。

陳本禮曰：《玄文》捉擬之者，蓋以七百二十九贊不盡其類，故設為捉辭，得以比義而推廣之。索，探索也。述，傳述也。醜，類也。天行有度，日月有經，往已往，來未來。無或改造者，謂曆法也。曆法定則三統一元，三元甲子，先天地始，後天地終，無能出乎其類者也。

天地神胞，法易久而不已，當往者終，當來者始，捉擬之罔直蒙酋冥。

范望曰：胞謂胞胎也。天地之所包養，變法易度，久而不已，往來終始，不失其本。罔直蒙酋冥，示四方之玄，本之五美之所成，故擬之也。

鄭氏曰：神胞，謂神所包養，法易謂法之變改。

葉子奇曰：神胞言其神妙胚腪，生生之不窮。法易，言其法變易，所以久而不息也。此言萬古之往來始終，即一歲之始終也。此十九節擬《易》制器尚象之事。聖人作經以擬天之理，非天之理反擬于經也。末云天運往來，反捉擬于《玄》之五德，恐成倒道而言也。

陳本禮曰：天地，萬物之胎胞也。神者言其孕育萬物，生生不已也。當往者終，當來者始，此喻漢運已終，莽運方始，擬之罔直蒙酋冥者，直言刺莽也。

點明此句，正應首節維天肇降生民，使之貌動口言目視耳聽心思，五者皆天所生，人之所同也。何以大奸巨憝，獨與人異耶？

故擬水於川，水得其馴，擬行於德，行得其中，擬言於法，言得其正。

范望曰：防川為水，檢德為行（《大典》無行字），範法以正言者，更相匡維之言也。

葉子奇曰：行中皆去聲。

陳本禮曰：此復以水起者，見天地內惟水為馴順，流而不逆，潤物於無窮，猶人之言行然，行必主乎德，則得其中，言必歸乎法，則得其正也。

言正則無擇，行中則無爽，水順則無敗。無敗故可久也，無爽故可觀也，無擇故可聽也。可聽者聖人之極也，可觀者聖人之德也，可久者天地之道也。

范望曰：言正則無擇，口無擇言也。爽，差也。水順則無敗，以柔不犯難也。可久，長久不已。可觀，行無差二，可觀采也。可聽，可聽從而行之。可聽者聖人之极，極盡言無以加之也。可觀者聖人之德，《孝經》容止，可觀聖人之德，故可觀也。可久者天地之道，長久之道，無加於天地也。

鄭氏曰：范注差二，二當作貳，義與弍同。

葉子奇曰：擇，揀也。

陳本禮曰：歸到天地，紐合聖人，倒施逆挽，筆法變化不測。

是以昔者羣聖人之作事也，上擬諸天，下擬諸地，中擬諸人。天地作函，日月固（《大典》作同）明，五行該醜，五嶽宗山，四瀆長川，五經括矩，天違地違人違，而天下之大事悖矣。

范望曰：羣聖人，謂庖犧以來諸述作之聖也。擬天擬地擬人，仰觀俯察，近取諸身是也。醜，類也。言天地函匭，包有萬類，合日月之明，五行該有其類，五嶽宗有太山，四瀆長先大川，五經隱括其矩法，天地兼含有之。天、地、人三者皆違，故悖逆也。

章詧曰：自伏羲畫卦，黃帝造曆，周公、孔子皆贊《易》道，故曰群聖人之作事也。皆與三才同法，故曰擬天、地、人也。自天地判而包函群類，遂有日月與三才同時而臨照，五行之气兼該於萬類，五嶽為群山之宗，四瀆為百川之長，則聖人遂作五經隱括其法，明乎中道，使人各正性命，故不可斯須違之也。苟三才各違其義，則天下大事悖，蓋三儀無違道之理，則天下亦無大悖之事。

許翰曰：《玄》之贊辭皆擬也。氣生類，類生事之敗卒，蓋法三摹。觀凡挽之所擬，則有以見贊之情，不盡其彙者，得比義焉。思以虛權禍福而變通之。如金幣之於天下，臚湊群辟，挽擬八十一首，則唯體玄極，為能蒞此虛贏，在一晝一夜之意，而歲統期道，皆相異而不相悖也。而體有小大，則擬有《玄》章。《玄》以二首平分九日，利不可專，天之道也。《玄》經象辭，蓋擬晷刻晝夜，而數擬天元。天元則歷章會統之所綜也。《易》窮則變，變則通，通則久。罔冥蓋神胞也，始終不已，法《易》如此。

林希逸曰：作函，上下相函也。固（《大典》作同）明，永久之明也。該醜，該徧其醜類也。宗山，為山之宗也。長川，為川之長也。五常之理，括盡其矩法也。

葉子奇曰：此言聖人作經取法於天，揚子作《玄》取法於聖人，故無得而非議也。

陳本禮曰：擬諸天，欲天之從也。擬諸地，欲地之從也。擬諸人，欲人之從也。聖人作經，取法乎天地，故無違逆之事。天、地、人三者既違，則其人之逆倫叛道可知，故曰大事悖矣。

玄圖

范望曰：圖者象也，所以圖象《玄》之形體者。《目錄》曰：圖畫四重以成八十一家，如天運行，道無不通也。四重謂分渾天為方、州、部、家四重之位也。畫者謂以三表一，《易》三畫於四重位中，周施上下，終於八十有一也。《玄》之八十一首，渾淪（原作方金）象天，終則復始，無不通也。《玄》之有圖，猶《易》之有下《繫辭》也。

章詧曰：玄本無象，皆得而窺其用，聖人通之於天地，乃虛設三統四位，狀之圖之，俾有象而可觀也。圖象圓天，極中為玄之位，次設三方，又次分九州，又次列二十七部，下陳八十一家，自玄一以次，以三三之以成象也。所以周一歲之氣，終而復始，相盪無窮也。

鄭氏曰：《玄圖》，許昂謂楊氏始著《玄》時已有此圖，後世妄儒多稱己撰，誣罔世俗，不為愧恥，況范望注《玄圖》云：圖畫四重，解釋甚明，學者宜詳焉。按：范注有兩本，其在一吳朝注，特解贊耳，其一在晉朝注贊與十一篇，通率解之也。稱范望注《玄圖》云者，即其後本也。然以《目錄》觀之，此圖在妄儒所畫，非楊氏舊圖也。蓋圖畫四重以成八十一家，則九贊日、星、節、

候不載也，雖欲贊之七百七十九贊，安可得而具列，亦如首象，唯畫方、州、部、家四位而不及表贊也。四位已明，表贊可知也。今此圖逐首之下，必言九贊日、星、節、候，而不能備，徒為煩冗也。且玄象天，贊象日，《玄攡》曰：日之南也，右行而左還，斗之南也，左行而右還，是以巡乘六甲，與斗相逢也。《漢志》云：星紀初，斗十二度，大雪中，牽牛初，冬至，玄枵初，女八度，小寒中，危初，大寒後，自諏訾以至析木，節氣二十四日，皆隨日右行而左還也。今此圖所畫八十一家，乃隨斗左行而右還矣。則是不曉日之躔度，星之次舍，節候之運行，而全失玄體者也，豈非妄儒所畫歟？昂不知此而妄標籤，狂惑後人，尤可笑也。聞之師曰：《玄圖》中為一玄，外以三方，為一重，九州為二重，二十七部為三重，八十一家為四重，皆右列之，然後周以十二次二十八舍，繫以二十四氣，而渾天之象，《太玄》之體，於是備矣。乃楊氏舊圖如此也。九贊日、星、節、候及一水下下之類，皆當刪除，此圖乖謬，有誤學者，不可不辨也。圖畫，胡卦切，畫，界也，象曰四界，聿所以畫之。《復古編》云：別作畫，非。畫者謂以三表一、二、三易一畫于四重位中，周旋上下，終於八十有一。蓋方、州、部、家始皆一也。以二與三次第變易，故終於三方三州三部三家，而為八十有一也。渾淪象天，終則復始，蓋渾天之象渾淪而行，終則復始，若循環然。八十一首亦如此也。渾淪或作方金，傳寫誤也。《玄》之有《圖》，猶《易》之有下《繫辭》也。按：《首》《測》外九篇，無注（劉按：注，指范注，下云不言所象，都是指范注而言）者五，有注者四，《錯》《攡》不言所象，《瑩》云象上《繫》，《圖》云象下《繫》。聞之師曰：謂《瑩》象上《繫》可也，謂《圖》象下《繫》繆矣。《圖》猶《數》也，皆象《說卦》，其所推明，三玄九天，猶《說卦》之乾坤與其六子也。

陳仁子曰：《玄》有《圖》，所以範圍天地也。天起子而至於午，《玄》始中而終於養，陰陽消息之机，日斗運行之度，寒暑推遷之候，一覽而有餘。雄之研幾微矣哉。

胡一桂曰：圖，象也。首論方、州、部、家及天、地、人之三天，以分八十一首之類。

葉子奇曰：此解剝《玄》之圖象。此擬《易》之大象。

陳本禮曰：擬《易》大象。

一玄都覆三方，方同九州，枝載庶部，分正羣家，事事其中。

范望曰：如圖之形者也。同猶共也。方有三州，三三而九，共九州也。庶，

眾也。州有三部，部數轉多，各亦有枝別，故曰枝載也。部有三家，八十一家，故以羣言之也。分於陰陽，以家正之也。包有萬事，在玄之中。

章詧曰：圖圓象天，正中立極，旋之以斗，本玄無象，因無生有，既有為一，一乃生三，遂生三方，列三方於玄極之下，故曰都覆三方。三方既睽，遂列九州，州之下具以部，部之下序以家。然天下四方也，獨玄指三方者，蓋玄由罔冥之北方以治三方，故方惟三也。

鄭氏曰：覆，如天之覆也。

葉子奇曰：此總言《玄》之方、州、部、家，無所不該也。

陳本禮曰：天以玄統，地以方分，三分其方，所以該九州也。方有三州，三三而九。三分其州，共成二十七部。部再三分，共成八十一家。事事其中，中指《圖》言。

則陰質北斗，日月畛營，陰陽沈交，四時潛處，五行伏行，六合既混，七宿軫轉，馴幽推歷，六甲內馴，九九實有，律呂孔幽，歷數匿紀，圖象玄形，贊載成功。

范望曰：陰為夜也。質，正也。畛，界也。營營，域也。言斗晝則不晃，惟夜可以取正也。故曰日月轉在於營域之中，各有畛界也。沈猶隱也。陰陽之交，隨時隱伏，而四時潛阻改易，不可得而見，故以隱潛言之也。混，同也。言五行王相，休伏於時，六合混同，可得而論，不可見也。面有七宿，四七二十八宿，言七者要舉一面也。運用於天，轉旋更見也。馴，順也。推（《大典》作惟），謀也。歷順從六甲，差次度分，八十一首實有之也。孔，甚也。幽，微也。言律呂微妙，候氣謀上，歷數度伏匿，皆甄紀也。圖象玄形，贊載萬曆，贊謂七百二十九贊之辭，圖以見《玄》之形象，贊辭載其功，見其休咎之事也。

章詧曰：陰，夜也，晝則日所歷之辰。《周官》晝參諸日景是也。惟夜以斗指為正，故曰陰質北斗。《周官》夜考諸極星，極即斗極也。以是日月行會各有躔次畔岸，故曰日月畛營也。陰陽二氣沉伏而交，四時之氣乃潛起而默運，五行之氣或伏或行，皆混六合之中，在圖皆可分也。以此推占，則四方之七宿展轉於天輪，日之所行巡歷於幽微，悉統於八十一首之間，故曰九九實有。九九八十一家之事也。六律六呂，聖人所作，用測陰陽之氣，道甚幽微，故曰律呂孔幽。歷之推步，星辰隱匿而莫測，悉可以數紀錄，故曰歷數匿紀。六甲潛運於十二辰，以成六十，無象于外，故曰內馴。馴亦巡也。六六之數，歲周于

八十一首。玄本無形，圖之則見形也，故曰象玄。玄有形則有用，有用則有功，七百二十九贊顯吉凶之事，事乃見玄之成功也。

許翰曰：章、許及丁別本質上有則字，丁、宋皆無。范作「馴幽推歷，六甲內馴，九九實有，律呂孔幽，歷數匼紀」，宋作「馴幽歷微，九九實有，律呂採幽，歷數匼紀，六甲內馴。」林、郭同宋本。林唯推歷孔幽二字，郭、孔幽字同范、許、黃本。

林希逸曰：畛營，所居之躔度也。沈，伏也。交，相代也。潛處，密運也。伏行，有遲留伏逆也。軫轉，輪轉也。七宿，四方各七宿也。軫，運也。二十八宿，運轉於上，循歷幽微之間，六十甲子寓焉，九九之數有焉。九九者，黃鐘而下有此數也。九九則為律呂，六甲為歷數。孔幽者，甚妙也。匼，隱也。歷紀隱然在中也。玄形，渾儀也。贊載，稱述也。

鄭氏曰：惟，謀也。按：惟訓為謀，本出《爾雅》。或作推歷者，乃以意妄改也。

葉子奇曰：此備言《玄》之配合乎斗日、陰陽、四時、五行、六合、七宿、六甲，莫不具於八十一首之中，以至律呂歷數，亦莫不藏其紀度，所以《玄圖》莫不傳著而昭列焉。

陳本禮曰：此備言《玄》之配合乎斗、日、陰陽、四時、五行、六宿、六甲以至律呂歷數，莫不具於八十一首之中，所以《玄圖》傳著而昭列焉。

始哉中羨從，百卉權輿，乃訊感天，雷椎欸窀，輿物旁震，寅贊柔微，拔㧖（當為根）于元。東動青龍，光離于淵，推上萬物，天地輿新。

范望曰：始哉者，玄之初始，謂天玄也。《玄》有九天，中、羨、從，三天名也。中起冬至十一月，主四十日半，通率三天，主百二十一日半。卉，草也。權輿，始也。訊，誥也。言百革（《大典》作草）之始生，如相告，亦同感於天也。震，動也。雷以動之，欸窀，由內也。正月之時，萬物之生者，尚在曲勾（《大典》作曲勾）之中，雷震驚日出之，故言輿物旁震也。贊，佐也。寅，敬也。亦謂正月建寅之時，萬物尚微弱柔脆，故敬而拔舉其元於泉壤之中，長生而受元氣也。青龍在東方，故言東動也。龍潛於淵，須時當升，故言光離于淵。推，極也。極，出也。出上萬物，而長之於天壤之間，莫不始新矣。

章詧曰：上言百卉，下言坎穴，蟄虫之謂也。欸窀則坎穴也。注謂生物由內非也。

許翰曰：訊與迅同。竃，徒感切。震，音珍。輿物，丁輿作與。拔根，丁別本作拔艱。攉上，許、黃作羅上，宋、丁作攉土，田告云：攉當作催，土當作咄，蓋古攉與催同。

鄭氏曰：雷推，吐回切，進也。或作椎者，誤。欨，舊口感切，本或作欪，傳寫訛謬。竃，舊徒感切，按：《集韻》引《太玄》雷椎欨竃，云：曲內也。震，平聲，叶韻。根音狠，牽也。攉，徂回切，《爾雅》：攉，至也。注訓為極，蓋本於此。

林希逸曰：訊與迅同，速也。雷，聲也。推，出也。欨，字書無，疑作掀。竃，徒感切。輿合作與。震音珍，震響也。東陽生離，淵，出也。推上萬物，林本作攉吐萬物，林曰：攉古通催，上合作吐。天地輿新，林曰：輿合作與。

葉子奇曰：揚子取九天之名，中、羨、從，其三天之名也。每一天主四十日半，三天通主一百二十一日半，中天起冬至，故曰始。凡中、羨、從，共直十一、十二、正、二月四個月。欨，口感切。竃，徒感切。權輿，始也。訊，通問也。雷椎言其始發聲也。輿物，眾物也。柔微，言物尚弱細也。拔根于元，言得元氣而挺舉也。青龍，東方七宿也。光離于淵，言陽氣漸出于幽深之地也。攉上，言推而上也。輿新，言眾物莫不新也。此形容其陽氣之始，萬物漸生之時也。細考九天之名，亦只取八十一家每九家中之為首者名之耳。

陳本禮曰：《玄》有九天，中、羨、從，三天名也。中天起生冬至十一月，主四十日半，通率三天主百二十一日半。此天玄也，中天起冬至，故曰始。權輿，始也。訊問雷椎，狀其始發聲也。輿物，眾物。柔微，言物尚弱細。拔根於元，言物得元氣而挺舉也。青龍，東方七宿也。光離於淵，言陽氣漸出於幽深之地。攉上，推而上也。輿新，言物受天地春生之氣，莫不欣欣而向榮也。此形容其陽氣之始、萬物初生時也。

俞樾曰：輿物旁震，樾謹按：丁謂本輿作與是也，下文云與物時行正與此句一律，涉上文百卉權輿下文天地輿新，故誤作輿耳。

中哉更晬廓，象天重明，雷風炫煥，與物時行，陰酋西北，陽尚東南。內雖有應，外舐亢貞，龍幹于天，長類無疆。南征不利，遇崩光。

范望曰：謂地玄也。在人之中，故曰中哉。亦三天名也。更首斗指辰，謂三月也。亦百二十一日半也。主晬則入四月，純乾用事，故曰象天重明。此謂春夏之時，震巽用事，故曰雷風。光曜萬物，故炫煥，隨天而行之也。酋，聚也。言此時陰皆聚於西北之地，而陽滿於東南也。舐，合也。亢，舉也。內應

謂陰也。太陽之時，陰伏其內而應乎外，以合陰陽，舉正萬物。龍以喻陽，陽為幹，故言龍幹于天也。陽氣幹舉萬物，觸類而長。陽生於子，陰生於午，陽而南征，與陰相遇，光明崩毀，故曰不利。

章詧曰：幹當為翰，翰，飛也，龍陽也，陽氣飛上，長茂萬物，故曰龍幹于天，長類無窮也。陰生于午，陽將南征，為陰所逼，征而不利，摧挫其光。

許翰曰：章作遇乎崩光，宋作遇於崩光。

林希逸曰：渾，明也（《大典》作炫煥，輝明也）。酋，就也。觝，觸也。崩光，喪明也。（《大典》又有光，陽也三字）。

鄭氏曰：觝，典禮切，注云合也，匹耦相觸，所以為合，舊之鼓切。又觶，同，飲器，蓋誤作觝也。按訓為觸者，從氏，与觶同者，從氏，此亦不講小學之過也。亢，注云舉也，蓋讀作抗。幹，注云陽為幹，謂十幹屬陽也。

葉子奇曰：此亦三天之名，亦通主一百二十一日半。更天起穀雨，故曰中。凡更、睟、廓，共直三、四、五、六月四個月。重明，純陽也。炫煥，光明貌。酋，就也。蓋四月六陽已極，五月一陰始萌，內應謂陰萌也。觝，觸也。外亢謂陽極也。南征不利，謂陰生於南方。遇崩光，為衰謝之始也。此形容其陽極生陰，物盛將衰之時也。

陳本禮曰：此亦三天之名，能主一百二十一日半。翰，飛也。舊訛幹。此地玄也。更天起穀雨，故曰中。重明，純陽也。炫煥，光明貌。酋，就也。蓋四月六陽已極，五月一陰始萌，內應謂陰藍也。觝，觸也。外亢謂陽極也。南征不利，謂陰生於南方。遇崩光，為衰謝之始也。此形容其陽極生陰，物盛將衰之時也。

俞樾曰：南征不利遇崩光，樾謹按：章詧本作遇乎崩光，宋惟幹本作遇於崩光，並非也。范注曰：陽而南征，與陰相遇，光明崩毀，故不利。然則遇崩光謂相遇而崩毀其光，若作遇乎崩光，或作遇於崩光，均不可通矣。讀者因此篇多四字為句，故妄增之。然下文曰天地人功咸酋貞，亦七字句。

終哉減沈成，天根還向，成氣收精。閱入庶物，咸首艱鳴。深合黃純，廣含羣生。泰柄雲行，時監地營。邪謨高吸，乃馴神靈。旁該終始，天地人功咸酋貞。

范望曰：謂人玄也。在天地之後，故曰終哉。亦三天名也。減首斗指申，謂七月也。亦主百二十一日半。天根謂冬至牽牛一度也。天始於北方，日移一度。至七月復向北方，故言天根還向也。到春及夏，布散於天地之間，以成天

氣，故安復精神也。閱，簡也。庶，眾也。言秋潛（《大典》作將）盛物，簡閱而入之也。萬物衰殺，物（《大典》作故）咸相首（《大典》作守），何（當作向）艱苦而悲鳴。黃純謂十月也。純坤用事，坤為土，其色黃，故言黃純也。坤厚載物，故言廣含羣生也。泰謂太極也。柄謂斗柄所指也。順時而運，如雲之行也。時謂四時，周而復始，監於地營，域所極也。邪，不正也。謨，謀也。吸，取也。有不正之謀，雖甚高遠，故當錄取而正之，以順神靈也。貞，正也。酋，聚也。謂上下通也。該，兼也。上下旁通於天地之間，萬物人道之功業，咸聚於正。

章詧曰：物有邪傜之謨，為天收吸其餘而更新之，以順神靈之道也。

許翰曰：《玄圖》三之變也，方、州、部、家，一、二、三、四而《玄》在其中，此之謂五之以合虛。雷椎厥窒，輿物旁震，屯也雉雛，季冬感此。寅贊柔微，拔根于元，太簇之氣。東動青龍，光離于淵，則解矣。亢貞之時，龍務蕃類而已，征則不利矣。天根還向，一之反也。自難勤養，深合黃純，則復乎中焉。泰柄雲行，時監地營，斗運而正五辰也。邪謨高吸，乃馴神靈，則贊載成功，謀而取之，無不至也。是以能馴神靈而不悖，旁周終始而功咸酋也。

林希逸曰：陰陽之本，元氣也。閱入庶物，物皆閱見而入斂。咸首囏鳴者，氣感之初，物皆不鳴。咸，感，首，初也。囏，古艱字。深合黃純，指地，地道也。泰柄，柄，斗也。時監地營，隨時監視，隨方營度，斗運有時有方也。斗斜指而可論四時，斗高運而可吞四方。衰謨高吸乃馴神靈者，循天之道也。旁該終始者，該徧曰（《大典》作四）時也。天地人功咸酋貞，酋貞，就正也。《玄攡》《瑩》《捥》《圖》《告》，皆擬《易·繫辭》也。始、中、終九卦，於《玄圖》言之，擬《易·繫》履、謙、井等九卦也。始哉中、羨、從，一首生九首，中至㝎九首，羨至傒九首，從至事九首。以厤言之，則自冬至至穀雨，是其時也。中哉更、晬、廓，亦一首生九首，更至疆九首，晬至大九首，廓至昆九首。以厤言之，則是清明至立秋是其時也。終哉減、沈、成，亦一首生九首，減至視九首，沈至堅九首，成至養九首。以厤言之，則是處暑至大雪是其時也。以二十四氣分而為三，以八十一首亦分而三子（劉按：子字疑誤，《大典》作之）。始哉二十七首，中哉二十七首，終哉二十七首，以其時參其詞，則始之拔根於元，東動青龍，中之陰酋西北，陽尚（《大典》作向）東南，終之天根還向，成氣收精，其義易通矣。辭雖奧澀，得其義則迎刃可解。坡仙所謂淺近者是也。

鄭氏曰：咸首，去聲，向也。衰殺，減也。監，臨下也。

葉子奇曰：此亦三天之名，亦通主一百二十一日半，總九天共計三百四十四日半，為一歲之日數。減天起處暑，故曰終。凡減、沈、成，共直七、八、九、十月四個月。天始於北方，日移一度，至七月復向北方，故曰天根還向也。成氣收精，言氣將斂藏也。庶物衰落，皆始艱苦而悲鳴。黃純，黃泉之純氣也。謂十月之候。泰柄，斗柄也。雲行，如雲之行也。時監地營，謂斗柄時指視地之營域，而分十二辰也。純坤至靜，在人心則寂而不動之時，雖有不正之謀，亦高吸而不發，所以馴於神靈也。陰極陽生，故該中始至此，一歲之功畢矣，故曰天、地、人功咸就而正也。按此一節揚子以一歲分為三節看，故分九天為三節，曰始、中、終。然年有四時，作三節終是牽強費力。且春一月入于夏，冬一月入于秋，又無冬一時，殊不成意義。不若易作兩節。邵子作四節看之，與造化自然合也。

陳本禮曰：此亦三天之名，通主一百二十一日半，總九天共計三百四十四日半，為一歲之日數。此人玄也。減天起處暑，故曰終。天行始於北方，日移一度，至七月復向北方，故曰天根還向也。成氣收精，言氣將斂藏也。庶物衰落，皆始艱苦而悲鳴。黃純，黃泉之純氣也，謂十月之候。泰柄，斗柄也。雲行，如雲之行也。時監地營，謂斗柄時指，視地之營域而分十二辰也。邪，敧側也。謨，範圍也。吸，繫也。天道惟北辰正對天心，其餘三坦七政二十八宿，皆乾罡之神靈也。至此則一歲終始之功咸就正矣。

天匋其道，地枑（《大典》作扡）其緒。陰陽雜廁，有男有女。天道成規，地道成矩。規動周營，矩靜安物。周營故能神明，安物故能類聚。類聚故能富，神明故至貴。

范望曰：匋之言挺也。枑謂施（《大典》作弛）大之也。緒，業也。言天挺立其道於上，地則施大其業於下。陰陽錯雜，以生萬物也。《易》曰：有天地然後有萬物，有萬物然後有男女，故陰陽錯雜而有男女也。天道成規，地道成矩，矩方規圓。規動周營，運轉營也。矩靜安物，方不危也。周營神明，謂晝夜不休以神明也。安物類聚，言物以類聚，歸安平也。類聚能富，神明至貴，言聚以為富，神而明之，故為貴也。

章誉曰：周營萬物，其功不侔，故曰至貴。萬物之性聚安而散動，故曰安物能取類。古人制字以分貝為貧，同田為富，是知類聚故能富也。為萬類之所貴者，謂群出萬類，神明其貴之道也。

許翰曰：柂，直紙切。《詩》云：析薪柂矣，謂隨其理也。

林希逸曰：甸，治也。井甸之意，有倫序也。地柂其緒，柂（《大典》作拖）音侈，有條理也。天道成規，地道成矩者，天圓地方。

鄭氏曰：甸之言挺也，天挺立其道於上，師說甸與奠同，挺當作定，范望承誤立說，猶之難首訓揣為差，羨首謂爽為次也，豈欲以挺對柂言之歟？按：挺，拔也，直也，甸從田從勹，天子五百里內田也，無直与拔之義。《孟子》曰：經界既正，分田制祿，可坐而定也。則甸宜訓定矣。舊說甸之言乘也，本出四丘為甸之說，以其出革車一乘，故與乘同音也。以說天甸其道，則尤乖疏也。柂，時義切，牽也。柂，丑家切，注云：柂謂拖大之也。按：弛（劉按：《大典》范注作拖作弛，與鄭氏所說不盡同）大猶牽長也，故以說地柂其緒，本或作施，傳寫誤也。

葉子奇曰：甸，治也。柂即《詩》析薪柂矣之柂，言順其紋理而析之也。天包乎地而統治其道，地承乎天而順理其緒，陰陽之氣互施，而男女之形分質矣。天體圓，故成規。地體方，故成矩。規則動而周運于外，矩則靜而安物于中，周運則生長收藏之變備，所以成神明之德。安物則飛潛動植之性分，所以就類聚之功。類聚則無物不備，故能富。神明則無化可先，故能貴。此一節極言天地之功用，而兼統乎人也。

俞樾曰：天甸其道，樾謹按：《詩·信南山》篇：維禹甸之，《周官·稍人》注引維禹敶之，是甸與敶通。古田陳同聲，甸通作敶，亦猶齊陳氏之為田氏也。《說文》支部：敶，列也，今經典皆以陳為之，天甸其道者，天陳其道也。范注曰：甸之言挺也，言天挺立其道於上，未得其義。

夫玄也者，天道也，地道也，人道也，兼三道而天名之。君臣父子夫妻之道。

范望曰：天地人三者，俱謂之玄。玄，天也，故以天名也。君臣父子夫妻三者，人倫之大綱，俱存於天也。

許翰曰：極君臣父子夫婦之道而與天合。

葉子奇曰：玄即道也，無所不在，玄備天、地、人之道而總以天名之，以天兼統萬物，人即道也。三綱在人之道，即上文三才之道。

陳本禮曰：此總結《圖》中一玄都覆三方之義。玄之道即天之道，天之道即人之道，天統萬物，故以天名之，而道即人之道也。一理萬殊，萬殊一本，可類推也。

玄有一（《大典》作二）道：一以三起，一以三生。以三起者，方州部家也。以三生者，參分陽氣，以為三重，極為九營，是為同本離生，天地之經也。旁通上下，萬物并也。九營周流，終始貞也。

范望曰：玄所用一，道分用三。以三起者，方、州、部、家，謂轉相三以成四位也。三重謂一一也，一二也，一三也。以三成九，玄有九位也。營猶虛也。《易》有六虛，故《玄》三變為九虛也。經，常也。本同末離，少微長蕃，天地之常也。旁通謂九位旁通於八十一首也。上下謂方、州、部、家升降於四位也。上下旁通，萬物并也。九營周流，謂七百二十九贊終而復始，不失其正也。

許翰曰：宋作玄以一道，以三生，以一起，一以三生，以一起者，方、州、部、家也。以三起者，有方位之所以建立也。以三生者，無方氣之所以造化也。參分陽氣為始中終，而九天周營。范用是為同本離生，章為作謂，生作末，林生同本，離生末。

鄭氏曰：二道，注用《玄》所用一道分為三，蓋一以一起，一以三生，乃《玄》之二道，所分為者也。陽氣元以象天，而持書曰，故和陽氣以為言也。

葉子奇曰：一則玄之體也，三則玄之用也。三起者，三其方為九州，三其九為二十七部，三其二十七為八十一家，皆以三起而成四位也。三生者，分思、禍、福以為三重，而思、福、禍又復各自為三，而為九贊之營位也。同本謂皆始一，離生謂家極於八十一，贊極於七百二十九也。雖其數同出異生，莫不本於天地之常也。是以推之於上下，則其理無不備，運之於九營，則始終無不正，故可以備占筮而知吉凶也。此一節言《玄》之為數為理出於自然，無不該也。

始於十一月，終於十月。羅重九行，行四十日。

范望曰：天根，十一月朔日冬至，終竟十月也。羅猶布也。布有九行，行四十日半，不言半者，就成數也。四九三十六，三百六十日有半，為四日半，故分數不齊，天地難為安也。

許翰曰：九營凡三百六十四日半，而歲成焉。日行四十日者，其半參差不齊，天所以運也。

葉子奇曰：此承上文言，中天始於十一月，成天終於十月，每羅布重數九天而行，其行計四十日半，不言半者，舉成數也。下文復釋九天之義。

誠有內者存乎中，宣而出者存乎羨，雲行雨施存乎從，變節易度存乎更，珍光淳全存乎睟，虛中弘外存乎廓，削退消部存乎減，降隊幽藏存乎沈，考終性命存乎成。

范望曰：陽氣尚閉於內，故存於中天也。羨天主十二月訖正月，萬物始萌出，故言宣而出之也。從天主十月訖三月，萬物枝生，雲雨之所滋潤，故在於此。更天主三月上旬訖四月中旬，萬物華實變也。睟天主四月中旬訖五月下旬，萬物成實而純茂也。廓天主五月下旬訖七月上旬，言是時陰陽伏於下，萬物猶未衰，故火盛於上也。減天主七月上旬訖八月中旬，言是時萬物衰落，從減削也。沈天主八月中旬訖十月上旬，是時萬物已成，將當降隊而蓋藏也。成天主十月上旬至十一月朔，是時萬物已蓋藏，氣至是當復羨生於土中，故言終其性命也。

許翰曰：始於十一月朔旦冬至，而中統之。行四十日半而大寒，則羨統之。又行四十日半而驚蟄，則從統之。更統穀雨。睟統小滿。廓統小暑。減統處暑。沈統秋分。成統立冬之氣，各行四十日半。

葉子奇曰：自睟天之前，無非狀其陽氣之生，馴而至於極盛之時，自睟天之後，無非狀其陰氣之萌，馴而至於極衰之日，以為一歲始終之運也。

陳本禮曰：中天主十一月，羨天主十二月訖正月，從天主正月，訖二月。更天主三月是旬，訖四月中旬。睟天主四月中旬，訖五月下旬。廓天主五月下旬，訖六月上旬。減天主七月上旬，訖八月中旬。沈天主八月中旬，訖十月上旬。成天主十月上旬至十一月朔。自睟天之前，狀陽氣之生，馴而至於極盛之時，自睟天之後，狀陰氣之萌，馴而至於極衰之日，以為一歲始終之運也。

是故一至九者，陰陽消息之計邪。反而陳之，子則陽生於十一月，陰終十月可見也。午則陰生於五月，陽終於四月可見也。生陽莫如子，生陰莫如午。西北則子美盡矣，東南則午美極矣。

范望曰：九贊之位，一至五為息，六至九為消。陰陽消息，天地之計也。反者是復陳之也。陽生於子，子則十一月也。陰終於十月，其變易可觀見也。陰起於五月，陽終於四月，乾消坤息，亦可見也。陽起子終午，陰起午終子，故生陰陽莫如子午也。陽起於子而終於午，西南尚有微陽，故西北而盡美矣。陰起於午而終於子，東北尚有微陰，故東南而美極也。

林希逸曰：子，陽也。午，陰也。西北，乾十月也，陽方盡而後生，東南，巽四月，陰方盡而後生。

葉子奇曰：反，復也。言再陳之也。西北亥位，亥為十月，卦氣屬坤，午雖陰生而陽尚壯，至亥則純陰而陽氣盡矣。東南巳位，巳為四月，卦氣屬乾，子雖陽生而陰尚盛，至巳則純陽而陰氣盡矣。故西北東南之隅，陰陽之美俱盡。此推九天以為一歲之消息。

陳本禮曰：計，會計也。反，再陳之也。西北，亥位，亥為十月，卦氣屬坤，午雖陰生而陽尚壯，至亥則純陰而陽氣盡矣。東南巳位，巳為四月，卦氣屬乾，子雖陽生而陰尚盛，至巳則純陽而陰氣盡矣。故西北東南之隅，陰陽之美俱盡。

故思心乎一，反復乎二，成意乎三，條暢乎四，著明乎五，極大乎六，敗損乎七，剝落乎八，殄絕乎九。

范望曰：思為思內，故思心乎一也。二為思中，故為反復者也。三為思外，思可反復，故成其意也。條，遠也。暢，道也。四為福小，思而生福，故可通也。五為君位，思至意成，故著明也。其德著明，故可以行君事也。六為福大，故極大也。七為禍生，故敗損也。八為禍中，禍之所中，故剝落也。九為禍極，故殄絕也。

葉子奇曰：此推言九贊盛衰之義。此推九贊以為一家之消息。

生神莫先乎一，中和莫盛乎五，倨劇莫困乎九。

范望曰：一為始，《玄》始於一，玄道生神，故生神無先一也。二、五、八者，三者之中也。三，中之中，五，又其中，故盛最也。倨劇，勮也。九為禍極，故劇困也。

許翰曰：倨，音據，傲也。勮，音遽，疾也。郭元亨疏勮作劇。

葉子奇曰：此錯言九贊始中終盛衰之義。

夫一也者，思之微者也。四也者，福之資者也。七也者，禍之階者也。三也者，思之崇者也。六也者，福之隆者也。九也者，禍之窮者也。二五八，三者之中也。福則往而禍則承也。

范望曰：思始於內，故微也。資猶資也，四為福始，故資有以為福也。四五皆為福，故六隆厚也。禍窮於九。九位之中，二、五、八為三者中也。修善以致福，故福往，行惡以受禍，故禍承之也。

葉子奇曰：此錯言九贊思、福、禍三位之所以為始，又錯言九贊思、福、禍三位之所以為終，又錯言九贊思、福、禍三位之所以為中。

九虛設闈，君子小人所為宮也。自一至三者，貧賤而心勞。四至六者，富貴而尊高。七至九者，離咎而犯菑。五以下作息，五以上作消。數多者見貴而實索，數少者見賤而實饒。息與消糺，貴與賤交。禍至而福逃，幽潛道卑，亢極道高。

范望曰：九虛，九位也。闈，闔也。九位闈設，有善有惡，陽為君子，陰為小人，各隨其事而宮容之也。一為下人，二為平人，三為進人，未祿位，故貧賤也。進德修業，故心勞之也。四為下祿，五為中祿，六為上祿，故富貴。奉而伸之，故尊高也。七為失志，八為疾瘀，故離咎。九為禍極，故犯災。一息至五，六消至九。數多數少，謂六以上者，居上而數多，故見貴。高亢有悔，故衰索也。謂五已下也。居上而數少，故見賤。因以息進，故饒也。消息相糺錯，貴賤相交更代也。更相避逃。幽潛亢極，一與九也。

許翰曰：諸本作虛饒，許作實饒。許、黃無福至一句，宋、丁禍至一句在上，今從章本。

林希逸曰：此論九贊之中，五以下四、三、二、一也，五以上六、七、八、九也。

葉子奇曰：九位設而君子小人之道莫不具於其內也。此結上文之意。一至三，四至六，七至九，此分九贊作三截，以看盛衰。五以下，五以上，此分九贊作兩截，以看盛衰。數多謂五以上，六、七、八、九也。數少謂五以下，一、二、三、四也。貴而實索，位高而作消，賤而實饒，位卑而作息。索，衰索也。揚子此數語雖因數及理，於看世變盛衰互相倚伏，至為精當。天地生物之理亦然。外面枝葉茂盛，而本根已虛，外面枝葉彫枯，而本根反生息矣。天地盈消亦然。幽潛謂初以上，亢極謂九以下，道卑謂謙，道高謂驕，此言造化互相倚伏。通結上文數節之意。凡物到盛極便有衰的意思。

晝夜相承，夫婦繫也。終始相生，父子繼也。日月合離，君臣義也。孟季有序，長幼際也。兩兩相闖，朋友會也。

范望曰：晝為陽，夜為陰，更相承順，如夫婦之相丞繫，為室家之道也。終生於始，始生於終，如父子之相繼續也。日月之行，有合有離，君臣之義，不可則去。際，接也。人道之有長幼，蓋取之孟季之相周接。一六合北，三八合東，二七合南，四九合西，五五合中，志同者相合朋友也。

林希逸曰：丞與承同。日月合離，君臣義也，月助日也，以比君臣也。合離，行度也。

葉子奇曰：日月合離之象，有道合則從、不可則去之義。兩兩相闢，謂《河圖》一與六合，二與七合，三與八合，四與九合，五與十合。此一節推造化之理，即五常之道。先儒謂曆數之學到揚子方及理，謂此類也。

一晝一夜，然後作一日。一陰一陽，然後生萬物。晝數多，夜數少。象月闕而日溢，君行光而臣行滅。君子道全，小人道缺。

范望曰：不晝不夜，無以為一日之數。無陰無陽，萬物不生之也。夏至晝漏六十刻，冬至夜漏六十刻，夜長無過冬至，晝長無過夏至，冬至之夜，不及夏至之晝，故晝數多也。日為君，月為臣，君常光明，故臣常有闕退也。道缺，謂有虧損也。

許翰曰：章又有晝數長夜數短者，衍也。宋作晝數多而夜數少。參摹而四分之，極於八十一。旁則三摹九據，極之七百二十九贊。是以由始、中、終著思、福、禍，以盡陰陽消息之計。《玄》凡三百六十四夜，三百六十五晝，是為晝數多，夜數少，陽饒而陰乏也。

林希逸曰：月有小闕也，與虧同。日有餘溢也。滅，暗也。君陽臣陰也。

葉子奇曰：晝夜長短，以夏晝冬夜互相填補，亦各分齊，而此言晝數多夜數少者，蓋《玄》數止於九，為陽數者五，為陰數者四，是以七百二十九贊為晝者三百六十五，為夜者三百六十四，故云然也。下文復推言陽盛陰微、陽全陰缺之義，明晝多夜少之理也。又曆家以日未出二刻半而天已明，日入二刻半而天方夜，以此推之，蓋亦晝數之多，而用扶陽抑陰之義歟。

一與六共宗，二與七共朋，三與八成友，四與九同道，五與五相守。

范望曰：一與六，在北方也。二與七，在南方也。三與八，在東方也。四與九，在西方也。五與五，在中央也。

葉子奇曰：此《河圖》數，即《易》五位相得而各有合是也。

陳本禮曰：一，艮。六，坤。二，震。七，離。三，巽。八，坎。四，兌。九，乾。五，天。五，地十。

玄有一規一矩，一繩一準，以從橫天地之道，馴陰陽之數。擬諸其神明，闡諸其幽昏，則八方平正之道可得而察也。

范望曰：一規，謂天象也。一矩，謂地象也。一繩，謂南北為經也。一準，謂東西為緯也。南北為從，東西為橫。順天地之道也。准擬神明之道而作之也。幽昏者，闡而大明也。若上之說，則《玄》之道皆可觀察而見之也。

許翰曰：三、八為規，四、九為矩，二、七為繩，一、六為準，界辨而隔分，則八方平正之道可得而察。

葉子奇曰：規謂天圓，矩謂地方，繩謂南北為經而直，準謂東西為緯而平，由《玄》具此理，所以從橫天地陰陽之道，擬闖神明幽昏之奧，故於天下之道莫不得而察焉。

玄有六九之數，策用三六，儀用二九，玄其十有八用乎。

范望曰：六九五十四，所謂終於五十有四策。三六十八，蓋取一一也、一二也、一三也、二一也、二二也、二三也、三一也、三二也、三三也之數，以為十八策也。儀，正也。正之以二九，為三十六。初取象於三六，而正之以二九，分而計之，皆十八，故言玄以十八為用也。不正言十八，而言二九者，《玄》之辭也。

胡一桂曰：六九之數者，《易》老陽九，老陰六，準而為《太玄》。策用三六者，一一也，一二也，二三也，二一也，二二也，二三也，三二也，三三也。天、地、人合之為十有八策也。儀用二九者，二九亦十八。

葉子奇曰：六九者，蓋天、地、人綜其實各有十八，故為五十四，三六十八，二九亦十八，二者不殊而分策。儀而為二者，蓋策以三而衍，儀以兩而配也。所以玄皆十有八用也。

泰積之要，始於十有八策，終於五十有四。并始終策數，半之為泰中。泰中之數，三十有六策，以律七百二十九贊。凡二萬六千二百四十四策為泰（原作太）積。七十二策為一日。凡三百六十四日有半踦滿（劉按，踦滿即七百二十九贊之後的踦贏二贊），以合歲之日而律歷行。

范望曰：泰積之要，謂泰積策而要數之。始於十有八策，終於五十有四，謂天、地、人各十八，合五十四也。以始於十八，并天、地、人之數，為七十二也。中分之，故名為太中也。律，法也。以三十六策，七百二十九贊由之而生也。泰積，謂積其大數。《玄》自天推一晝一夜於七百二十九贊，贊為晝者三百六十五，為夜三百六十四，不周《顓頊曆》四分日之三，不周《太初曆》日之半又千五百三十四（原作九）分日之三百八十五。所以不周者，以有陽數贏，陰數虛也。故《玄》虛贏之分，所以為二贊以滿《玄》數，為三百六十五日四分日之一。《玄》之有踦滿，猶年歲之有閏月也。《玄》以陰陽為本，故兼該《顓頊》《太初》二曆。踦滿二贊，以合歲之日，而行律曆也。

胡一桂曰：（玄其十有八用至終於五十有四）蓋天地人各十有八，三箇十八合為五十四。并終始策數半之為泰中：并終始二者之策數，總之為七十二。蓋總上十八策與五十四策之數也。半之為泰中者，以七十二中分之以三十六策為泰中也。（泰中之數至為泰積）《圖象辨疑》曰：一首九贊，一贊三十六策，一首計三百二十四策，八十一首共計二萬六千二百四十四策，是為泰中積數。愚謂此所謂以三十六策律七百二十九贊也。每贊必三十六策者，即揲法以三十六策策三用三十三策故爾。（七十二策至日有半）《辨疑》曰：兩贊直一日一夜，一日一夜，計七十二策而周天三百六十五日，當二萬六千二百九十策，又加四分度之一，實於七十二策中得十八策，通計二萬六千二百九十八策，其八十一首即得二萬六千二百四十四策，以七十二策為一日，只得三百六十四日半。（踦滿焉至律曆行）《辨疑》曰：更欠半日，當三十六策，及四分度之一，當十八策，計欠五十四策，遂加一踦贊，計三十六策，補其半日，通成三百六十五全日，又加贏贊，準十八策，以為四分度之一，則知《玄》策與周天無不合矣。

葉子奇曰：始數十八，終數五十四，并始終共得七十二數，以七十二數折半，得所用三十六策，為泰中之數，以三十六策乘七百二十九贊，則得二萬六千二百四十四策，為泰積之數，以七十二策當一日，除二萬六千二百四十四策，凡為三百六十四日有半，於歲法尚少四分日之三，故以踦滿以備。進退盈縮之度，以合一歲之日，而律曆之道行焉。

故自子至辰，自辰至申，自申至子，冠之以甲，而章會統元，與月蝕俱沒，玄之道也。

范望曰：太初上元十一月甲子朔旦冬至無餘分，後千五百三十九歲，甲辰朔旦冬至無餘分。又千五百三十九歲，甲申朔旦冬至無餘分。又千五百三十九歲，還甲子朔旦冬至無餘分，十九歲為一章，二十七章，五百一十三歲。一會，會者日月交會一終也。八十一章，千五百三十九歲為一統。從子至辰，自辰至申，自申復子，凡四千六百一十七歲為一元。元有三統，統有三會，會有二十七章，九會二百四十三章。沒，終也。置一元之數，以章會三統，凡九會統數除之終盡焉。一章閏分盡，一會月食盡，一統朔分盡，一元六甲盡。《玄》之道，班氏：《玄》與《太初曆》相應，亦有《顓頊》之曆焉，此之謂也。

許翰曰：丁、宋作與月食沒，具玄道也，章作與月蝕沒，俱玄之道也。天以六為節，陽中之陰也。地以九制會，陰中之陽也。陰陽變通而利用生也。策

象天數，地儀天而匹之，人觀法焉。故其數始於十有八策，終於五十有四。天地人數始終相極，而《玄》以十有八用為之宗。是以並五十有四而為七十有二，此一晝一夜之策也。而一歲象此，故七百二十九贊律於泰中三十有六。凡贊之策三十有六，積是以為二萬六千二百四十四策而成歲也。中、羨、從，自子至辰，更、睟、廓，自辰至申，減、沈、成，自申至子者，一歲之方也。而四千六百十有七歲象此。十九歲為一章，二十七章為一會，三會為一統，三統為一元。統凡千五百三十九歲。甲子朔旦冬至為天統，甲辰朔旦冬至為地統，甲申朔旦冬至為人統，象玄三方。與月蝕俱沒者，統合八十一章，元綜九會。每會則盡一月蝕之數。月蝕，數之盈也。陸績曰：置一元之數以九會除之終盡焉，一章閏分盡，一會月蝕盡，一統朔分盡，一元六甲盡。

胡一桂曰：故自子至辰八十一，自辰至申八十一，自申至子八十一，冠之以甲，而甲子至甲辰，甲辰至甲申，甲申至甲子，千五百三十九載為一統，一統周而餘分盡焉，由是十九歲為一章，一章而閏分盡，則一朔旦冬至之首名焉。若僖五年辛亥朔日南至是也。共二百四十三朔旦冬至，計四千六百一十七歲為一元，二十七章五百一十三歲為一會，一會月蝕盡，八十一章千五百三十九歲為一統，一統朔分盡。自子至辰，自辰至申，自申至子，凡四千六百一十七歲為一元。一元六甲分盡，則章、會、統、元四者之法，與月食俱沒而餘分盡焉，茲玄之為道也。

葉子奇曰：十九年七閏為一章，章者，至朔分齊閏無餘分也。二十七章五百一十三歲為一會，會者，日月交會一終也。凡三會八十一章一千五百三十九歲為一統，閏朔並無餘分，但非甲子歲首也。凡三統二百四十三章四千六百一十七歲為一元，至是閏朔既無餘分，又值甲子歲首也。自漢太初十一月甲子朔冬至起元無餘分，後千五百三十九歲，甲辰朔旦冬至無餘分，又千五百三十九歲，甲申朔旦冬至無餘分，又千五百三十九歲，還甲子朔旦冬至無餘分，至是復再起元也。蓋一章閏分盡，一會月蝕盡，一統朔分盡，一元六甲盡，此天地運數一終也。揚子精於曆數之理，卻以曆數之理而為《玄》。愚按二十七章為一會，部法也。八十一章為一統，家法也。二百四十三章為一元，表法也。曆與玄，二而一者也。

陳本禮曰：引葉注。又按：子雲以曆數配《玄》，所以警人心而明世運也。考《太乙統宗》以上、中、下三元甲子紀算，從黃帝六十一年起，為上元甲子，至本朝嘉慶九年止，為下元甲子，統計七十五甲子。若再算至嘉慶乙亥

歲，計其四千五百一十一歲，即從黃帝元年起，亦僅得四千五百七十一歲，較之《太玄》三統一元之數，尚少四十六年，為一大終也。惟《皇極經世》所謂一元者，與泰積之說異。邵子曰：自有天地至於窮盡，謂之一元。一元有十二會，一會有一萬八百年，子會生天，丑會生地，寅會生人，至戌會則閉物而消人，亥會則則消天而消地，至子會則又生天而循環無窮矣。自寅會箕一度至午會星一度，該四萬五千餘年，正唐堯起甲辰之時也。又按《春秋元命苞》曰：天地開闢，至魯哀公十四年，獲麟之歲，凡二百二十六萬七千年。今從獲麟歲再算至本朝嘉慶乙亥歲止，則為數更多，若以一元六甲盡為天地運數一終較之，則渺乎小矣。而子雲設為此說者，蓋甚言天地終窮尚有厄運，人可不早為猛省乎？

玄告

林希逸曰：準《說卦》。

胡一桂曰：告，示也。亦多論天地人之道，及陰陽晝夜與玄之辭。愚案：司馬溫公《讀玄》云：《易》有《彖》，《玄》有《首》，論一首之義。《易》有爻，《玄》有贊，《易》有《象》，《玄》有《測》，以解贊。《易》有《文言》，《玄》有《文》，解五德并中首九贊。《易》有《繫辭》，《玄》有《攡》《瑩》《棿》《圖》《告》，五者推贊《太玄》。《易》有《說卦》，《玄》有《數》，論九贊所象。《易》有《序卦》，《玄》有《衝》，序八十一首陰陽，相對解之。《易》有《雜卦》，《玄》有《錯》，雜八十一首說之是也。

玄生神象二，神象二生規，規生三摹，三摹生九據。

范望曰：玄，天也。神者妙萬物而為言者也。二者，天地也。天地之神物，不可得形而見，唯象二儀而神玄也。規者象天之形。摹者索而得之，謂三玄之義也。九據，九位也。天地人各三變，三三而九，故有九位也。

許翰曰：自玄冥而發乎神光，故神象二。二運無方，是以生規。

葉子奇曰：玄一理也，神兼理言，象以氣言，規言神氣二者圓而不滯也。又規者徑一圍三，已具三數，故生三摹。摹者言其形象可摹索也。九據，九贊之位可依據也。此雖改名換說，不過一生二，二生三，三生九之理耳。

玄一摹而得乎天，故謂之有天。再摹而得乎地，故謂之有地。三摹而得乎人，故謂之有人。

范望曰：謂天玄也，謂地玄也，謂人玄也。

許翰曰：諸本作有，宋作九，地、人同。規三摹之，而天玄地玄人玄得焉。

葉子奇曰：三索而三玄之道備。

天三據而乃成，故謂之始中終。地三據而乃形，故謂之下中上。人三據而乃著，故謂之思福禍。

范望曰：天玄三變，地玄三變，人玄三變。

許翰曰：摹必有據以建立，是以九據旁極七百二十有九。九贊之事，三極之道也。

葉子奇曰：天地人又各自為三位也。

下欲上欲，出入九虛。小索大索，周行九度。

范望曰：欲猶合也。下合上合，謂五位相得而各有合，而出入九位之中。度，居也。九居亦九虛也。陽稱大，陰稱小，小索謂二四六八也。大索謂一三五七九，周行於九虛之中也。

許翰曰：欲，呼合切。《說文》：歠也。

葉子奇曰：欲，呼合切，欲猶合也。此承上文推言九贊之相合，陰陽家之相錯也。上下相合，謂初一與次六，次二與次七，次三與次八，次四與上九也。九虛，九贊之位也。即《易》言六虛。小謂陰，指陰家。大謂陽，指陽家。《玄》以九贊當四日半，合陰家陽家，通得九日。一日即一度也。

玄者神之魁也，天以不見為玄，地以不形為玄，人以心腹為玄。

范望曰：魁，藏也。言神藏於玄之中也。以其高遠，不可得而分明，故以玄妙言之也。地之廣遠，不可形別，亦以玄言之也。人之心腹，不可忖知，猶天地之高遠，故摠以《玄》名也。

葉子奇曰：魁，始也，首也。玄者妙萬物而無不在，萬物莫不本之以始也。

天奧西北，鬱化精也。地奧黃泉，隱魄榮也。人奧思慮，含至精也。

范望曰：言十月之時，純陰用事，陽氣在地下，鬱然於此中，故十月之中夜，而精氣變化也。魄者萬物之精體而未變者也。十一月時，陽氣在黃泉之中，奧藏其體，然後榮華也。人含思慮，故以為奧藏也。

許翰曰：天奧西北，則化精冥於混沌無端。宋作黃淵。地奧黃泉，則信無不在乎中，萬物隱焉。此魄榮也。罔之時也，所謂潛天而天，潛地而地，亦極此奧而已矣。《玄》象如此，而人將造之。非遺物離人，精思超詣，則莫能入。《攡》曰：欲違則不能，默則得其所，此《玄》要也。玄得而神明生之，則動

靜之變皆玄事也，休咎好醜皆玄法也。天地闔闢，萬物並興，而玄不動。若瑂若刻，生生化化，而玄無為。析愿迪哲，詔姦隱慝，百度蓄舉，而玄莫建。始終相糾，古今相盪，統元無盡，而玄不逝。豈非所謂萬物皆備於我，道心惟微者哉？不二者，玄之常，凡二者，神之變也。丁、宋含作合。

葉子奇曰：西北純陰，萬化未兆，故不見。黃泉潛氣，萬物未生，故不形。思慮入神，未致其用，故在心腹。鬱化精，氣之所由生。隱魄榮，體之所由藏。含至精，理之所由出。

陳本禮曰：魁，始也，藏也。神藏於玄之中，玄者妙萬物而無不在，萬物莫不本之以始也。西北純陰，萬化未兆，故不見。黃泉潛氣，萬物未生，故不形。思慮入神，未致其用，故在心腹。鬱化精，氣之所由生。隱魄榮，體之所由藏，含至精，理之所由出。

天穹隆而周乎下，地旁薄而向乎上，人蓍蓍而處乎中。天渾而撣，故其運不已。地隤而靜，故其生不遲。人馴乎天地，故其施行不窮。

范望曰：穹隆，天之形也。渾天象之，包有於地下者也。旁薄，地之形也。蓍蓍，眾多之貌也。居天之下，地之上，二者之中也。撣猶安（原作移）也。渾侖而運無窮也。隤猶安也。安靜以生萬物。暑往寒來，無遲疾也。言人順四時而不違，可以長生無窮匱也。

許翰曰：蓍，《釋文》音泯，宋作茛。宋作撣。

林希逸曰：人茛茛，茛音泯。

葉子奇曰：蓍，音泯，蓍蓍，眾多之貌。渾而撣，言其圓而轉也。隤而靜，言其順而安也。不已，天運無窮。不遲，地道敏樹。

天地相對，日月相劌。山川相流，輕重相浮。陰陽相續，尊卑不相黷。是故地坎而天嚴，月遄而日湛。五行迭王，四時不俱壯。

范望曰：劌之言會也。日月之行，一歲十二會。天施地生，故相對而成萬物也。水出於山而流於川。重為輕根，浮於水也。更相續代，晝夜四時是也。天尊地卑，不相褻黷。天成嚴於上，地洿坎於下。遄，疾也。湛謂潭，潭，徐遲之貌也。月日行十三度故疾，日日行一度，故遲也。壯，大也。迭，更也。休廢更用事，故不俱壯也。

林希逸曰：劌，居御切，傷也。日月相食也。浮，過也。坎，陷也。天嚴，穹，尊也。月遄而日湛，沈遲也。四時不俱壯，有時衰也。

葉子奇曰：劌，居衛切，劌，割也，言其相侵蝕也。此言物必對待成體，

無孤立之理，所以成變化也。邁，速也。湛，遲也。多險阻，故地坎，不可升，故天嚴。一日行十三度十九分度之七，故月速。一日止行一度，故日遲。迭王，功成者退，不俱壯，物無並盛之理。朱子曰：天地之間無兩立之理，非陰勝陽則陽勝陰。

陳本禮曰：劂，會也。此言物必對待成體，無孤立之理，所以成變化也。

日以昱乎晝，月以昱乎夜。昴則登乎冬，火則發乎夏。南北定位，東西通氣，萬物錯離乎其中。

范望曰：昱，明也。登，成也。昴星中則冬，火星中則夏，以成其時也。子午之位，陰陽之府也。木王則金死，氣應相通也。錯，雜也。言相雜離於天地之中也。

林希逸曰：昱，由鞠切，日明也。昴則登於冬，日短星昴。錯雜，麗也。

葉子奇曰：昱，明也。昴，十一月昏之中星。《書》曰：日短星昴是也。火，五月昏之中星。《書》曰：日永星火是也。不言春秋者，舉冬夏以見之也。南北定位，兩極為之樞，東西通氣，三辰之所運。此一節蓋言日月所以分晝夜，中星所以正四時。南北所以定天經，東西所以行天緯，而萬物莫不包羅於其內也。

玄一德而作五生，一刑而作五剋。五生不相殄，五克不相逆。不相殄乃能相繼也。不相逆乃能相治也。相繼則父子之道也。相治則君臣之寶也。

范望曰：《玄》起於一，故一為德而五生也，謂五行相生者也。相生則相剋，故亦以為刑。五行相克害，故有五剋也。殄，絕也。言更相生，無絕已也。更相克害，不相為逆。相繼，如父子之道也。相治，以上治下，下順於上也。各寶其位。

許翰曰：一刑，丁、宋上有玄字。

林希逸曰：生者為德，克者為刑，即五行也。五克不相逆，以克為用。

葉子奇曰：五行有相生，有相制，相生所以為父子，相制所以為君臣。

玄日書斗書而月不書，常滿以御虛也。歲寧恙而年病，十九年七閏，天之償也。

范望曰：《玄》書日及斗所指者，以其常滿常指故也。月有虛贏，或取其施，以補不足，故或大或小，遲疾無常，故不書也。寧，安也。恙猶著也。一歲之數，有足者，有減者。足則年安，不足則為病，故曰年病也。二十九日九百四十分日之四百九十九為一月，十二月凡三百五十四日為一年。三年一閏，或五年再閏，十九年七閏。月有長有短，隨年所病而償之，故曰天之償。

許翰曰：章作玄日斗書。常滿，丁、宋上有日字。寧悉，諸本皆作能悉，唯張顥本作寧悉。

林希逸曰：日滿月虛，即日可知月也。悉，多也。病，減也。十九年七閏，建欠斂也。

葉子奇曰：滿謂日斗所行所指有常，故可書。虛謂月所行不常，故不可書。此蓋以有常而御無常也。恙，憂也。寧恙言無憂也。蓋節氣為歲，月朔為年，歲道常舒而有餘，故無憂。年道常縮而不足，故有病。是以十九年而置七閏，以償還其不足之數也。

陳本禮同葉注。

俞樾曰：歲寧悉而年病，樾謹按：日躔黃道一周歷春夏秋冬四時，其三百六十五日有奇，是為一歲，月離白道一周，歷朔弦望晦復追及日而合朔，十二合朔共三百五十四日有奇，是為一年，歲與年較多十一日弱，所謂氣盈也。年與歲較少十一日弱，所謂朔虛也。歲寧悉即氣盈之謂，年病即朔虛之謂。寧乃語詞，諸本或作能，能亦語詞也。悉者盡也，自立春至大寒而歲實始盡，然正月朔日立春至十二月晦日尚未至大寒，是年病也。病者病其不足也。於是三年必置閏焉，故下文曰十九年七閏，天之償也。范注曰：一歲之數足則年安，不足則病，混歲年而一之，則足與不足於何見之乎。

孫詒讓曰：范注云：寧，安也，恙猶著也。一歲之數有足者有減者，足則年安，不足則為病，故曰年病也。寧恙，司馬從張顥本作寧悉（《集注》）。俞校云：歲與年較多十一日弱，所謂氣盈也。年與歲較少十一日弱，所謂朔虛也。歲寧悉，即氣盈之謂，年病，即朔虛之謂。寧乃語詞。案：俞以氣盈朔虛說此章之義，是也。而從張顥本以恙為悉，則未塙。恙當讀為養，恙與養同從羊聲，古字通用。《大戴禮記·夏小正》云：時有養日，《傳》云：養，長也，此以養與病文相對，朔虛謂之病，則氣盈謂之養，固其宜矣。

陽動吐，陰靜翕，陽道常饒，陰道常乏，陰陽之道也。天彊健而僑躍，一晝一夜，自復而有餘。日有南有北，月有往有來。日不南不北，則無冬無夏。月不往不來，則望晦不成。聖人察乎朓側匿之變，而律乎日月雄雌之序，經之於無已也。故玄鴻綸天元，婁而拑之於將來者乎。

范望曰：陽動吐，謂春夏也。春夏陽氣動吐，生萬物也。陰靜翕，謂秋冬也，秋冬陽氣翕斂而蓋藏，故言靜。陽道常饒，謂動生也。陰道常乏，謂靜翕也。翕斂，故乏也。陰乏陽饒，是其道也。天行健也。僑躍猶動作也。天之運

轉，一晝一夜過周一度，故曰饒也。南至牽牛，北至東井。南為太陽，北為太陰，陽精至太陽，故為夏也。陰精至太陰，故為冬也。以望晦別小大之代。朓，見也。晦而月見西方為朓，朔而月見東方為側。朓側，變之貌也。日雄月為雌，聖人觀其變會之次序，經於天而無已也。鴻，大也。綸，率也。言《玄》大率天元而夐拑著，求於將來之事。《易》所謂章往察來者也。

許翰曰：陽動吐，宋作陽動而吐，陰靜而翕。陽之道也常饒。陰之道也常乏。僑，渠消切，高也。或與蹻通，居表切。蹻，音據。朓，勑了切。諸本無朒字，宋作朓朒，校張顥本亦然。三百六十五度四分度之一而周乎天，年十二月凡行三百五十四度，而十度四分度之一入于嗣歲。所謂閏者，積此奇也。行不足乎天度，此年病也。故以其閏償之，十九年七閏而歲寧悉。《玄》經象歲，故曰八十一首，歲事咸貞。寧無不安，悉無不足者，章之成也。朓，月行疾。朒，月行遲。晦見於西謂之朓，朔見於東謂之朒。側匿者，失正行也。拑之，丁、章作扗。將來者乎，乎或作也。

林希逸曰：吐，出也。翕，入也。饒，多也。乏，少也。僑蹻，高之貌。僑，渠消切，又與矯通。蹻音據。晦見於西謂之朓，朔見於東謂之朒，側匿，失正行也。四者皆日月之變。雌雄之序，干為雄，支為雌。屢，發明不一也。拑，巨淹切，拑摘而發明之。

葉子奇曰：此槩言二氣之為體。邵子曰：陽主闢而出，陰主翕而入，饒乏謂晝多夜少，日滿月虛之類。僑蹻，遷動貌。天一日繞地一周而過一度，積三百六十五日四分日之一，復與日會。晦而月見西方為朓，朔而月見東方為側匿，雌雄之序謂大小月。鴻綸謂大端緒也。天元即上元甲子朔旦冬至。拑謂非一端立法而扭束之，如立章、會、統、元之法以扭束於將來也。蓋日與天會而成歲，月與日會而成月，此其常也。而有朓有側匿，此其變也。雖其有變有常，而但律乎日月大小之經朔，以為氣朔盈虛，使經行於無窮也。此《玄》大端緒起於天元，所以千歲之日至可坐而待，豈非多立歷度以扭束於將來者乎？

陳本禮曰：僑蹻遷動貌至此其變也，同葉注。聖人察乎其變，而但律乎日月大小望朔之常，經之於無已者，法天也。《玄》之道與天同，故能彌綸天地之道，拑制賢奸，使賢智不得踰其度，大奸不能逃其網，將來一字，與上無已相呼應。

孫澍曰：朓音朓，《說文》：晦而月見西方謂之朓。朒，女六切，音衄，朔而月見東方曰朒。

大無方，易無時，然後為神鬼也。神遊乎六宗，魂魂萬物，動而常沖。故玄之辭也（葉本作故玄之贊辭也），沈以窮乎下，浮以際乎上。曲而端，散而聚，美也不盡於味，大也不盡其彙。上連下連，非一方也。遠近無常，以類行也。或多或寡，事適乎明也。

范望曰：神者妙萬物而為言，鬼者明變化無常方，可謂妙明也。不居四時天地者，名為六宗，今有六宗祠是也。魂魂，眾多之貌也。言六宗之神眾，與萬物生長，猶能常自沖虛，而況於人乎。沈窮乎下，謂一也。沈在黃泉之中也。浮際乎上，謂九也。九為上天也。際，接也。交接於天上也。端，正直也。曲得其情，故正直也。散，布也。布已傳知，聚之於天也。《老子》曰：五味令人口爽，必美其道，故不盡其味也。彙，類也。舉端而已，故大也。上下連王，非一方之事也。觸類而求之，不嫌遠近也。言玄之辭多不為繁，少不為不足，取其中適，以明其仁義。

許翰曰：宋作大無方無時，然後為鬼神，下無也字，以神鬼為鬼神。宋、許作遊，黃作斿，蓋古字通。

林希逸曰：端，正當也。美也不盡於味，其味之美無盡也。大也不盡其彙，其類之大，亦無窮也。

葉子奇曰：言其變化，大無定體，變無定時，始見其屈伸往來功用之妙也。六宗，天地四時也。魂魂，即《老子》夫物芸芸義同，言物盛多也。言神遊行於天地四時，生成眾多之萬物，而其動未嘗不沖和也。此言天地功用之妙。窮下際上，言極其高深，曲端散聚，言極其精一。不盡於味，不盡其彙，書不盡言也。非一方，以類行，觸類而長也。是以或多或寡，事理務近乎明達而已。此言贊辭旨意之深。

陳本禮曰：神，陽神，鬼，陰神。《詩》曰：皇矣上帝，監觀有赫。又曰：赫赫厥聲，濯濯厥靈，鬼神之謂也，人可不畏天，寧不畏鬼神乎？是以提出鬼神以為將來之驗。神游乎六宗者，言其變化往來神妙萬物而莫能測也。魂魂，渾沌無知貌。動而常沖者，謂吉人遇之吉，凶人遇之凶，如虛舟之無心而觸物也。故曰沖。

故善言天地者以人事，善言人事者以天地。明晦相推，而日月逾邁。歲歲相盪，而天地彌陶之謂神明不窮。

范望曰：天地有施生，人道有仁義，推人事以知天道，法天道以為仁義也。

邁，行也。推明晦而日月逾邁。運，行也。盪猶盪濯也。彌，大也。陶，化也。言歲歲相盪濯，天地大化，萬物以生，謂之神明。神而明之，故不窮也。

葉子奇曰：天、地、人事其理一也。逾邁，逾往也。彌陶，愈化也。由其神明不窮，所以造化亙古亙今而不息也。承上文言天地之道。

陳本禮曰：天、地、人事其理一也。明有王法，幽有鬼神，勿謂天高而人事遠也。逾邁，逾往也。相盪，謂化古成今。彌者補縫其闕陷。陶者，和其水土而摶埴之也。由其神明不窮，所以生人生物，亙古今而不息也。此明上文言天地之道。

原本者難由，流末者易從。故有宗祖者則稱乎孝，序君臣者則稱乎忠。實告大訓。

范望曰：言原本天地之原，實為難從，從俗之末流，故易可為也。《玄》起於天元，所謂難由也。言《玄》包羅於天地，揔綜於萬物，有祖宗父子之道，君臣夫婦之義，此特復言忠孝者，聖人之德無以加於孝乎。非孝子不得為忠，忠臣必出乎孝子之門。忠孝莫能兩舉，故又別而言之，以見於忠孝之大義也。訓，教也。忠孝之教，玄道實以告示於人也。

范本此篇之後有一段文字：楊氏本自《玄首》已下，至《玄告》，凡十一篇，並是宋衷《解詁》、陸績《釋失》，共為一注。范望采二君之業，折衷長短，或加新意，就成此注。仍將《玄首》一篇加經贊之上，《玄則》（當作測）一篇，附逐贊之末。餘自《玄衝》已下，至《玄告》九篇，列為四卷。三家義訓互有得失，以待賢者詳而正焉。劉按：此當是宋人校定《太玄》時所寫的跋。

許翰曰：《玄》之辭以盡神而已。玄神生忠孝，忠孝生仁義，孰不為仁，孰不為義？維其本之如此，是以能勿雜也。晝夜之道不明，君子小人之事相亂，則所謂仁者參不仁而不知，所謂義者入非義而不察，使出無復純德，此非天命之正也。《玄告》大訓而正勝矣。（許翰《玄解》本後附：右十一篇，附以《釋文》，出許翰。《音考》曰：王，即唐王涯。陳，即近世陳漸，著《演玄》。吳，即吳秘，作《音義》。郭，即郭元亨，作《疏》。丁，即丁謂。許，即許昂。章，即章詧。黃，即黃伯思。林，即林瑀本云。）劉按：此可能是南宋人校理時所加識語。

林希逸曰：自《玄衝》而下以其文奇，摘而錄之。造語用字，可以為法。

葉子奇曰：人多棄本逐末，故祖宗者身之本，人多忘之，君臣者化之本，人多略之。苟能由其難而原其本，毋從其易而流於末，則稱乎忠孝矣。忠孝，

百行之大原,豈小補哉。實告以大訓也。承上文言人事之理。愚按此已後數條,揚子深明天人分殊而理一,此揚子之學亦有以知際天人者歟。

　　陳本禮曰:此明上文言人事之理。人事有盡而天地無窮,何苦以百年必澌之身,而作不忠不孝之人,遺臭萬世耶?此諷莽也。其言隱而不露,躍如也。末句點明告字,為《太玄》一部結穴。

參考文獻

一、古籍

1. 〔漢〕楊雄：太玄，〔宋〕司馬光：太玄集注，中華書局 1998 年版校點本。

2. 〔晉〕范望《太玄解贊》，四部叢刊初編影印明萬玉堂本。

3. 〔魏〕王弼、韓康伯注，〔唐〕孔穎達疏：周易注疏，中華書局 1980 年影印世界書局縮印阮元校刻本。

4. 〔唐〕李鼎祚：周易集解，中國書店 1984 年影印版。

5. 〔清〕孫星衍：尚書今古文注疏，中華書局 1986 年版。

6. 〔漢〕鄭玄注，〔唐〕孔穎達疏：禮記注疏，中華書局 1980 年影印世界書局縮印阮元校刻本。

7. 〔宋〕朱熹：四書章句集注，中華書局 1983 年版。

8. 〔漢〕何休注，〔唐〕徐彥疏：春秋公羊傳注疏，中華書局 1980 年影印世界書局縮印阮元校刻本。

9. 〔晉〕郭璞注，〔宋〕邢昺疏：爾雅注疏，中華書局 1980 年影印世界書局縮印阮元校刻本。

10. 〔唐〕玄宗注，〔宋〕邢昺疏：孝經注疏，中華書局 1980 年影印世界書局縮印阮元校刻本。

11. 〔漢〕劉熙：釋名，齊魯書社 2006 年任繼昉匯校本。

12. 〔漢〕許慎：說文解字，中華書局 1963 年版。

13. 〔清〕段玉裁：說文解字注，上海古籍出版社 1981 年版。

14. 〔漢〕嚴君平：老子指歸，中華書局。

15. 〔唐〕陸德明：經典釋文，四部叢刊初編影印本。

16.〔漢〕董仲舒：春秋繁露，中華書局 1975 年大字本。

17.〔清〕蘇輿：春秋繁露義證，中華書局 1992 年版。

18.〔漢〕司馬遷：史記，中華書局 1959 年版。

19.〔漢〕班固：漢書，中華書局 1962 年版。

20.〔南朝宋〕范曄：後漢書，中華書局 1965 年版。

21.〔漢〕荀悅：漢紀，《四庫全書》本。

22.〔晉〕陳壽：三國志，中華書局 1971 年版。

23.〔唐〕房玄齡：晉書，中華書局 1974 年版。

24.〔北齊〕魏收：魏書，中華書局 1974 年版。

25.〔梁〕沈約：宋書，中華書局 1974 年版。

26.〔唐〕李延壽：北史，中華書局 1974 年版。

27.〔唐〕李延壽：南史，中華書局 1975 年版。

28.〔唐〕魏徵等：隋書，中華書局 1973 年版。

29.〔宋〕宋祁、歐陽修：新唐書，中華書局 1975 年版。

30.〔後晉〕劉昫：舊唐書，中華書局 1975 年版。

31.〔元〕脫脫等：宋史，中華書局 1977 年版。

32.〔清〕張廷玉：明史，中華書局 1974 年版。

33.〔宋〕司馬光：資治通鑒，中華書局 1956 年版。

34.〔宋〕司馬光：資治通鑒考異，《四庫全書》本。

35.〔宋〕司馬光：溫公易說，《四庫全書》本。

36.〔唐〕劉知幾撰，〔清〕浦起龍通釋：史通，上海古籍出版社 1978 年版。

37.〔梁〕蕭統：昭明文選，上海古籍出版社 1986 年版。

38.〔晉〕陶潛：陶淵明集，《四庫全書》本。

39.〔南朝宋〕劉義慶：世說新語，上海古籍出版社 1982 年版。

40.〔南朝宋〕鮑明遠：鮑明遠集，《四庫全書》本。

41.〔唐〕馬總：意林，《四庫全書》本。

42.〔唐〕韓愈：五百家注昌黎文集，《四庫全書》本。

43.〔宋〕朱熹：朱子語類，中華書局 1986 年版。

44.〔宋〕劉敞：漢書刊誤，《四庫全書》本。

45.〔宋〕邵雍：皇極經世書，《四庫全書》本。

46.〔宋〕鄭樵：通志，中華書局 2000 年版。

47.〔元〕馬端臨：文獻通考，中華書局 1986 年版。

48.〔宋〕王應麟：玉海，上海書店 1987 年版。

49.〔宋〕王應麟：通鑒答問，《四庫全書》本。

50.〔宋〕許翰：襄陵文集，《四庫全書》本。

51.〔宋〕蘇洵：嘉佑集，《四庫全書》本。

52.〔宋〕蘇軾：東坡全集，《四庫全書》本。

53.〔宋〕錢時：兩漢筆記，《四庫全書》本。

54.〔宋〕林希逸：竹溪鬳齋十一稿續集，《四庫全書》本。

55.〔宋〕韓淲：澗泉日記，《四庫全書》本。

56.〔宋〕陳藻：樂軒集，《四庫全書》本。

57.〔宋〕張世南：游宦紀聞，《四庫全書》本。

58.〔宋〕曾鞏：元豐類稿，《四庫全書》本。

59.〔宋〕陳均：九朝編年備要，《四庫全書》本。

60.〔宋〕趙汝愚：宋名臣奏議，《四庫全書》本。

61.〔宋〕范祖禹：唐鑒，《四庫全書》本。

62.〔宋〕王讜：唐語林，《四庫全書》本。

63.〔宋〕王楙：野客叢書，《四庫全書》本。

64.〔宋〕晁說之：景迂生集，《四庫全書》本。

65.〔宋〕蕭常：續後漢書，《四庫全書》本。

66.〔宋〕程頤、程顥：二程遺書，《四庫全書》本。

67.〔宋〕陳振孫：直齋書錄解題，《四庫全書》本。

68.〔宋〕晁公武：郡齋讀書志，《四庫全書》本。

69.〔宋〕朱震：漢上易傳，《四庫全書》本。

70.〔宋〕章俊卿：群書考索，《四庫全書》本。

71.〔宋〕陳淵：默堂集，《四庫全書》本。

72.〔宋〕劉敞：公是集，《四庫全書》本。

73.〔宋〕袁說友：成都文類，《四庫全書》本。

74.〔宋〕葉適：習學記言，《四庫全書》本。

75.〔宋〕黃震：古今紀要，《四庫全書》本。

76.〔宋〕黃震：黃氏日抄，《四庫全書》本。

77.〔宋〕高似孫：子略，《四庫全書》本。

78.〔宋〕高似孫：緯略，《四庫全書》本。

79.〔宋〕呂本中：東萊詩集，《四庫全書》本。

80.〔宋〕梅堯臣：宛陵集，《四庫全書》本。

81.〔宋〕胡宿：文恭集，《四庫全書》本。

82.〔宋〕釋文珦：潛山集，《四庫全書》本。

83.〔金〕趙秉文：滏水集，《四庫全書》本。

84.〔元〕李治：敬齋古今黈，《四庫全書》本。

85.〔元〕王申子：大易輯說《四庫全書》本。

86.〔元〕郝經：續後漢書，《四庫全書》本。

87.〔元〕郝經：周易外傳，《四庫全書》本。

88.〔元〕吳澄：吳文正集，《四庫全書》本。

89.〔元〕吳師道：禮部集，《四庫全書》本。

90.〔元〕胡一桂：周易啟蒙翼傳，《四庫全書》本。

91.〔明〕成祖：永樂大典，中華書局 1959 年影印本。

92.〔明〕漢魏六朝別解，《四庫全書》本。

93.〔明〕王世貞：讀書後，《四庫全書》本。

94.〔明〕張岳：小山類稿，《四庫全書》本。

95.〔明〕楊士奇：文淵閣書目，《四庫全書》本。

96.〔明〕章潢：圖書編，《四庫全書》本。

97.〔明〕焦竑：筆乘，《四庫全書》本。

98.〔清〕康熙：御纂朱子全書，《四庫全書》本。

99.〔清〕王夫之：周易外傳，上海古籍出版社《續修四庫全書》2002 年版。

100.〔清〕黃宗羲：明儒學案，中華書局 1985 年版。

101.〔清〕顧炎武：日知錄，上海古籍出版社 1985 年版。

102.〔清〕戴震：戴東原集，上海古籍出版社《續修四庫全書》2002 年版。

103.〔清〕傅山：霜紅龕集，上海古籍出版社《續修四庫全書》2002 年版。

104.〔清〕汪琬：堯峰文鈔，《四庫全書》本。

105.〔清〕畢沅：續資治通鑒，中華書局 1957 年版。

106.〔清〕谷應泰：明史紀事本末，中華書局 1977 年版。

107.〔清〕段玉裁：經韻樓集，道光元年七葉衍祥堂刊本。

108.〔清〕王念孫：廣雅疏證，江蘇古籍出版社 1984 年影印版。

109.〔清〕王念孫：讀書雜誌，江蘇古籍出版社 1985 年影印版。

110.〔清〕阮元：經籍纂詁，成都古籍書店 1982 年影印本。

111.〔清〕章學誠：文史通義，中華書局《四部備要》本。

112.〔清〕錢大昕：十駕齋養新錄，江蘇古籍出版社 2000 年版。

113.〔清〕錢大昕：三史拾遺，上海古籍出版社《續修四庫全書本》2002 年版。

114.〔清〕錢大昕：潛研堂文集，上海古籍出版社 1989 年版。

115.〔清〕錢大昕：廿二史考異，上海古籍出版社《續修四庫全書本》2002 年版。

116.〔清〕王鳴盛：十七史商榷，上海書店 2005 年版。

117.〔清〕趙翼：廿二史劄記，中華書局 1984 年版。

118.〔清〕姚振宗：後漢書藝文志，上海古籍出版社《續修四庫全書》2002 年版。

119.〔清〕姚振宗：隋書經籍志考證，上海古籍出版社《續修四庫全書本》2002 年版。

120.〔清〕姚振宗：漢書藝文志條理，上海古籍出版社《續修四庫全書》2002 年版。

121.〔清〕姚振宗：三國藝文志，上海古籍出版社《續修四庫全書》2002 年版。

122.〔清〕沈欽韓：漢書疏證，上海古籍出版社《續修四庫全書本》2002 年版。

123.〔清〕周壽昌：漢書注校補，上海古籍出版社《續修四庫全書本》2002 年版。

124.〔清〕王先謙：漢書補注，上海古籍出版社 2008 年版。

125.〔清〕王先謙：後漢書集解，上海古籍出版社 2006 年版。

126.〔清〕黃廷桂：四川通志，雍正七年修補版，《四庫全書本》。

127.〔清〕嚴可均：全上古三代秦漢三國六朝文，中華書局 2009 年版。

128.〔清〕胡渭：易圖明辨，《四庫全書本》。

129.〔清〕朱鶴齡：愚庵小集，《四庫全書本》。

130.〔清〕全祖望：鮚埼亭集，《四庫全書本》。

131.〔清〕張之洞：書目答問補正，范希曾補正，上海古籍出版社 2001 年版。

132.〔清〕邵懿辰：四庫全書簡明目錄標注，上海古籍出版社 2000 年版。

133.〔清〕朱彝尊：經義考，《四庫全書》本。

134.〔清〕鄭維駒：太玄經易補注，湖北省圖書館藏本。

135. 〔清〕宋翔鳳：過庭錄，無求備齋《老子集成》續編。

136. 〔清〕王先謙：荀子集解，中華書局 1988 年版。

137. 〔清〕郭慶藩：莊子集釋，中華書局 1961 年版。

138. 〔清〕王先慎：韓非子集解，中華書局 1998 年版。

139. 〔清〕陳立：白虎通疏證，中華書局 1994 年版。

140. 〔清〕俞樾：諸子平議，上海古籍出版社《續修四庫全書本》2002 年版。

141. 〔清〕孫詒讓：札迻，上海古籍出版社《續修四庫全書本》2002 年版。

二、今人相關著作

1. 章太炎：章氏叢書，臺灣世界書局 1982 年版。

2. 朱謙之：老子校釋，中華書局 1984 年版。

3. 劉文典：淮南鴻烈集解，中華書局 1989 年版。

4. 余嘉錫：四庫提要辯證，中華書局 1980 年版。

5. 汪榮寶：法言義疏，中華書局 1987 年版。

6. 楊伯峻：春秋左傳注，中華書局 2009 年版。

7. 黃暉：論衡校釋，中華書局 1990 年版。

8. 王明：抱樸子內篇校釋，中華書局 1985 年版。

9. 楊明照：抱樸子外篇校箋，中華書局 1991 年版。

10. 王利器：顏氏家訓集解，中華書局 1980 年版。

11. 楊樹達：漢書窺管，上海古籍出版社 2006 年版。

12. 程樹德：論語集釋，中華書局 1990 年版。

13. 任乃強：華陽國志校補圖注，上海古籍出版社 1987 年版。

14. 鄭萬耕：太玄校釋，北京師範大學出版社 1989 年版。

15. 劉韶軍：太玄校注，華中師範大學出版社 1996 年版。

16. 金岳霖：形式邏輯，人民出版社 1979 年版。

17. 錢鍾書：管錐編，中華書局 1979 年版。

18. 張舜徽：中國文獻學，華中師範大學出版社 2004 年版。

19. 張舜徽：周秦道論發微，中華書局 1982 年版。

20. 張舜徽：文獻學論著輯要，陝西人民出版社 1985 年版。

21. 張舜徽：說文解字約注，華中師範大學出版社 2009 年版。

22. 陳國慶：漢書藝文志注釋彙編，中華書局 1983 年版。

23. 張岱年：揚雄評傳，辛冠潔主編《中國古代著名哲學家評傳・續編一》，齊魯書社 1982 年版。

24. 《中國哲學史研究》編輯部：中國哲學範疇集，人民出版社 1985 年版。

25. 湯用彤：魏晉玄學論稿，三聯書店 2009 年版。

26. 馮友蘭：中國哲學史新編，人民出版社 2005 年版。

27. 任繼愈：中國哲學發展史（秦漢卷），人民出版社 1985 年版。

28. 趙書廉：魏晉玄學探微，河南人民出版社 1992 年版。

29. 郭紹虞：中國文學批評史，百花文藝出版社 2008 年版。

30. 鄭文光、席澤宗：中國歷史上的宇宙理論，人民出版社 1975 年版。

31. 陳遵媯：中國天文學史，上海人民出版社 2006 年版。

32. 金春峰：漢代思想史，中國社會科學出版社 1997 年版。

33. 馬建忠：馬氏文通，商務印書館 1983 版。

34. 劉韶軍、謝貴安：太玄大戴禮研究，武漢出版社 1991 年版。

35. 張震澤：揚雄集校注，上海古籍出版社 1993 年版。

36. 林貞愛：揚雄集校注，四川大學出版社 2001 年版。

37. 鄭文：揚雄文集箋注，巴蜀書社 2000 年版。

38. 華學誠：揚雄方言校釋匯證，中華書局 2005 年版。

39. 金春峰：漢代思想史，中國社會科學出版社 1997 年版。

40. 徐復觀：兩漢思想史，華東師範大學出版社 2001 年版。

41. 馮契主編：中國歷代哲學文選，上海古籍出版社 1991 年版。

42. 王青：揚雄評傳，南京大學出版社 2000 年版。

43. 張強：揚雄傳，張強，東方出版社 2001 年版。

44. 陳福濱：揚雄，臺灣東大出版社 1993 年版。

45. 黃開國：一位玄靜的儒學倫理大師揚雄思想初探，巴蜀書社 1989 年版。

46. 劉殿爵、陳方正主編：《太玄經》逐字索引，香港商務印書館 1995 年版。

47. 劉君惠：揚雄方言研究，巴蜀書社 1992 年版。

48. 郭君銘：揚雄法言思想研究，巴蜀書社 2006 年版。

49. 李恕豪：揚雄方言與方言地理學研究，巴蜀書社 2003 年版。

50. 成都市郫縣政協文史資料委員會編：郫縣文史資料第 10 輯——揚雄專輯，1997 年印刷。

51. 【法】列維－布留爾：原始思維，丁由譯，商務印書館 1985 年版。

52.【德】康得：道德形而上學原理，苗力田譯，上海人民出版社 1986 年版。

53.【德】黑格爾：哲學史講演錄，商務印書館 1959 年版。

54.【日本】鈴木由次郎：漢易研究，東京明德社 1964 年版。

三、今人相關論文（至 2022 年）

1. 李晶：楊子之研究，《甌風》1934 年 13 期。

2. 夏敬觀：太玄經考，《藝文》1936 年第 1 卷第 2 期。

3. 劉韶軍：司馬光《太玄集注》十卷本非合成許翰《玄解》而成，《古籍整理與研究》第 7 期，中華書局 1992 年版。

4. 江紹原：太玄新解，《華北日報》1936 年至 1937 年連載。

5. 葛榮晉：魏晉玄學「有無之辯」的邏輯發展，河北師院學報 1994 年第 1 期。

6. 馮友蘭：魏晉玄學貴無論關於有無的理論，北京大學學報 1986 年第 1 期。

7. 冉昭德：班固與《漢書》，歷史教學 1962 年第 4 期。

8. 高亨、董治安：《太玄經》釋義（選載），山東大學學報 1989 年第 4 期。

9. 解麗霞：同象數別義理：《太玄》與孟京易學，周易研究 2010 年第 1 期。

10. 解麗霞：綜參古《易》：《太玄》的易學淵源，周易研究 2007 年第 4 期。

11. 解麗霞：重構象數：《太玄》的贊《易》之道，周易研究 2008 年第 6 期。

12. 解麗霞：取道宗儒：《太玄》的義理詮釋，四川師範大學學報 2009 年第 5 期。

13. 解麗霞：《易》到《論語》的經學轉向——揚雄晚年思想轉變，江淮論壇 2008 年第 5 期。

14. 解麗霞：「今古轉型」中的揚雄經學觀，中華文化論壇 2007 年第 3 期。

15. 解麗霞：正今文倡古學：揚雄與劉歆經學，哲學動態 2010 年第 12 期。

16. 問永寧：王安石《太玄》注佚文疏證，蘭台世界 2008 年第 4 期。

17. 問永寧：《太玄》測辭九則新釋問，甘肅聯合大學學報 2007 年第 3 期。

18. 問永寧：試論《太玄》的筮法，陝西教育 2006 年第 8 期。

19. 問永寧：《太玄》與漢代易學，唐都學刊 2006 年第 5 期。

20. 問永寧：《太玄賦》作者考辨，湖北大學學報 2006 年 5 期。

21. 問永寧：《太玄平議》商兌，周易研究 2006 年第 4 期。

22. 問永寧：試論《太玄》與古易的關係，深圳大學學報 2006 年第 4 期。

23. 問永寧：《太玄》是一部「謗書」——「刺莽說」新證，周易研究 2005 年第 6 期。

24. 問永寧：從《太玄》看揚雄的人性論思想，周易研究 2002 年第 4 期。

25. 問永寧：讀玄釋中——試論《太玄》所本的宇宙說，周易研究 2001 年第 3 期。

26. 問永寧：試論揚雄的姓，唐都學刊 2007 年第 3 期。

27. 鄭萬耕：《太玄》「罔直蒙酋冥」的易學史意義，孔子研究 1991 年第 3 期。

28. 鄭萬耕：揚雄《太玄》中的宇宙形成論，社會科學研究 1983 年第 4 期。

29. 鄭萬耕：揚雄身心觀述評，河北師範大學學報 2004 年第 3 期。

30. 鄭萬耕：揚雄的史學思想，史學史研究 1998 年第 2 期。

31. 鄭萬耕：揚雄倫理思想發微，北京師範大學學報 1990 年第 6 期。

32. 鄭文：在人性論上荀況對揚雄的影響，河北學刊 1985 年第 3 期。

33. 鄭文：揚雄的性「善惡混」論實際是荀況的性惡論，西北師大學報 1997 年第 4 期。

34. 鄭文：《太玄》學說初探，西北師大學報 1979 年第 4 期。

35. 黃開國：《太玄》與西漢天文曆法，江淮論壇 1990 年第 2 期。

36. 黃開國：析《太玄》構架形式，孔子研究 1989 年第 4 期。

37. 黃開國：揚雄的著述活動與著作，成都大學學報 1992 年第 2 期。

38. 黃開國：論揚雄哲學的玄範疇，社會科學研究 1990 年第 1 期。

39. 黃開國：揚雄的社會歷史觀，重慶師範大學學報 1990 年第 2 期。

40. 黃開國：揚雄《法言》的人論及意義，江西社會科學 1989 年第 4 期。

41. 韓敬：《玄攡注》摘要——《太玄注》選載，文獻 1993 年第 1、2 期。

42. 韓敬：《玄首都序》、《玄測都序》注——《太玄注》摘登，周易研究 1991 年第 3 期。

43. 韓敬：《太玄》與《周易》比較研究——兼論揚雄在中國哲學史上的地位與作用，思想戰線 1987 年第 5 期。

44. 周桂鈿：揚雄研究新進展——鄭萬耕太玄校釋和黃開國揚雄思想初探，社會科學研究 1990 年第 5 期。

45. 周桂鈿：「千石之官」和「犗頓之財」——王充論揚雄、桓譚，浙江學刊 1994 年第 6 期。

46. 周立升：《太玄》對「易」「老」的會通與重構，孔子研究 2001 年第 2 期。

47. 周全華：揚雄附莽辯，上饒師範學院學報 1988 年第 6 期。

48. 周清泉：揚雄世系考辨，成都大學學報 1992 年第 2 期。

49. 周文英：揚雄對《太玄》符號系統的語形、語義解釋，南昌大學學報 1993 年第 1 期。

50. 張曉明：試論揚雄的憂患意識在儒學發展上的體現，求實 2005 年第 2 期。

51. 張曉明：揚雄著作存佚考及繫年研究，青島大學師範學院學報 2004 年第 4 期。

52. 張曉明：二十年來揚雄研究綜述，青島大學師範學院學報 2002 年第 4 期。

53. 張兵：儒主道輔本道兼儒——論揚雄《法言》的思想特徵，理論學刊 2004 年第 5 期。

54. 張兵：揚雄《法言》中的道家思想，濟南大學學報 2001 年第 5 期。

55. 張秋升：揚雄歷史觀再認識，聊城大學學報 2002 年第 5 期。

56. 張運華：從《太玄》看道家理論思辨對揚雄的影響，唐都學刊 1999 年第 1 期。

57. 張震澤：揚雄生平、作品評價及其他有關問題，遼寧大學學報 1992 年第 3 期。

58. 張濤：略論揚雄對漢代易學發展的貢獻，河南大學學報 2000 年第 1 期。

59. 劉保貞：從《孝至》後半篇看揚雄對王莽的態度，晉陽學刊 2003 年第 3 期。

60. 劉保貞：論《太玄》對《周易》的模仿與改造，周易研究 2001 年第 1 期。

61. 劉保貞：《太玄》贊辭所倡明君、賢臣思想述評，齊魯學刊 2001 年第 2 期。

62. 劉保貞：揚雄與《劇秦美新》，山東大學學報 2000 年第 6 期。

63. 劉華金：「揚雄三進制」研討，湖北大學學報 2007 年第 1 期。

64. 劉曉勤：評揚雄的政治操行，西南民族學院學報 1996 年第 2 期。

65. 金生楊：論《太玄》研究的歷史變遷，西華師範大學學報 2008 年第 2 期。

66. 金生楊：《太玄》研究史淺論，西華大學學報 2008 年第 1 期。

67. 楊福泉：《太玄》的撰著旨趣及儒道兼賅的哲學思想，紹興文理學院學報 2009 年 04。

68. 楊福泉：揚雄的歷史哲學與人物評論，紹興文理學院學報 2007 年第 1 期。

69. 楊福泉：揚雄年譜考訂，紹興文理學院學報 2006 年第 1 期。

70. 楊福泉：揚雄至京、待詔、奏賦、除郎的年代問題，上海大學學報 2002 年第 1 期。

71. 邊家珍：論揚雄對先秦儒學的繼承與發展，河南大學學報 2002 年第 3 期。

72. 邊家珍：揚雄對西漢新儒學的重構及其意義，東嶽論叢 2002 年第 6 期。

73. 吳全蘭：揚雄是「摹擬大師」之辨正，桂林市教育學院學報 2000 年第 3 期。

74. 吳全蘭：論揚雄的心態特徵，唐山師範學院學報 1997 年第 2 期。

75. 王棟：揚雄的因革論，北京化工大學學報 2010 年第 3 期。

76. 王棟：揚雄的修養論，湖南科技學院學報 2009 年第 1 期。

77. 王棟：試析揚雄的言意觀，湖南第一師範學報 2006 年第 1 期。

78. 王世達：簡論《太玄》外易內道的結構特色，人文雜誌 1998 年第 6 期。

79. 王兆立：《太玄》的筮法和天道觀略論，周易研究 2009 年第 4 期。

80. 王琛：西漢「卦氣」與「太玄」世界圖式的數理試探，湖南科技學院學報 2008 年第 7 期。

81. 王玫：論揚雄，中國典籍與文化 2001 年第 2 期。

82. 王萍：嚴遵、揚雄的道家思想，山東大學學報 2001 年第 1 期。

83. 王倫信：《太玄》首符是一組嚴整的三進制數，中國哲學史 1993 年第 1 期。

84. 王以憲：揚雄著作繫年，湘潭大學社會科學學報 1983 年第 3 期。

85. 王春淑：揚雄著述考略，四川師範大學學報 1996 年第 3 期。

86. 王俊龍：論「後天八卦」中的數理內涵──兼論《禹貢》和《太玄》對稱三進制，周易研究 2010 年第 6 期。

87. 陳強：略論揚雄思想的理論來源，青海社會科學 2007 年第 5 期。

88. 陳漢：知實難逢人莫圓該──評劉勰論揚雄，廣東技術師範學院學報 2003 年第 5 期。

89. 陳朝輝：揚雄《自序》考論，四川師範大學學報 2006 年第 2 期。

90. 易小平：關於揚雄四賦作年的兩個問題，古籍整理研究學刊 2010 年第 6 期。

91. 易小平：《校獵賦》就是《羽獵賦》嗎？──兼論揚雄初為郎的時間及年齡，廣西大學學報 2007 年第 3 期。

92. 鄭正偉：曾紀澤與《揚雄論》，天水師範學院學報 1996 年第 1 期。

93. 鄭先興：論揚雄的史學思想，南都學壇，2011 年第 1 期。

94. 魏啟鵬：《太玄》‧黃老‧蜀學，四川大學學報 1996 年第 2 期。

95. 魏鵬舉：述「事」作「文」：揚雄《太玄》旨意探微，文學評論 2009 年第 3 期。

96. 李全華：揚雄的三進制理論，湖南大學學報 1985 年第 2 期。

97. 李祥俊：北宋諸儒論揚雄，重慶社會科學 2005 年第 12 期。

98. 李濬陽：揚雄人性論辨析，蘭州學刊 2006 年第 8 期。

99. 李軍：揚雄與玄學，中華文化論壇 1997 年第 1 期。

100. 趙為學：揚雄研究的源流與不足，湖南科技學院學報 2006 年第 6 期。

101. 趙乖勳：再論揚雄《反離騷》，四川師範大學學報 2010 年第 6 期。

102. 趙俊波：論中晚唐人對屈原和揚雄的再評價——以初盛唐為參照，唐都學刊 2005 年第 1 期。

103. 楊世明：揚雄身後褒貶評說——林貞愛《揚雄集校注》序，四川師範學院學報 2001 年第 2 期。

104. 楊海文：揚雄《法言》的文化守成主義，學術研究 1997 年第 9 期。

105. 葉幼明：揚雄的「玄」是一個唯物主義命題，湖南師範大學社會科學學報 1997 年第 4 期。

106. 葉福翔：試論揚雄對中國文化的貢獻，中華文化論壇 1996 年第 1 期。

107. 郭君銘：揚雄入京年代和推薦人考辨，石家莊鐵道學院學報 2008 年第 1 期。

108. 郭建勳：揚雄及其《反離騷》之再認識，求索 1989 年第 4 期。

109. 黃樹先：《太玄經》「婦人徽猛」解，古漢語研究 1993 年第 1 期。

110. 黃中模：揚雄的《反離騷》及其引起的論爭，江漢論壇 1982 年第 6 期。

111. 孟祥才：揚雄述論，人文雜誌 1999 年第 2 期。

112. 孟繁冶：劉向、劉歆、揚雄之比較，許昌學院學報 1991 年第 3 期。

113. 紀國泰：揚雄四賦考論——兼論揚雄「三世不徙官」重要原因，西華大學學報 2005 年第 6 期。

114. 秦文萃：《漢書‧藝文志》劉歆、班固選揚雄賦考論，宜賓學院學報 2007 年第 4 期。

115. 董根洪：「動化天下，莫尚於中和」——論揚雄的中和哲學，社會科學研究 1999 年第 6 期。

116. 韓兆琦：韓愈何以推崇揚雄，古典文學知識 2010 年第 3 期。

117. 孫連琦：略談韓愈與揚雄，渤海大學學報 1989 年第 4 期。

118. 殷曉燕：「如其智，如其智」是否智？——論揚雄對屈原自沉之舉，管子學刊 2010 年第 1 期。

119. 石曉寧：試談揚雄《法言》的思想傾向，瀋陽師範學院學報 1994 年第 3 期。

120. 田小中：朱熹論《太玄》，周易研究 2007 年第 3 期。

121. 辛小飛：揚雄賦的個性特徵，和田師範專科學校學報 2005 年第 5 期。

122. 馮小祿：從模擬論揚雄《反騷》的範式意義，北京師範大學學報 2003 年第 3 期。

123. 隋秀竹：論揚雄《法言》所述之「道」，東方企業文化 2010 年第 1 期。

124. 侯文學：揚雄智論發微，寧夏社會科學 2008 年第 2 期。

125. 于成寶：論揚雄《法言》對先秦儒學的回歸，長春理工大學學報 2007 年第 6 期。

126. 丁光泮：揚雄尊孟思想淺論，西華師範大學學報 2006/05。

127. 清宮剛：揚雄與道家思想，河北大學學報 1997 年第 4 期。

128. 姜書閣：揚雄、桓譚、王充間的思想承傳關係，湘潭大學社會科學學報 1994 年第 3 期。

129. 蔡伯銘：揚雄的邏輯辯說思想與數的演繹邏輯，湖北師範學院學報 1988 年第 1 期。

130. 盧毅：寂寂寥寥揚子居 年年歲歲一床書——抒情小賦與揚雄後期著述心態探微，西安文理學院學報 2010 年第 2 期。

131. 雷健坤：揚雄通道的思想特質，學術研究 1997 年第 9 期。

132. 羅紅梅：揚雄悔賦考辨——以揚雄《自序》為中心，宜賓學院學報 2009 年第 9 期。

133. 施丁：揚雄評司馬遷之意義，求是學刊 2007 年第 4 期。

134. 高明：揚雄《劇秦美新》考論，西藏民族學院學報 2006 年第 2 期。

135. 方銘：《劇秦美新》及揚雄與王莽的關係，中國文學研究 1993 年第 2 期。

136. 許結：論揚雄融合儒道對其文論的影響，學術月刊 1986 年第 4 期。

137. 尹奈：《太玄經》與三進制，圖書館學研究 1985 年第 4 期。

138. 學思：張惶幽渺，弘揚絕學——《揚雄思想初探》介評，天府新論 1990 年第 4 期。

139. 譚淑娟：揚雄與韓愈，貴陽學院學報 2006 年第 2 期。

140. 熊良智：揚雄「四賦」時年考，四川師範大學學報 2005 年第 3 期。

141. 任先大：揚雄沿波而得奇——論屈原創作對揚雄的影響，零陵學院學報 2004 年第 9 期。

142. 鄭威：王莽秉政時期社會轉型與《劇秦美新》的三維闡釋，臨沂大學學報 2023-06。

143. 邵明珍：論朱熹的道德批評及其在文學史上的影響——以朱熹對屈原與揚雄、陶淵明與王維的評價為例，上海大學學報（社會科學版）2023-01。

144. 謝柯、高旭：玄應《一切經音義》引揚雄《方言》考，今古文創 2023-01。

145. 李國棟、姚章：揚雄《法言》中的君子觀，新文學教育（下）2022-12。

146. 沈相輝：論揚雄「擬經」與「作賦」之互動，文藝研究 2022-10。

147. 桑東輝：倫理思想體系框架下的揚雄德福觀探微，唐都學刊 2022-09。

148. 侯文學：西漢後期的文人與環境之關係——以揚雄的述作經歷為中心，武漢大學學報（哲學社會科學版）2022-09。

149. 董津含：《法言·修身》篇君子觀意蘊探微——兼與《論語》君子觀比較分析，今古文創 2022-07。

150. 李悅寧、姚春鵬：揚雄人性論思想辨正——向孔子「性近習遠」的回歸，德州學院學報 2022-06。

151. 郭海：揚雄政治哲學研究，昆明理工大學 2022 年碩士。

152. 郭海濤：模仿與超越：揚雄經學思想論析——以《法言》為中心，社科縱橫 2022-02。

153. 趙德波：揚雄《太玄》動物意象的哲學內涵考論，哈爾濱師範大學社會科學學報 2022-01。

154. 紀國泰：再論揚雄「四賦」的寫作時間問題——兼與楊勝寬先生商榷，文史雜誌 2022-01。

155. 吳龍燦、苗澤輝：1949 年以來中國大陸《太玄》研究綜述，儒藏論壇 2021-12。

156. 蘇德：日本近代以來的揚雄研究回顧與思考，地方文化研究輯刊 2021-11。

157. 丁婭蘭：從地域文化背景看揚雄的《反離騷》，地域文化研究 2021-11。

158. 龍文玲：論揚雄《解嘲》作年與典範意義，廣西大學學報（哲學社會科學版）2021-09。

159. 任敬文：即聖而天：淺析揚雄《法言》中的「徵聖」思想，綿陽師範學院學報 2021-07。

160. 侯文學：揚雄《法言》的人物批評與西漢儒學，天府新論 2021-07。

161. 吳龍燦、苗澤輝：揚雄對蜀學傳統的繼承與發展，天府新論 2021-07。

162. 王青：以天道明人事——揚雄對儒家倫理綱常的形而上學論證，天府新論 2021-07。

163. 何等紅：《文心雕龍》稱引揚雄摭談，語文學刊 2021-06。

164. 董鐵柱：揚雄與漢代思想——美國漢學家戴梅可論揚雄思想的特徵與地位，燕山大學學報（哲學社會科學版）2021-05。

165. 梁琳筠：揚雄生平及著述年表，文史雜誌 2021-05。

166. 丁慶社：揚雄視界中的先秦諸子研究，安徽大學碩士 2021。

167. 任敬文：由《法言》所論「師道」探討揚雄對儒家道統的繼承與發展，樂山師範學院學報 2021-02。

168. 揚亮：論揚雄的治學特點及其啟示，文史雜誌 2020-11。

169. 沈相輝：論宋代的「貶揚」思潮，江蘇海洋大學學報（人文社會科學版）2020-09。

170. 吳雪娟、馮霞、向陽：論揚雄學術研究與著述的邏輯性，文史雜誌 2020-08。

171. 王淼：從《法言》的思想出發再論《劇秦美新》非「詔文」，社科縱橫 2020-08。

172. 陳沛錦、張其成：揚雄《太玄》中的醫學思想研究，醫學與哲學 2020-08。

173. 馬婧、志苑：論「西道孔子」揚雄的自然哲學思想，集林（3）2020-08。

174. 田曉斌：論揚雄著述中的所謂「模仿」，文史雜誌 2020-05。

175. 陳晨：試論揚雄《法言》對儒學的發展，文化創新比較研究 2020-03。

176. 沈相輝：《漢書》為揚雄立傳原因考論，北京社會科學 2020-01。

177. 王月：論揚雄「尚智」的理性精神——以《法言》為中心，嶺南師範學院學報 2019-12。

178. 孫尚勇：漢大賦的三大功能與揚雄賦論的政治批判意義，寶雞文理學院學報（社會科學版）2019-12。

179. 張思齊：揚雄《太玄》中的文學批評要素，西華大學學報（哲學社會科學版）2019-05。

180. 王志民：揚雄修養觀研究，新疆師範大學 2019 碩士。

181. 王紅霞、熊梓灼：杜詩稱引揚雄探析，四川師範大學學報（社會科學版）2019-03。

182. 舒大剛、王貞貞：千秋止有一揚雄──揚雄生平及學術思想評議，文史雜誌 2019-03。

183. 王紅霞、黃子珍：韓國詩話論揚雄評述，福州大學學報（哲學社會科學版）2019-01。

184. 潘殊閑、潘君瑤：揚雄《太玄》與魏晉玄學，福州大學學報（哲學社會科學版）2019-01。

185. 沈曙東：論揚雄對李白的影響，福州大學學報（哲學社會科學版）2019-01。

186. 劉保貞：試論揚雄在宋代歷史地位的變遷，西華大學學報（哲學社會科學版）2018-11。

187. 方新蓉：試論揚雄性格向光會，文山學院學報 2018-11。

188. 李大明、王懷成：近百年來揚雄研究論文綜述，中華文化論壇 2018-10。

189. 張昭煒：揚雄「太玄」釋義，哲學研究 2018-10。

190. 范子燁：中古時代的揚雄崇拜，古典文學知識 2018-09。

191. 蔡方鹿：揚雄對蜀學的影響，社會科學研究 2018-09。

192. 郭畑：從宋人關於揚雄仕莽的爭論看忠節觀念的強化，四川大學學報（哲學社會科學版）2018-07。

193. 王虎、肖嬌嬌：「揚雄研究的現狀與未來」──紀念揚雄逝世兩千周年學術研討會綜述，文學遺產 2018-07。

194. 楊金有、宋祥：學者，所以求為君子也──揚雄《法言》中的治學思想，古籍整理研究學刊 2018-07。

195. 羅藝峰：西漢揚雄《太玄》律學思想的初步認識，銅仁學院學報 2018-07。

196. 陳禕舒：唐詩中的揚雄，杜甫研究學刊 2018-06。

197. 舒大剛、Wang Keyou：尊道貴德：揚雄「五德」觀溯源，孔學堂 2018-06。

198. 吳川雪：揚雄儒學思想研究——以《法言》為中心，山東師範大學 2018 碩士。

199. 郭劍：揚雄人性論思想研究，湖南師範大學 2018 碩士。

200. 劉成國：宋代尊揚思潮的興起與衰歇，史學月刊 2018-05。

201. 王慶：揚雄的治學路徑，北京科技大學學報（社會科學版）2018-04。

202. 舒大剛：道德仁義禮：揚雄虛實結合的五德觀溯源，實學文化叢書——傳統實學與現代新實學文化（五）2018-04。

203. 劉韶軍、張婷：論揚雄《太玄·瑩》中福、禍、樂思想，西華大學學報（哲學社會科學版）2018-03。

204. 舒大剛：道德仁義禮：揚雄虛實結合的五德觀溯源，第十四屆東亞實學國際高峰論壇論文集，2018。

205. 陶成濤：揚雄四賦作年新論，西北大學學報（哲學社會科學版）2017-11。

206. 田勝利：論揚雄《太玄賦》及官箴創作與易學之關聯，文學與文化 2017-11。

207. 夏德靠：論揚雄的著述活動及文體實踐，中華文化論壇 2017-09。

208. 王允亮：揚雄《劇秦美新》與漢代的王道觀，上海大學學報（社會科學版）2017-09。

209. 紀國泰：亦論「揚雄至京、待詔、奏賦、除郎的年代問題」——解讀《漢書·揚雄傳·贊》的新思路，西華大學學報（哲學社會科學版）2017-07。

210. 蔡方鹿：揚雄的道統思想及其在道統史上的地位，四川師範大學學報（社會科學版）2017-07。

211. 吳川雪：簡論揚雄《法言》思想及其影響，人文天下 2017-03。

212. 汪文學：揚雄的「尚智」論及其影響，貴州工程應用技術學院學報 2017-02。

213. 桑東輝：從人倫維度探究揚雄思想的體系架構與內在關聯，唐都學刊 2017-01。

214. 梁宗華：論揚雄對儒學的改造和發展，東嶽論叢 2016-12。

215. 孫晶：清代學者黃承吉的「正揚論」——以黃承吉論《解嘲》為中心，煙台大學學報（哲學社會科學版）2016-11。

216. 龍文玲：揚雄《甘泉賦》作年考辨，首都師範大學學報（社會科學版）2016-10。

217. 鍾岳文：《法言》：仿《論語》而成的哲學名著，月讀 2016-08。

218. 葉秀山：中國哲學精神之綿延——揚雄《太玄》的哲學意義，清華西方哲學研究 2016-07。

219. 王瑰：也論揚雄「美新」，關東學刊 2016-06。

220. 陳晨：揚雄《法言》諸子批判及其對儒學的發展，南京大學 2016 碩士。

221. 党時勇：論《法言》的聖人之道，湘潭大學 2016 碩士。

222. 楊燕群：揚雄《法言》與士人生命主體意識自覺，山東大學 2016 碩士。

223. 陳倫敦：朱熹批判揚雄意圖探析，武夷學院學報 2016-02。

224. 宮婕：從歷史角度看揚雄《反離騷》對屈原的評價，赤峰學院學報（漢文哲學社會科學版）2015-10。

225. 吳龍燦：擬經擬聖，匡扶大道——揚雄經學詮釋的歷史影響，宜賓學院學報 2015-09。

226. 連潔雨：揚雄思想三論，河北大學 2015 碩士。

227. 嚴一欽：從嚴遵《老子指歸》看嚴遵和揚雄的思想共性，福建師範大學 2015 碩士。

228. 汪文學：揚雄論——兼論揚雄學術和文學對六朝的影響，廣西師範大學 2015 博士。

229. 徐涓：朱熹對待揚雄與《反離騷》態度及其原因探析，湖北大學學報（哲學社會科學版）2015-03。

230. 吳龍燦：揚雄經學詮釋研究，儒藏論壇 2015-01。

231. 楊清之：論揚雄的隱逸心跡，海南師範大學學報（社會科學版）2014-09。

232. 劉志偉、邵傑：《文選》所收《劇秦美新》之作年及涉莽時事考論，河南師範大學學報（哲學社會科學版）2014-09。

233. 李銳：揚雄《法言》研究，山東師範大學 2014 碩士。

234. 解麗華：《法言》的「經傳注我」與義理標舉——揚雄《論語》學研究，華南理工大學學報（社會科學版）2014-04。

235. 王亞軍：揚雄言意關係淺論，安徽廣播電視大學學報 2014-03。

236. 李丹丹：揚雄和王符倫理思想比較論，求是學刊 2014-03。

237. 高菲：揚雄的人格及其作品研究，內蒙古師範大學 2014 碩士。

238. 王社莊、張金平：揚雄《太玄》體例考辨，蘭台世界 2014-02。

239. 徐貴圓：揚雄眼中的道家思想——以《太玄》為例，雜西大學學報 2014-01。

240. 張立文：揚雄的太玄哲學，孔子研究 2013-11。

241. 許曉宇：從二到三：《太玄》蜀學淵源淺探，第二屆巴蜀‧湖湘文化論壇論文集 2013。

242. 張鈺翰：北宋揚雄《法言》、《太玄》疏解著述考，理論界 2013-07。

243. 井雷：《太玄》象數與漢代易學卦氣說，山東師範大學 2013 碩士。

244. 周桂鈿：重評揚雄《劇秦美新》，中國社會科學院研究生院學報 2013-03。

245. 師為公：揚雄《法言》姚鼐評點輯析，文獻 2013-03。

246. 范子燁：「遊目漢庭中」：陶淵明與揚雄之關係發微——以《飲酒》其五為中心，四川師範大學學報（社會科學版）2013-03。

247. 李殿元、劉宗林：應該為揚雄洗冤，成都大學學報（社會科學版）2013-02。

248. 鍾如雄、楊華東：西漢語言學家「揚雄」本姓再考，漢語史研究集刊 2012-12。

249. 郭畑：揚雄身份角色的歷史轉變，蜀學 2012-12。

250. 粟品孝：揚雄以儒家思想論史及其對班固和《漢書》的影響，蜀學 2012-12。

251. 王博：從《法言》看揚雄的處世哲學，赤峰學院學報（漢文哲學社會科學版）2012-10。

252. 解麗霞：經傳一體還是經傳分立——《太玄》仿《易》的經傳問題，周易研究 2012-10。

253. 楊許波：唐詩中的揚雄形象，長江大學學報（社會科學版）2012-10。

254. 閆利春：從玄、氣、心看揚雄的性善惡混論，周易研究 2012-08。

255. 譚繼和：讀懂揚雄與《揚子法言》的現代闡釋，西華大學學報（哲學社會科學版）2012-06。

256. 王瑞卿：《春秋繁露》與《法言》的比較研究，山東師範大學 2012 碩士。

257. 翟蕾：揚雄《法言》的歷史觀及其影響，陝西師範大學 2012 碩士。

258. 巨利寧：揚雄與道統，西北師範大學 2012 碩士。

259. 田長生：揚雄哲學思想與巴蜀文學，成功（教育）2011-12。

260. 黃克劍：經學時代玄言之結胎考略，福建論壇（人文社會科學版）2011-10。

261. 子房：略說揚雄的思想自由與學術獨立，文史雜誌 2011-07。

262. 解麗霞：為學重《儀禮》與為術重《周禮》——揚雄與王莽古文經學，孔子研究 2011-05。

263. 劉成國：論唐宋間的「尊揚」思潮與古文運動，文學遺產 2011-05。

264. 解麗霞：取《易緯》駁讖符：揚雄與讖緯學說，華南理工大學學報（社會科學版）2011-04。

265. 鄭先興：論揚雄的史學思想，南都學壇 2011-01。

266. 曾加榮：「玄默自守」的「深湛之思」：論揚雄《太玄》與《法言》的價值，蜀學 2010-12。

267. 解麗霞：正今文倡古學：揚雄與劉歆經學，哲學動態 2010-12。

268. 郭君銘：揚雄人性思想本義，石家莊鐵道大學學報（社會科學版）2010-12。

269. 趙乖勳：再論揚雄《反離騷》，四川師範大學學報（社會科學版）2010-11。

270. 王棟：揚雄的因革論，北京化工大學學報（社會科學版）2010-09。

271. 韓兆琦：韓愈何以推崇揚雄，古典文學知識 2010-05。

272. 盧毅：抒情小賦與揚雄後期著述心態探微，西安文理學院學報（社會科學版）2010-04。

273. 殷曉燕、萬平：「如其智，如其智」是否智？——論揚雄對屈原自沉之舉是否明智之闡釋，管子學刊 2010-02。

274. 韓速：關於揚雄的姓氏和籍貫之爭，地方文化研究輯刊 2010-02。

275. 隋秀竹、司永慧：論揚雄《法言》所述之「道」，東方企業文化 2010-01。

276. 王棟：揚雄的修養論，湖南科技學院學報 2009-11。

277. 殷曉燕、萬平：「如其智如其智」是否智？——論揚雄對屈原自沉之舉是否明智之闡釋，中國楚辭學（第十七輯）2009-10。